本著作受到吉林大学马克思主义学院马克思主义经典文献通释著作出版项目的资助。

马克思主义经典文献通释

《论土地国有化》通释

姜 楠 著

中国社会科学出版社

图书在版编目（CIP）数据

《论土地国有化》通释／姜楠著 . —北京：中国社会科学出版社，2023.11
（马克思主义经典文献通释）

ISBN 978 – 7 – 5227 – 2310 – 5

Ⅰ.①论… Ⅱ.①姜… Ⅲ.①《论土地国有化》—马克思著作研究 Ⅳ.①A811.23

中国国家版本馆 CIP 数据核字（2023）第 139854 号

出 版 人	赵剑英
责任编辑	朱华彬
责任校对	谢　静
责任印制	张雪娇

出　　版	中国社会科学出版社
社　　址	北京鼓楼西大街甲 158 号
邮　　编	100720
网　　址	http://www.csspw.cn
发 行 部	010 – 84083685
门 市 部	010 – 84029450
经　　销	新华书店及其他书店
印　　刷	北京明恒达印务有限公司
装　　订	廊坊市广阳区广增装订厂
版　　次	2023 年 11 月第 1 版
印　　次	2023 年 11 月第 1 次印刷
开　　本	710×1000　1/16
印　　张	17.75
插　　页	2
字　　数	282 千字
定　　价	108.00 元

凡购买中国社会科学出版社图书，如有质量问题请与本社营销中心联系调换
电话：010 – 84083683
版权所有　侵权必究

目　录

前　言 ……………………………………………………………（1）

第一章　《论土地国有化》研究的学术史通释 …………………（1）
 一　《论土地国有化》的研究成果介绍 ……………………（1）
  （一）著作类 ……………………………………………（1）
  （二）论文类 ……………………………………………（7）
 二　《论土地国有化》研究中学术争论代表性观点 ………（22）
  （一）新民主主义革命胜利后推进土地国有化的政策抉择 ……（22）
  （二）土地国有化如何和中国实际相结合 ……………（28）
 三　《论土地国有化》研究中学术争论的理论困境 ………（38）
  （一）集体土地所有制与土地国有化之间的关系 ……（38）
  （二）土地国有化后土地经营方式的确定 ……………（39）
  （三）土地国有化理论的地位以及与其他理论之间的关系 ……（40）
  （四）土地国有化理论的现实效用 ……………………（40）
  （五）土地国有化理论的具体落实 ……………………（41）

第二章　《论土地国有化》文本结构通释 ………………………（43）
 一　《论土地国有化》文本的历史逻辑 ……………………（43）
  （一）《1844 年经济学哲学手稿》 ……………………（44）
  （二）《哲学的贫困》 …………………………………（49）
  （三）《剩余价值理论》 ………………………………（51）
  （四）《马克思关于土地所有制的发言记录》 ………（60）

（五）《印度问题——爱尔兰的租佃权》……………………（60）
　　（六）《德意志意识形态》《政治经济学批判
　　　　（1857—1858年手稿）》…………………………………（62）
二 《论土地国有化》文本的现实逻辑……………………………（76）
　　（一）明确了土地问题的解决与无产阶级形成与发展的重要
　　　　关联性…………………………………………………（77）
　　（二）详细阐述了土地国有化是历史发展的必然……………（82）
　　（三）土地国有化需要注意的现实问题………………………（84）
　　（四）资本主义国家不可能实现真正的土地国有化…………（86）
　　（五）详细阐述了土地国有化的最终效果……………………（87）
三 《论土地国有化》文本的理论逻辑……………………………（90）
　　（一）土地国有化是什么………………………………………（90）
　　（二）为什么要实施土地国有化………………………………（92）
　　（三）如何实现土地国有化……………………………………（93）
　　（四）实现土地国有化的注意事项……………………………（94）

第三章 《论土地国有化》核心要义通释……………………………（98）

一 《论土地国有化》的创作背景…………………………………（98）
　　（一）废除资本主义土地私有制明确了土地国有化思想
　　　　形成的现实必要性……………………………………（98）
　　（二）土地公有制为土地国有化思想的形成提供了理论
　　　　空间……………………………………………………（104）
　　（三）无产阶级革命形势的发展催生土地国有化思想的
　　　　形成……………………………………………………（105）
二 《论土地国有化》的思想史线索依据…………………………（107）
　　（一）土地公有制思想是土地国有化思想形成的重要
　　　　思想来源………………………………………………（107）
　　（二）土地国有化思想成为科学社会主义理论的重要
　　　　组成部分………………………………………………（112）
三 《论土地国有化》的核心思想…………………………………（113）
　　（一）生产资料公有制思想……………………………………（113）

（二）生产关系反作用于生产力的思想 …………………（114）
　　（三）尊重群众主体地位的思想 ……………………………（115）
四　《论土地国有化》回答和解决的问题……………………………（116）
　　（一）土地国有化是无产阶级应当秉持的正确的土地
　　　　　所有制观念 ………………………………………………（117）
　　（二）土地国有化的实现需要具备的诱致因素以及实现
　　　　　路径 …………………………………………………………（119）
五　《论土地国有化》在马克思主义思想史中的地位……………（121）
　　（一）土地国有化理论是马克思主义土地理论的重要组成
　　　　　部分 …………………………………………………………（121）
　　（二）土地国有化理论丰富和发展了马克思历史唯物主义
　　　　　理论 …………………………………………………………（123）
　　（三）土地国有化理论为无产阶级如何实现土地公有制
　　　　　指明了方向 ………………………………………………（123）

第四章　《论土地国有化》核心概念通释……………………（125）
一　土地所有制 ……………………………………………………………（125）
　　（一）词源学考证 ……………………………………………………（125）
　　（二）用法说明 ………………………………………………………（126）
　　（三）内涵辨析 ………………………………………………………（127）
二　天然权利 ………………………………………………………………（128）
　　（一）词源学考证 ……………………………………………………（128）
　　（二）用法说明 ………………………………………………………（128）
　　（三）内涵辨析 ………………………………………………………（134）
三　原始事实 ………………………………………………………………（135）
　　（一）词源学考证 ……………………………………………………（135）
　　（二）用法说明 ………………………………………………………（135）
　　（三）内涵辨析 ………………………………………………………（136）
四　生产资料的全国性集中 …………………………………………（143）
　　（一）词源学考证 ……………………………………………………（143）
　　（二）用法说明 ………………………………………………………（144）

（三）内涵辨析 ……………………………………………… （145）
　五　地租 ……………………………………………………………（147）
　　（一）词源学考证 …………………………………………… （147）
　　（二）用法说明 ……………………………………………… （147）
　　（三）内涵辨析 ……………………………………………… （148）

第五章　《论土地国有化》重要论断通释 …………………………（161）
　一　"天然权利"学说不能掩盖资本主义土地私有制的剥削
　　　属性 ……………………………………………………………（161）
　　（一）论断的提出语境 ……………………………………… （161）
　　（二）论断的批判向度 ……………………………………… （165）
　　（三）论断的学理内涵 ……………………………………… （168）
　二　土地国有化将消除资本主义生产方式进而为社会主义生产
　　　方式奠定基础 …………………………………………………（169）
　　（一）论断的提出语境 ……………………………………… （169）
　　（二）论断的批判向度 ……………………………………… （169）
　　（三）论断的学理内涵 ……………………………………… （170）
　三　土地国有化是社会发展的必然结果 ………………………… （172）
　　（一）论断的提出语境 ……………………………………… （172）
　　（二）论断的批判向度 ……………………………………… （172）
　　（三）论断的学理内涵 ……………………………………… （173）
　四　根据本国的实际情况灵活推进土地国有化 ………………… （174）
　　（一）论断的提出语境 ……………………………………… （174）
　　（二）论断的批判向度 ……………………………………… （174）
　　（三）论断的学理内涵 ……………………………………… （175）

第六章　《论土地国有化》基本原理通释 …………………………（176）
　一　土地是人类赖以生存与发展的最为重要的物质
　　　基础之一 ………………………………………………………（176）
　　（一）原理的提出目的 ……………………………………… （176）
　　（二）原理的思想史关联 …………………………………… （177）

（三）原理的逻辑演绎 ···································· (177)
　　（四）原理解决的理论问题 ······························ (178)
二　土地具有作为生产资料的社会属性 ························ (179)
　　（一）原理的提出目的 ···································· (179)
　　（二）原理的思想史关联 ································ (179)
　　（三）原理的逻辑演绎 ···································· (183)
　　（四）原理解决的理论问题 ······························ (183)
三　人类社会生产力发展的需求决定土地所有制的变革 ········ (184)
　　（一）原理的提出目的 ···································· (184)
　　（二）原理的思想史关联 ································ (185)
　　（三）原理的逻辑演绎 ···································· (185)
　　（四）原理解决的理论问题 ······························ (187)

第七章　《论土地国有化》的当代意义 ···················· (189)
一　当代资本主义批判意义 ···································· (189)
　　（一）绝对化的土地私有制的修正 ···················· (189)
　　（二）绝对化的土地私有制修正的反思 ·············· (195)
二　世界历史意义 ·· (199)
　　（一）苏联的土地国有化模式 ·························· (199)
　　（二）中国的土地国有化模式 ·························· (210)
三　《论土地国有化》对发展21世纪马克思主义的理论
　　意义 ·· (255)
　　（一）土地国有化的实践理论 ·························· (255)
　　（二）土地国有化的人民主体理论 ···················· (256)
　　（三）土地国有化的国家所有权理论 ·················· (258)

参考文献 ·· (264)

前　　言

"土地是我们的一切；是我们生存的首要条件。"[①] 土地最初是以生产资料的角色出现在人类的生产劳动之中，而且是最为基础的、原始的劳动资料。例如，它为人类制造石器工具提供了所需要的石料，[②] 是劳动资料的贮藏库。同时，土地自身又是一般的劳动资料，它为劳动者提供居住地，为他们的生产劳动活动提供必要的场所。[③] 土地的重要性突出表现为其是最为重要的农业生产资料，是农民生活来源的物质基础。土地肥力的降低亦意味着劳动生产力的降低。[④] 土地对于农业生产具有重要影响。可以说，土地资源是人类生产生活所必备的物质基础，具有天然的稀缺性，因而成为制约人们生产生活的重要因素。土地与劳动相结合能够生产出人类所需要的劳动产品，因而土地具有了生产资料的属性，同时，土地亦是人们生活需要的物质基础。土地在人类生产生活中扮演了极其重要的角色。

土地问题备受马克思和恩格斯的关注，对于土地问题的分析和研究成为马克思主义理论的重要组成部分。马克思对于土地问题的分析和研究主要集中在两方面：一是地租，二是土地所有制。两个问题的研究实质上具有内在的紧密联系。首先，就地租而言，马克思认为资本主义社会中土地成为一种特定独立于其他资本形态而具有剥削性质的分享利润的一种工具，土地所有权人依凭其土地所有权人的身份可以获得剩余价

[①] 《马克思恩格斯选集》第1卷，人民出版社2012年版，第31页。
[②] 参见《资本论》第1卷，人民出版社2018年版，第211页。
[③] 参见《资本论》第1卷，第211页。
[④] 参见《资本论》第1卷，第603页。

值。基于对资本主义土地作为资本形态的分析，马克思认为土地成为土地所有权人榨取剩余价值的工具。在资本主义社会，土地之所以能够成为资本家榨取剩余价值的工具，根本原因在于土地的私人所有制。土地的私人所有制使得土地资源为特定的少数人所垄断而能够获得剩余价值。由于资本主义土地私有制存在的上述弊端，必然成为无产阶级革命所要消灭的对象。其次，站在历史唯物主义视角，马克思对于人类社会历史上存在过的土地所有制形态进行了类型化分析并揭示出土地所有制进化和发展的一般规律。马克思对于资本主义土地私有制下地租本质的分析揭露了资本主义土地私有制剥削的本质，回答了为什么无产阶级革命要消灭资本主义土地私有制这一现实问题。但是，消灭资本主义土地私有制，未来的人类社会究竟应当建立一种怎样的土地所有制，马克思的土地所有制理论则对于这一问题予以了有效回应：未来人类社会应当建立土地公有制。

因此，马克思认为，无产阶级在取得国家政权后，破除土地的资本主义私有制建立土地公有制是消灭剥削的重要手段。而土地国有化是实现土地公有制的一种重要形式。为什么要实现土地国有化、如何实现土地国有化、实现土地国有化需要注意什么问题，针对这些问题，马克思创作了《论土地国有化》这一著作，并对上述问题进行了详细论述。

土地的国有化是指无产阶级代表全体劳动人民对于无产阶级专政国家的土地予以占有和支配的土地所有制形态。这一概念具有以下含义：

一是土地国有化形式上是无产阶级代表全体劳动人民对于国家土地予以的占有和支配，其实质是全体劳动人民对于国家土地的占有和支配。这一占有和支配实现了全体劳动者与生产资料的真正结合。

二是土地国有化是生产资料公有制的重要表现形式。土地这一重要的生产资料归属于全体劳动人民所有，全体劳动人民对于土地出产的产品和土地收益予以有效的占有和支配，打破私人对于有限的土地资源的垄断。

三是土地国有化在法律制度层面表现为作为财产权的土地所有权归属于国家所有，土地成为国有财产。国家基于土地所有权人的身份取得土地收益，即意味着全体劳动者取得土地收益。此时的土地所有权与资本主义社会的私有制秩序下的土地所有权之间的本质区别在于前者实现了土地利益由全体劳动人民共享，而后者使得土地收益由私人垄断。

可以说，《论土地国有化》是马克思在对资本主义社会土地私有制进行深刻批判的基础上，对社会主义社会以及共产主义社会土地所有制予以整体构想的著作。这部著作在众多马克思主义土地理论体系中占有重要地位，系统梳理和分析该著作的形成背景、写作目的、文本的逻辑结构、揭示的基本原理对于深刻理解该著作以及该著作对于中国土地制度的确立和改革的指导具有重要而现实的意义。

期待本书能够为深化《论土地国有化》这部著作的研究以及推进马克思主义土地理论中国化贡献绵薄之力。不当之处还请学界同人不吝赐教。

第 一 章

《论土地国有化》研究的学术史通释

《论土地国有化》是马克思论述其土地理论的重要著作，我国学术界对于该著的研究主要集中于对马克思土地理论阐释和分析的著作之中，从马克思主义土地理论体系化的视角对于这部著作展开研究，即将对其进行解读和分析的内容融入系统化的马克思主义土地理论之中。学术论文对于《论土地国有化》中土地国有化理论的阐述与研究在注重阐述马克思主义土地国有化理论的同时，更加关注其在我国土地制度建设中的应用。

一 《论土地国有化》的研究成果介绍

（一）著作类

1.《马克思主义土地产权理论及其在中国的实践研究》

该著对于马克思主义土地产权理论进行了系统的总结和梳理，以历史进程为视角对于我国土地产权实践的形成和发展进行了深刻总结，针对我国土地产权实践面临的现实问题进行分析，以马克思主义土地产权理论为指导，提出了解决我国土地产权实践问题的有效方案。

该著中，作者对于《论土地国有化》的主要观点进行概括和总结，其认为马克思在《论土地国有化》中提出的土地国有化的主张是对资本主义土地私有制批判基础上形成的，土地所有权人依凭对土地的垄断地位使其享有的土地成为获得剩余价值的资本，进而使自己能够脱离劳动而获得收入，他们通过此种方式无偿占有了他人的劳动成果，不具有正当性。① 破除资本主义土地私有制的限制是未来社会发展的必然趋势。废除资本主义土地私有制后，需要建立什么样的土地所有制是需要解决的一个重要问题。马克思给出的答案为建立土地的国家所有制。土地的国家所有意味着国家掌握了土地的所有权，而土地所有权是土地产权的一种。从土地产权建构的角度来看，土地所有权与土地所有制之间建立起了必然联系，即土地所有制决定土地所有权，土地所有制的性质决定土地所有权的性质。有什么样的土地所有制就有什么样的土地所有权。因此，土地产权中的土地所有权的建构需要以土地所有制为方向和基础。土地的国有化决定了土地所有权必然归国家所有。土地产权理论的建构应当首先重视土地所有制问题。② 自新中国成立后，中国土地产权经历了曲折发展的历程。中国土地产权制度的探索与发展过程是马克思主义土地产权理论不断与中国实际相结合的过程，这一过程以中国的实际问题为导向，呈现出理论与实践的不断交互与融合的特征，实现了马克思主义土地产权理论的中国化，进而使其不断地焕发出勃勃生机。这一历史经验表明，当代中国土地产权制度的建构仍然应当以马克思主义土地产权理论为指导，在实践中不断总结经验，进而形成具有中国特色的土地产权理论和制度。③

2. 《社会主义城市地租研究》

该著是在社会主义城市土地地租理论中对土地国有化的现实问题进行了深入的分析并提出了相应的解决方案。马克思在《论土地国有化》中提出了土地归国家所有的设想。依据土地国有化的理论，土地国有化意味着无产阶级掌握土地的所有权和使用权，土地能够依据社会生产的计划得到有效利用，提高土地的利用效率，避免完全依靠市场配置所导致的土地的盲目利用以及土地资源的浪费。对于农业生产而言，土地的国有化有效消除了土地私有制带来的土地基于个人所有权的细碎化的分割，使得农业生产能够在大规模的土地上开展，农业生产的机械化能够

---

① 参见詹王镇《马克思主义土地产权理论及其在中国的实践研究》，合肥工业大学出版社2015年版，第111—112页。

② 参见詹王镇《马克思主义土地产权理论及其在中国的实践研究》，第112页。

③ 参见詹王镇《马克思主义土地产权理论及其在中国的实践研究》，第311—313页。

得到有效推行，农业生产效率就此得到提高。可以说，土地国有化对于促进社会生产力的发展将起到积极作用。

新中国成立之后，我国依据马克思土地国有化的理论，在城市地区推行土地国有化，即城市土地归国家所有。城市土地国有化成为社会主义土地公有制的重要组成部分。在当时的历史条件下，土地归国家所有使得国家能够有效控制城市的土地资源，消除了资产阶级利用土地资源对无产阶级进行剥削的物质基础。同时，这一资源在国家统一计划的调配下得到了有效利用，为我国社会主义建设提供了重要保障并做出突出贡献。在土地利用方面，特定的单位、组织无偿使用国有土地，理由在于我国实行土地国有化。土地国有化即土地的全民所有。特定的单位和组织均属于全民主体范畴，也就是说，作为土地的利用主体的单位和组织既是土地利用的主体又是土地所有权主体，两种身份发生重叠。土地所有权人利用自己所有的土地自然无须支付费用。土地国有化理论应用推导出的国有土地无偿使用的结论固然对于减轻特定单位和组织利用土地的负担起到一定的促进作用，但亦产生了相应的问题。一是国有土地的无偿使用不能有效激励土地使用人对于土地资源的珍惜。由于国有土地的无偿使用，土地利用人申请国有土地无须支出必要成本，因而往往超标申请，对于超标的部分亦不加以及时利用。二是国有土地的无偿使用意味着土地所有者——国家无法从土地利用者那里获得收入，国家对于土地利用的规划和管理所支出的费用将无法获得有效补偿，进而给国家造成一定的经济负担。[①] 此外，特定的单位和组织无偿利用国有土地从事生产经营活动获得一定收入，国家因此不能获得土地使用费亦有失公允。因此，土地国有化必然得出国有土地无偿使用的结论受到一定质疑，以土地国有化为前提的土地有偿使用制度的确立具有一定的现实必要性。以土地国有化为前提的土地有偿使用是我国依据现实国情对马克思土地国有化理论的进一步发展，是马克思土地国有化理论中国化的重要组成部分。

但值得注意的是，国有土地的有偿使用制度的确立在理论上涉及的

---

① 参见陈征《社会主义城市地租研究》，海峡出版发行集团、福建人民出版社2017年版，第5—8页。

首要问题便是马克思主义地租理论能否适用，土地国有化理论与马克思主义地租理论能否建立有效的联系。依据马克思主义地租理论，地租是土地所有者分享剩余价值的一种方式，即地租是剩余价值的经济表现形式。地租的类型主要包括绝对地租与级差地租。绝对地租是土地所有者依凭其土地所有权而享有的地租，是土地所有权在经济上的表现形式。绝对地租存在的条件为土地的资本私有制。资本主义私人所有制如果不复存在，由其决定的土地私人所有权便不复存在。土地的私人所有权不复存在，土地所有权人对于土地的垄断地位将随之消灭，其获取地租的法权基础亦随之消灭。此外，土地的稀缺性对于绝对地租的形成亦具有重要影响。如果土地资源不具有稀缺性，像空气一样随处可得，土地所有权人对其享有的土地就难以对他人形成垄断地位。不享有土地所有权之人可以随处获得土地，不必与土地所有权人订立利用其土地的协议，向其支付使用费。就级差地租而言，其产生的原因在于土地所处的位置以及其自身所蕴含的生产力。就土地所处的位置而言，土地距离市场的远近、获取生产资料是否便利是由其所处于的位置所决定的。可以说，地理位置对于生产者利用其进行商品生产、销售的成本产生重要影响。如果土地距离市场较近，利用土地进行商品生产的生产者所支出的运输成本较少，进而能够获得更多的利润。如果土地距离生产所需原材料产地较近，商品生产者获得原材料所需要支付的费用较低进而能获得更多利润。[①] 就土地的生产力而言，其对于农业生产产生至关重要的影响。在投入等量的资本的情况下，与肥力较差的土地相比，肥力较强的土地能够生产出数量更多或质量更好的农产品，农业生产者能够获得更多的利润。

城市地区推行以土地国有化为前提的土地有偿使用制度，引发的争议是马克思主义地租理论能否作为国有土地有偿使用的分析理论。一种观点认为，马克思主义地租理论是在资本主义生产关系条件下形成的，资本主义生产关系是对地租本质、形成条件等问题进行有效分析的前提。地租是土地所有者依凭其对土地资源的垄断分享剩余价值的形式。而自新中国成立以后，我国成功实现了社会主义改造，在社会主义制度确立

---

① 参见陈征《社会主义城市地租研究》，第16—26页。

后，资产阶级被消灭，劳动群众成为社会主义生产资料的共同占有者，少部分人对于生产资料垄断的状况就此终结，生产资料公有制得以确立，资本家剥削工人的社会生产关系丧失了其存在的基础，剩余价值亦随之消灭。因此，作为剩余价值表现形式的地租亦不复存在。马克思主义地租理论适用的社会条件不复存在，因而不能简单地将马克思主义地租理论套用到国有土地有偿使用制度之中。另一种观点认为，依照马克思的观点，地租的产生是以资本主义生产关系为前提，但是其适用范围不应仅仅局限于资本主义生产关系，在社会主义制度确立后，这一理论仍然具有适用空间。[①] 依据马克思主义地租理论关于土地所有权与地租的关系，土地所有权自身便能够产生地租。我国社会主义制度确立后，依据马克思主义土地国有化理论，随着土地所有制从私有制向公有制的转变，由其决定的土地所有权的性质亦随之发生变化。就城市土地而言，城市土地归国家所有，即全民所有。此时的土地所有权为国家所有权，土地所有权并没有因为社会主义制度的确立而彻底消失，只是土地所有权的性质发生了根本变化，即由城市土地的私人所有转变为城市土地的国家所有。土地所有权没有消灭，在社会主义社会，土地所有权仍然长期存在，地租作为土地所有权人取得收益的一种手段并不因此而消失。[②] 这一土地所有权仍然能够产生地租（绝对地租）。获得土地的主体为国家（全民），而并非某个个人或特定的团体。此时，基于土地所有权而产生的地租成为公有制财产的重要组成部分，进而实现了地租归公。[③] 依据马克思主义地租理论，消灭土地所有权在于消灭资本主义土地私有制，实现土地的公有制。而消灭资本主义土地私有制并不意味着地租消失，而是要实现其表现形式的转变，最终将其归全体劳动人民享有。城市土地出让金除了用于城市基础设施建设外，还应当主要用于保障人民基本生存，

[①] 除本著作外，关于马克思地租理论对于城市土地国有化是否适用的理论争议参见周治平《马克思地租理论与城市土地问题》，《暨南学报》（哲学社会科学）1988 年第 3 期。

[②] 参见马迅、魏鹏娟《从马克思地租理论看新时期国有土地出让制度的完善》，《当代世界与社会主义》2010 年第 1 期。

[③] 参见马迅、魏鹏娟《从马克思地租理论看新时期国有土地出让制度的完善》，《当代世界与社会主义》2010 年第 1 期。

例如用于廉租房建设以及用于公民的基本生存保障。[①]因此，国有土地有偿使用制度的确立仍然可以应用马克思主义地租理论确证其正当性，马克思主义地租理论在社会主义制度条件下，仍然具有适用的空间。

社会主义制度确立后，绝对地租的本质及其来源如何界定又是一个值得深入思考的问题。资本主义生产关系之下，地租的本质为剩余价值，绝对地租是土地所有者依凭其对土地资源的垄断而获得剩余价值的经济表现形式。社会主义制度确立之后，资本主义生产方式被社会主义生产方式所取代，剩余价值产生所依赖的生产关系亦不复存在。因此，社会主义生产关系确立之后地租的本质不再表现为剩余价值，地租的本质必将发生变化。就绝对地租而言，其本质的外在表现具有一定的客观复杂性。此时，国家基于其土地所有人身份所获得的绝对地租的本质应当依据该土地的客观用途加以确定，不能一概而论。

具体而言，我国城市国有土地的类型大致分为以下几种。

一是工业用地。工业用地具体划分为采集工业用地以及加工工业用地。在采集工业中，土地扮演着生产要素的角色，劳动者直接以土地为劳动对象从事工业生产并从中获得劳动产品。这一类型的土地所产生的绝对地租来源于生产者平均利润之外的利润扣除部分。就加工工业而言，土地的作用在于为商品生产者提供必要的空间和场地，但土地并不作为生产要素直接参与到商品生产之中。土地的作用与采集加工业土地的作用存在一定差异。此时，该类用途的土地的绝对地租表现为剩余产品的价值。

二是商业用地。与加工工业相类似，商业用地的主要作用在于为商品交换提供必要的空间，商业用地亦不直接作为生产资料参与到商品生产过程中，国家作为该类土地的所有权人，其获得绝对地租的本质表现为剩余商品的价值，不过这一商品的生产者并非该土地的使用权人而是其他生产部门的劳动者。

三是城市服务业用地。这一类土地主要为他人提供服务，亦不是参与商品生产的生产要素，因此其本质亦表现为剩余商品的价值。

四是居民住宅用地。这一类土地的用途为城市居民提供住宅，其亦

[①] 参见《马克思恩格斯选集》第3卷，人民出版社2012年版，第267页。

并非作为生产要素参与到商品生产过程中。这一土地的绝对地租的本质表现为居住人提供的工资,即居住人为获得住房从其获得的工资中支付的绝对地租。①

可见,在该著作者看来,在社会主义生产关系确立的背景下,国有化的城市土地的绝对地租的来源具有多元化趋势。这一分析将马克思土地国有化理论与其地租理论相结合,使得马克思土地国有化理论得以进一步深化。

对社会主义土地公有制的绝对地租进行分析后,该著作者认为,社会主义生产关系确立后,国有土地不但会产生绝对地租,亦会生产级差地租。原因在于,社会主义城市的发展,城市土地亦存在区位的差异,即有的城市土地距离城市中心较近,有的城市土地距离城市中心较远。区位的不同事实上对于土地利用者从事生产活动产生了一定影响。例如,距离城市中心较近的土地利用者生产商品所需的原材料获得的运输成本较低,因而获得的商品利润较高。与之相反,距离城市中心较远的土地,其利用者获得原材料的成本较高因而获得的利润要低于离城市中心较近的土地利用者。土地利用者即使不利用土地生产商品,但是利用土地从事商品销售,其土地距离城市中心较近其销售数量必然增加,由此加速了资本流动的速度,其获得的利润亦随之增加。因此,土地国有化确立后城市土地的利用过程中,级差地租仍然有存在的空间,这一级差地租的本质表现为超额利润。②

(二) 论文类

1.《马克思土地国有化思想及其启示》

该著认为,马克思土地国有化理论是指导我国土地国有化的重要理论。马克思主义土地公有制是在否定资本主义土地私有制基础上建立的。这一土地公有制与原始社会的土地公有制不同,这一公有制是在对原始社会土地公有制扬弃的基础上确立的。③ 在我国,土地公有制由两部分构

---

① 参见陈征《社会主义城市地租研究》,第43—44页。
② 参见陈征《社会主义城市地租研究》,第53页。
③ 参见王竹苗《马克思土地国有化思想及其启示》,《经济问题》2017年第1期。

成：一是农村土地的集体所有制，二是城市土地的国家所有制。公有制的二分法的确立是中国共产党在审视我国社会的现实基础上做出的实现公有制的重大决定。这一重大决定的理论依据在于马克思的土地国有化理论。马克思认为，实施土地国有化要根据既有土地所有制的特点来进行。英国封建地产高度集中于封建主手中，单个封建主所有的土地数量较大，因此具有实施土地国有化的现实基础。与之相反，法国的土地多数由个体农民掌握，土地具有碎片化的特征。① 这一既有土地所有制决定了实施土地国有化具有相当大的障碍，不能违背农民意志强制性将农民土地收归国有。也就是说，马克思主义土地国有化推行需要必要的外在条件，不能不顾既有土地所有制的现实状况。中国共产党充分吸取了这一理论营养，从中国实际出发，探索出符合中国经济社会发展实践要求的土地公有制道路。

一方面，新中国成立前，中国的社会性质为半殖民地半封建社会，农村地区的土地掌握在地主阶级和少数富农手中，但是由于农业生产力相对落后，土地所有权分布较为分散，因此在我国农村地区推行土地国有化不符合农村社会发展的实际。中国共产党审时度势，没有在农村地区盲目推行土地国有化。另一方面，在城市地区，城市土地基本上由大地主大资产阶级享有所有权，城市土地所有权比较集中，实现土地国有化具有现实可能性。因此，城市土地经过社会主义改造之后顺利实现国有。可以说，新中国成立后，中国共产党以马克思土地国有化理论为依据并将其与中国社会现实相结合，开创了具有中国特色的社会主义土地公有制，即在农村地区推行集体土地所有制，在城市地区推行土地国有化，使马克思主义土地国有化理论与中国实际有效地结合，实现了马克思主义土地国有化理论中国化的有效跨越。

2.《从马克思地租理论看新时期国有土地出让制度的完善》

该著认为，依据马克思的地租理论，地租是土地所有权在经济上的实现形式。② 在社会主义社会，城市土地虽然实现了国有化，但是土地所

---

① 参见王竹苗《马克思土地国有化思想及其启示》，《经济问题》2017年第1期。
② 参见马迅、魏鹏娟《从马克思地租理论看新时期国有土地出让制度的完善》，《当代世界与社会主义》2010年第1期。

有权仍然没有消失，地租理论仍然具有适用的空间。在土地国有化背景下，深入研究马克思主义地租理论并用该理论解决国有土地出让面临的现实问题具有重要而现实的意义。马克思主义地租理论在解决国有土地出让问题上应当从以下方面入手：一是依据马克思地租理论确定国有土地出让收益的分配原则以及参与分配的主体；二是依据马克思主义地租理论建立公平合理的国有土地出让收益分配制度。[①] 依据马克思主义土地国有化理论，土地国有化的目的在于使得土地收益为全体社会成员所有，而并不是由少数人垄断。社会主义制度确立后，城市土地归国家所有，国家有偿出让国有土地，其获得的收益应当归全体人民享有。这一理念的实现必须通过建立有效可行的法律制度予以贯彻。[②] 因此，以马克思土地国有化理论为依据建立相应制度使这一理论真正能够有效指导实践，进而化解国有土地有偿出让收入分配不均带来的社会矛盾。

3.《中国城镇土地资本化路径创新——基于社会主义经济转型发展的视角》

该著认为，土地所有权与土地使用权相分离是地租能够产生的必要条件。马克思主义土地国有化理论下的土地所有权并非抽象意义上的所有权，而是表现为土地所有者对于土地现实的占有、使用、收益以及处分的权利。[③] 这一权利经由社会主义相关法律制度所确认。土地所有权是一个具有集合性的权利束。土地所有权人通过特定的方式将土地让与他人使用，他人享有对土地的使用权。这一权利亦是一个权利的集合体，土地所有权与土地使用权进而能够分离。以马克思土地国有化理论为指导，城市土地国有化后国家作为城市土地的所有权人其具有一定抽象性，国有土地所有权的行使需要依托现实的、具体的主体加以实现。依据《宪法》及相关法律的规定，各级政府是代表国家行使国有资产经营权和管理权的主体。各级政府也是代表国家行使土地所有权的主体，此时各

[①] 参见马迅、魏鹏娟《从马克思地租理论看新时期国有土地出让制度的完善》，《当代世界与社会主义》2010 年第 1 期。

[②] 参见马迅、魏鹏娟《从马克思地租理论看新时期国有土地出让制度的完善》，《当代世界与社会主义》2010 年第 1 期。

[③] 参见陈霄、梅哲、鲍家伟《中国城镇土地资本化路径创新——基于社会主义经济转型发展的视角》，《社会主义研究》2011 年第 3 期。

级政府和国家之间建立了委托代理关系。城市土地所有权行使的最为重要的方式便是国有土地所有权与国有土地使用权相分离。这一过程表现为各级人民政府代表国家将其负责经营管理的土地以法定方式（出让、租赁等）交由特定的土地使用权人加以使用，这种使用可以是有偿的，亦可以是无偿的。随着我国社会主义市场经济的不断发展，土地制度改革亦不断深化。国有土地的有偿出让成为最为重要的所有权与使用权分离的表现形式。此时，土地资源具有商品的基本特征。因此，国有土地的有偿出让在本质上是土地资本化。依据马克思主义土地理论，地租是土地资本化的表现形式。国有土地的有偿出让、国有土地使用权人将土地使用权出租、抵押、入股、转让等形式均是国有土地资本化的具体环节。可以说，国有土地的整个流转环节均表现为土地资本化的过程。[1] 同时，土地作为生产要素参与到商品生产过程中，其亦具有相应的资本属性。可以说，随着社会主义市场经济体制的确立，城市土地实现国有化的同时，国有土地亦具备资本属性。土地国有化与土地资本化之间实现了有效结合，土地的国有化与土地资本化并不存在根本的对立。

4.《我国城市土地产权实现中存在的问题和对策研究》

该著认为，依据马克思主义土地国有化理论，我国建立了城市土地的国家所有制。我们对于土地国有化的认识亦不断加深。从最初的土地国有化作为消灭剥削的经济手段使全体社会成员共同占有土地这一生产资料，到国有土地所有权与使用权的分离为国有土地的有偿出让奠定基础实现土地的资本化，马克思主义土地国有化理论在实践中不断得到丰富，从而焕发出勃勃生机。[2] 随着国有土地有偿出让制度的确立，国有土地的出让、使用等各个环节亦面临一些现实问题。这些问题亟待用马克思主义土地国有化理论予以有效解决。

一是国有土地出让利益分配的问题。文章指出，现阶段国有土地有偿出让已经成为土地出让的常态化。土地出让金成为政府获得收入的主

---

[1] 参见陈霄、梅哲、鲍家伟《中国城镇土地资本化路径创新——基于社会主义经济转型发展的视角》，《社会主义研究》2011年第3期。

[2] 参见韦镇坤、尹兴、董金明《我国城市土地产权实现中存在的问题和对策研究》，《马克思主义研究》2015年第9期。

要来源，人们将其称为"土地财政"。地方政府作为国有土地的出让主体获得了大量的国有土地出让金。这些土地出让金实际上由地方政府享有，但是这部分土地出让金的收入却没有纳入地方政府税收收入的范畴之内。从马克思主义土地国有化理论出发，无产阶级在取得国家政权后，土地由国家享有所有权，这一所有权制度的确立在于实现土地收益的全社会共享。但就我国土地国有化而言，地方政府通过出让国有土地获得的土地出让金最终由地方政府享有，显然这一部分的土地出让金没有惠及全民。因此，国家必须出台相应的制度，使得中央政府亦可以参与到地方政府土地出让利益分配之中。地方政府和中央政府在获得国有土地出让收益后将其用于社会公共事业建设，进而实现地利共享的土地国有化的目标。①

二是土地征收过程中的征收补偿问题。我国的土地公有制由两部分组成：一是城市土地归国家所有，即城市土地的国有化；二是农村土地的集体所有，即农村土地的集体化。两种土地所有制之间的转化具有单向性，即集体土地转变为国有土地只能通过政府征收的方式。同时，土地用途与土地的所有制之间绑定，国有土地的主要用途为工商业建设，而集体所有土地的主要用途为农业生产。众所周知，用于工商业建设的土地的价格要明显高于农业用途的土地价格。集体土地用于工商业建设必须转化为国有土地。由此导致国有土地与集体土地之间地位存在不平等。集体土地转化为国有土地的过程中，土地征收人需要对集体土地被征收人给予相应的补偿。这一补偿的标准决定了集体土地转化为国有土地是否具有公平性。土地征收补偿不具有公平性导致大量的集体土地被征收后集体土地所有人以及集体土地使用权人的利益受到损害，进而引发社会矛盾。依据马克思土地国有化中地利共享的理念，集体土地经过法定征收程序成为国有土地之后，集体土地的所有权人以及集体土地的使用权人为土地的国有化做出相应牺牲，应当获得相应补偿。同时，集

---

① 参见韦镇坤、尹兴、董金明《我国城市土地产权实现中存在的问题和对策研究》，《马克思主义研究》2015 年第 9 期。

体土地所有权人以及集体土地使用权人作为社会成员亦应当享有正当利益。①

5.《论马克思的土地产权理论》《马克思土地产权理论的逻辑内涵及当代价值》

马克思虽然没有在其经典著作中使用土地产权这一概念，但是从其著作内容分析来看，马克思已经对其土地产权体系进行了详细的阐述和分析，其土地产权理论包括土地产权制度及其变迁理论、土地产权权能理论、土地产权结合与分离理论、土地产权商品化及土地产权配置市场化理论。② 值得关注的是，马克思将其土地产权理论与土地国有化理论相结合，其认为，在未来的社会主义社会以及共产主义社会，土地的所有权与土地使用权相分离，国家成为土地所有权的主体，社会成员是国家土地的占有者而不是土地的所有权主体。国家是土地的所有权主体，社会主体在从事商品生产过程中向国家支付地租，国家成为获得地租的主体。国家获得地租后将这一部分收入用于公共事业，地租进而反哺于社会成员而不是由少数人垄断。同时，依据土地产权权能理论，土地产权以土地的最终所有权为基础形态，土地所有权由土地的占有权能、使用权能、收益权能、处分权能、继承权能等各种权能组成。③ 土地的所有权人将土地的占有、使用、收益权转让给土地的使用权人，土地的使用权人进而获得上述权能，从而对土地能够合理地利用和处分。这一现象是基于社会生产力发展的现实而产生的，当人类社会生产力发展水平处于较低水平时，土地所有权人对于土地的利用仅仅限于自我利用方式，随着社会生产力水平的不断提高，劳动产品数量的增加使得生产者在满足自我消费的情况下存在剩余，生产者将其出卖给其他需求者，劳动产品转化为商品。商品生产逐渐专业化，其生产规模不断扩大，进而对土地的需求量亦随之增加。土地所有权人自身的土地用于生产外，还需要利用他人土地从事商品生产。购买他人土地需要付出较高的生产成本，不

---

① 参见韦镇坤、尹兴、董金明《我国城市土地产权实现中存在的问题和对策研究》，《马克思主义研究》2015年第9期。

② 参见邵彦敏《马克思土地产权理论的逻辑内涵及当代价值》，《马克思主义与现实》2006年第3期。

③ 参见洪名勇《论马克思的土地产权理论》，《经济学家》1998年第1期。

购买他人土地同时又能够有效利用他人土地成为一种经济发展的必然需求。基于这一需求，土地利用形式随之发生了变化，即土地所有权与土地使用权相分离。商品生产者通过支付相应租金进而获得土地的使用权，土地的所有权仍然保留在原所有人手中。因此，利用他人土地从事商品生产成为一种现实可能。同时，随着社会生产力的发展，商品生产规模不断扩大，人口数量亦不断增加，由此导致的土地需求量亦随之增加。土地的稀缺性日益凸显。不同的社会主体对于土地的需求程度亦存在不同。有的土地所有权人不需要利用土地进行商品生产，土地处于闲置状态，由此造成土地资源的浪费。而需要土地进行商品生产的生产者却没有相应的土地从事商品生产。土地资源需要进一步实现有效配置进而解决土地的供需矛盾。这一矛盾的解决需要通过市场手段。但是土地的不动产属性决定了其无法像动产一样流动。此时，土地流动需要实现从客体物向权利的转变。这一转变在法律上表现为权利客体与权利相分离的结构。土地作为权利客体是土地产权的对象。土地产权具有可流动性，进而实现了土地的流动，土地资源的优化配置得以实现。可以说，土地产权制度确立的最为重要的意义在于实现以市场为手段的土地资源的优化配置。[1]

6.《马克思土地产权理论探析》

该著认为，马克思主义土地产权在形式上表现为法律确认的法律关系，其实质为围绕着土地在社会生产过程中发挥作用时各个社会主体所形成的具有一定规律性的社会关系，这一关系表现为经济意义上的社会关系。这一社会关系的特征在于参与社会关系的主体将其所属的生产视为由其支配的对象。社会关系主体在生产过程中将其与客观存在的生产条件相结合，这一结合使得社会生产环节形成所必须具备的基础条件。[2] 随着社会化大生产的发展，主体与客体结合的形式进一步扩展为不同主体之间以土地为媒介而形成相应的社会生产关系。从土地产权形成与发展的历史来看，土地产权最初的表现形式为土地产权的公有制，即原始公社所有，土地公有制的建立与社会生产力的低下有着密切的联系，个

---

[1] 参见洪名勇《论马克思的土地产权理论》，《经济学家》1998 年第 1 期。
[2] 参见陈晓枫《马克思土地产权理论探析》，《思想理论教育导刊》2018 年第 2 期。

人对于土地占有、利用无法获得必要的物质资料,其只有加入原始公社的共同生产中才能获得必要的物质资料。随着社会生产力的发展,个人对于土地的支配能力得以提高,土地私有制具有了确立的基础。原始的土地公有制逐渐瓦解,土地私有制逐步确立。土地私有制的确立客观上造成了土地产权权能类型构成的复杂化,进而满足土地利用的现实需求。① 土地公有制下土地产权仅仅表现为全体成员对于土地享有所有权,而土地私有制的确立促进了土地的进一步流转,不同主体之间形成了较为复杂的社会关系。这种社会关系的复杂化表现为土地所有权与土地使用权的分离,土地所有权人将土地交给他人使用,这一现象被描述为土地所有人将土地所有权的权能转让给使用人,土地使用权人即获得占有土地的正当性。同时,土地使用人在占有土地过程中能够通过利用土地的活动获得收益,且这一部分收益归其所有。土地使用人进而享有对他人土地的收益权能。在土地公有制背景下,土地所有权与土地使用权分离亦具有适用的空间。国有土地归国家所有,各级政府作为土地的所有权人可以通过出让等方式将土地交由他人使用,这一过程即为土地所有权与土地使用权的分离。这一过程是马克思主义土地产权理论的具体应用。土地产权制度的发展是一个不断扬弃的过程,人类社会对土地的占有和利用最初表现为土地公有制,随后发展为土地私有制,未来人类社会的土地所有制表现为更为高级的土地公有制,这一公有制并非原初意义的土地公有制,而是具有更强的适应社会生产力发展能力且能够满足社会生产力发展要求的土地公有制。②

7.《论马克思东方社会土地制度理论》

该著以马克思历史唯物主义为视角,对于马克思的东方社会土地制度理论进行了全面梳理和深入分析。文章认为,马克思对于东方土地所有制的分析是其认识东方社会的起点,东方社会政治、经济、文化的发展与现实状态与其特有的土地所有制息息相关。土地所有制是分析特定

---

① 参见陈晓枫《马克思土地产权理论探析》,《思想理论教育导刊》2018年第2期。
② 参见陈晓枫《马克思土地产权理论探析》,《思想理论教育导刊》2018年第2期。

历史时期社会问题的关键因素与总抓手。① 马克思通过对东方社会历史的考察，认为东方社会在其漫长的历史发展过程中形成了独特的公私二元所有制，公私二重属性是其土地所有制的根本特征。这种二重性具有一定的重叠性与交织性，不像西方社会中的土地公有制与土地私有制那样泾渭分明。东方社会中，由封建主所享有的土地所有权亦并非绝对的土地所有权，封建主只是对土地享有一定的占有、使用与收益的权利，但是土地的最终控制权是由国家享有的。② 文章认为，马克思对于东方社会的土地所有制认识是逐步的、深化的。在早期的马克思的著作中，马克思认为在东方社会，土地公有制处于社会的垄断地位，不存在一般意义上的土地私有制。这种土地公有制是一种原始的土地所有制，其表现形式为原始部落、氏族所有。东方社会土地的这一所有制形成的原因在于：一是东方社会的土地自然状况适合土地公有制的建立，公有制对于农业生产的组织起到一定的积极促进作用，从而公社成员在公社的统一组织之下从事集体化的农业生产；二是作为土地所有者的公社具有严密的组织性，公社成员对于公社形成一定的依附关系，进而使得公社成员对于土地的占有、使用亦对公社形成依赖。公社成员基于对公社的身份依赖，不能脱离公社的控制完全自主地享有土地的所有权。③ 随着马克思对于东方土地所有制研究的深入，其认为东方社会不存在土地私有制的观念得以改变。其认为，东方社会的土地私有制产生于土地公有制内部，其形成和发展具有渐进性。最初的土地公有制表现为一定规模的土地由公社成员集体占有和支配，这种公有制的规模逐渐缩小并有逐渐消解的趋势。公有制规模缩小表现为公社将其土地交由特定的小团体（主要为家庭）占有和支配，土地的公社集体占有和支配转变为家庭成员集体对特定的土地占有和支配，进而逐渐演变为私人对于土地的占有和支配。土地公有制的解体以及土地私有制产生的根本原因在于社会生产力的发展，即

---

① 参见邵彦敏、李双《论马克思东方社会土地制度理论》，《当代经济研究》2010年第2期。
② 参见邵彦敏、李双《论马克思东方社会土地制度理论》，《当代经济研究》2010年第2期。
③ 参见邵彦敏、李双《论马克思东方社会土地制度理论》，《当代经济研究》2010年第2期。

集体化的农业生产方式不能适应社会生产力的发展,进而走向了没落。①

以公社作为土地所有权主体的土地公有制的形成具有深刻的社会基础。这一基础表现为公社集体化的生产生活方式。公社产生于原始社会后期,这一组织具有组织生产、安排社员生活两种重要功能。公社将其占有的土地分配给公社内部的团体,公社内部的团体占有、使用公社分配的土地,公社对于这些土地虽然丧失现实占有,但是对其仍然享有抽象意义的支配性的权力,并且这一抽象性的权力依据公社成员的集体意志随时可以转化为现实的权力,但是公社对于土地的支配并非最终的支配,而是由国家享有最终的支配权。② 这一土地公有制将国家、公社和个人有机地结合起来。同时,这种土地所有制的形成事实上与个人对于公社、国家形成较强的人身依赖关系有着密切联系。土地成为公社保障公社内部成员生活的重要物质基础,公社成员依赖公社将其所有的土地分配给其成员进而保障其基本生活,土地公有制的社会保障职能得以显现。③ 在东方社会,土地公有制成为主要的土地所有制形态,土地的所有权主体具有集合性特征,同时土地公有制下形成的土地所有权往往边界模糊,进而导致公有制下的土地的流转较为困难,土地的商品化进程因而受到阻碍。可以说,土地公有制在保证成员获得土地占有的同时阻碍了土地的商品化。土地商品化受到阻碍使得东方社会从封建社会向资本主义社会过渡得极不彻底甚至停滞不前。④ 东方社会的土地公有制成为阻碍其向资本主义社会过渡的重要因素。这一结论的得出是以历史唯物主义为视角,从经济结构的角度回答了东方社会停滞的根本原因。东方社会的土地公有制赋予了国家以土地最终所有者的地位,国家依凭这一地位无偿获得土地税收。这一税收的设置以土地产品作为税收的计量单位。土地占有者生产的大部分劳动产品以税收的形式上交国家,其所剩余的

---

① 参见邵彦敏、李双《论马克思东方社会土地制度理论》,《当代经济研究》2010 年第 2 期。

② 参见邵彦敏、李双《论马克思东方社会土地制度理论》,《当代经济研究》2010 年第 2 期。

③ 参见邵彦敏、李双《论马克思东方社会土地制度理论》,《当代经济研究》2010 年第 2 期。

④ 参见邵彦敏、李双《论马克思东方社会土地制度理论》,《当代经济研究》2010 年第 2 期。

劳动产品仅仅能够维持其基本生活，无法对其占有的土地进行必要的投资和改良，使得生产效率无法得到有效提高，进而导致以土地作为劳动对象的扩大再生产不具备必要的条件。[①] 此外，土地公有制下的土地非商品化意味着以土地为生产资料的劳动产品的生产形成一种封闭的、自给自足的状态。"公共工程是中央政府的事情"以及村社"有完全独立的组织，自己成为一个小天地"，这是解释亚洲"停滞性质"的"两种相互促进的情况"。所以，撇开土地公有制以及东方国家担负社会经济职能这种特殊性，就难以说明东方社会的"停滞性质"。[②]

值得注意的是，马克思对于东方社会的土地公有制没有予以彻底的否定。在原始的土地公有制与资本主义土地私有制并存的时代，社会主义土地公有制的确立并不是一定要经历资本主义土地私有制的发展阶段，而是可以通过对既有的原始的土地公有制的改造并吸取资本主义土地私有制相关的有益经验和成果进而成功地确立社会主义土地公有制。[③]

8.《列宁土地思想及其当代价值》《列宁时期苏俄土地纲领的演变》

马克思的《论土地国有化》的理论对于后世产生了重要影响。列宁的土地思想继承并发扬了马克思在《论土地国有化》中提出的土地国有化思想。列宁在领导俄国十月革命期间认识到土地问题的解决将对推动俄国革命的发展起到至关重要的作用。在封建势力统治的俄国，土地问题症结表现为封建农奴制度仍然存在。农民没有自己的土地而是以农奴身份为封建主进行耕种，封建主对于农奴进行残酷的剥削和压榨，农奴的生活十分窘迫和悲惨。从阶级成分的角度来看，农奴在无产阶级反对封建势力的革命过程中应当且能够扮演革命者角色。废除封建的农奴制度使农民获得土地能够有效地调动其革命的积极性。为了废除农奴制，列宁在俄国十月革命期间提出废除赎金、收回割地的土地政策的主张，

---

① 参见邵彦敏、李双《论马克思东方社会土地制度理论》，《当代经济研究》2010年第2期。

② 参见邵彦敏、李双《论马克思东方社会土地制度理论》，《当代经济研究》2010年第2期。

③ 参见邵彦敏、李双《论马克思东方社会土地制度理论》，《当代经济研究》2010年第2期。

使农民摆脱封建势力束缚的同时使自己能够成为土地的占有者。①

列宁在分析并反驳俄国自由派、民粹派、孟什维克、立宪民主党等不同党派提出的不同的土地政策过程中继承和发扬了马克思在《论土地国有化》中提出的土地国有思想。其主张在革命胜利后，无产阶级在获得政权后为了回应农民的关切，应当在全国范围实施土地国有化。全国范围内应当建立农民委员，控制和处置国有土地、没收的皇室、寺院等封建势力的土地。② 列宁的土地国有化思想具有以下特征：

一是土地国有化实施的时间为无产阶级取得革命胜利后，无产阶级掌握国家政权是实施土地国有化的重要政治前提，土地国有化的目的在于消灭土地私有制，实现土地这一生产资料的劳动群众占有，进而摧毁利用土地剥削无产阶级的根基，为社会主义制度的确立奠定物质基础。③ 从俄国革命的实践来看，在革命时期，以革命手段解决土地问题应当集中力量打破封建势力依靠农奴制对土地形成的绝对控制，其应当成为革命时期俄国无产阶级解决土地问题的中心任务。这一中心任务实质上是资产阶级民主革命的任务，这一革命的中心任务是反对封建主义，这一革命的胜利并不是最终目的，而只是发挥了过渡作用。这一革命胜利后，无产阶级还需要进一步推动社会主义革命，最终建立社会主义国家。④ 土地国有化在具有资产性质的革命中不具备实现的条件。因此，列宁反对在此阶段实施土地国有化。

二是土地国有化的前提是消除农奴以土地为中介对封建主所形成的人身依附关系，实现农奴对土地的占有，减轻农奴赋税，消除封建主剥削农奴的经济条件。⑤ 如此一来，从封建土地所有制解放出来的农奴的身份将转化为独立、自由的农民。在列宁看来，俄国土地国有化的重要主

---

① 参见杨谦、刘玉霞《列宁土地思想及其当代价值》，《马克思主义理论学科研究》2017年第4期。

② 参见杨谦、刘玉霞《列宁土地思想及其当代价值》，《马克思主义理论学科研究》2017年第4期。

③ 参见杨谦、刘玉霞《列宁土地思想及其当代价值》，《马克思主义理论学科研究》2017年第4期。

④ 参见杨谦、刘玉霞《列宁土地思想及其当代价值》，《马克思主义理论学科研究》2017年第4期。

⑤ 参见刘从德、向夏莹《列宁时期苏俄土地纲领的演变》，《学术论坛》2013年第1期。

体为农民，农民组织成为代表广大农民推进土地国有化的重要组织。在这一过程中，消除土地私有制是同时进行的且是必要的环节。①

三是分析了土地国有化是解决俄国土地的正确道路。列宁认为，纵观资本主义国家，其在反对封建土地所有制中采取了两种主要模式，其一是改良模式。这一模式为普鲁士所采用。改良模式的核心措施在于将封建主改造为大规模利用土地以资本主义生产方式从事生产的资本家，这些封建主仍然占有其土地，只是利用土地的生产方式由封建制生产方式转变为资本主义生产方式。在资本主义生产方式得到推广后，农民的身份亦转变为工人或农场雇员。这种身份转变的核心动力在于资本主义生产方式的确立。其二是革命模式。这一模式即为彻底摧毁封建土地所有制，建立新的符合资本主义生产方式的土地制度。美国采取的便是此种方式。在这一过程中，封建势力的土地由资产阶级和一定数量的农民所瓜分，农民的身份转变为农场主，即成为资本家。资产阶级最终成为土地的支配者。列宁认为上述两种方式对于俄国而言均不适用：首先，俄国的封建势力较为强大，封建土地所有制在俄国具有较为深厚的社会存在基础，通过改良方式实现对其进行有效改造的目标无法实现；其次，以美国为代表的资产阶级革命的方式固然具有进步性，但是对于以无产阶级作为革命领导阶级的资产阶级革命而言，亦无法采取这一模式。否则，无产阶级将在革命中失去领导地位。因此，列宁主张在无产阶级领导的资产阶级革命的反封建任务完成后，俄国土地问题的解决应当采取土地国有化的策略。② 土地国有化的目标在于彻底地摧毁俄国的封建土地所有制，实现对农奴的解放。唯有如此，革命的方向才能不偏离建立社会主义制度的正确轨道。土地国有化要具有彻底性，即在农村地区亦要实现土地的国有化。土地国有化实施的具体措施为建立无产阶级领导的革命组织具体实施土地国有化（农民革命委员会），以没收的方式实现对封建势力以及资产阶级占有土地的国有化。将土地国有化视为土地革命的一部分，将土地国有化与无产阶级政权建设紧密联系

---

① 参见刘从德、向夏莹《列宁时期苏俄土地纲领的演变》，《学术论坛》2013年第1期。
② 参见杨谦、刘玉霞《列宁土地思想及其当代价值》，《马克思主义理论学科研究》2017年第4期。

在一起。①

列宁关于土地国有化的思想基本继承了马克思在《论土地国有化》中实现土地国有化的思想，在如何认识土地国有化的性质以及如何实现土地的国有化问题上列宁提出了较为细致的具体措施，进而丰富和发展了马克思土地国有化的思想。

9.《马克思主义土地理论中国化：逻辑进路与当代实践》

马克思主义土地理论是马克思主义理论的重要组成部分。马克思主义土地理论在中国革命和建设的实践中发挥了重要作用。在其功能发挥的过程中，马克思主义土地理论亦逐步实现中国化。土地国有化理论是马克思主义土地理论的重要组成部分，其在应用的过程中亦实现了与中国革命与建设相结合的历史跨越。依照马克思在《论土地国有化》中的理论主张，土地国有化是经济社会发展的必然结果，是土地占有和利用形式在人类进入高级社会阶段（社会主义或共产主义阶段）的主要形式。土地国有化的实现意味着土地私有制的消灭，资本家剥削劳动者的经济基础得以消除。但是这种必然性的实现并非一个完全的、自然发展的过程，而是需要无产阶级通过革命方式推动其加以实现。土地国有化是最终的目标，但是这一目标的实现需要讲求一定策略。马克思认为，土地国有化的实施应当尊重农民的意愿，不能通过剥夺农民占有土地的方式实现土地的国有化。② 对于农民占有土地的国有化，应当采取引导方式，首先实现农业生产的集体化，逐步过渡到土地国有化。中国共产党在新民主主义革命时期，充分吸收了马克思主义土地国有化的理论，以这一理论为指导推动土地国有化的实现。首先，针对中国的实际情况，中国共产党意识到土地国有化是最终目标，但是在封建势力和帝国主义势力的压迫下，中国的农民阶级处于极端贫困状态，农民阶级具有天然的革命性。为了争取农民阶级拥护中国革命，其利益应当得到首先满足，进而为无产阶级夺取政权创造必要的主体条件。因此，在新民主主义革命

---

① 参见杨谦、刘玉霞《列宁土地思想及其当代价值》，《马克思主义理论学科研究》2017年第4期。

② 参见郑兴明《马克思主义土地理论中国化：逻辑进路与当代实践》，《探索》2015年第4期。

时期，中国共产党针对土地问题，采取的是"耕者有其田"的策略，即消灭封建土地所有制，将封建势力的土地分给农民使农民获得土地，实现劳动者对生产资料的现实占有。这意味着中国共产党在农村地区并没有直接实现土地的国有化。

新民主主义革命胜利后，中国共产党领导全国人民对农业、手工业以及资本主义工商业进行了社会主义改造，在这一过程中，城市土地实现了国有化。但是为了迅速恢复农业生产，保护农民的生产积极性，党在农村地区没有采取土地国有化，而是采取了土地集体化的策略。这一策略的实施以农业生产的集体化为依托，通过鼓励、支持和引导农民建立农业生产互助组的方式为农业生产的集体化奠定基础，互助组的各个成员均保留对自己的生产工具以及土地的所有权，只是农业的劳动方式发生改变。农业互助组在全国范围内大规模建立的情况下，中央提出建立初级农业生产合作社，初级农业合作社仍然坚持农民的土地由农民享有所有权，但是农业生产的集体化程度更高。初级农业合作社在全国范围内迅速建立为成立高级农业合作社奠定了基础。高级农业合作社相较于初级农业合作社而言，其农业生产合作化的程度更高，社员的生产工具和土地均归高级农业合作社所有，但允许社员保留部分自留地，农民的房屋仍然归其所有。高级农业合作社在短期内发展为人民公社。相比高级农业合作社而言，人民公社不再是单纯的农业生产组织，其兼具农业生产组织以及农村地区行政管理组织的性质。因此，人民公社又被称为政社合一的组织。加入人民公社的社员，其农业生产工具以及作为农业生产资料的土地归公社所有，农民不允许保留自留地，但是农民的房屋仍然归农民所有。社员加入公社后应当参加公社组织的集体劳动，公社依据社员的劳动量为其记录工分，工分以一定的标准折算成报酬发放给社员。公社化运动在一定程度上促进了农业集体化的发展，但是由于公社实施的农业生产的集体化的程度过高，难以与当时的社会生产力发展水平相适应，加之生产资料的高度集中，使农民丧失了农业生产的积极性，农业生产发展受到一定的不利影响。在改革开放之后，基于对人民公社为组织基础的农业生产合作化的反思，中央提出对农村集体经济体制进行改革，即废除人民公社制度，逐步探索家庭联产承包责任制。① 这一改革仍然以坚持农村集体所有制为前提，集体土地的经营方式由原来的以公社为生产组织单位转变为以农户（农业生产家庭）为生产经营单位。家庭承包是主要的农业生产经营方式，但不是绝对的、唯一的农业生产经营方式，在农业生产力发展水平相对较高的地区农村集体经济组织可以统一经营农地，统分结合成为改革开放后农业生产的经营方式。这一改革使得农业生产方式适应了社会生产力的发展，充分激发了农民生产积极性，使得我国农业生产水平得以快速提高，农村土地集体所有制亦随之焕发出新的生机与活力。②

二 《论土地国有化》研究中学术争论代表性观点

马克思在《论土地国有化》这一著作中对于实现土地国有化的目的、方式以及相关注意事项进行了论述，进而为无产阶级取得国家政权后实施土地国有化指明了方向。《论土地国有化》研究中学术争论主要集中在如何看待中国共产党领导中国人民取得新民主主义革命胜利后推进土地国有化政策抉择以及土地国有化如何和中国实际相结合两方面。

（一）新民主主义革命胜利后推进土地国有化的政策抉择

新民主主义革命胜利后，中国共产党以马克思主义理论为指导，在城市地区实现了土地的国有化，但是农村地区没有采取土地国有化措施，而是实施了农村土地集体化。因此，我国土地公有制形成二元制结构：一是城市地区的土地国有化，二是农村地区的集体所有化。但是依据马克思《论土地国有化》的观点，土地国有化是无产阶级取得国家政权后在全国范围内实施的具有整体性的土地改革策略，没有针对不同地区进行区分。因此，对于土地国有化的策略在理论上产生了以下争议。

一种观点认为，马克思在《论土地国有化》中提出的土地国有化主

---

① 参见郑兴明《马克思主义土地理论中国化：逻辑进路与当代实践》，《探索》2015年第4期。

② 参见郑兴明《马克思主义土地理论中国化：逻辑进路与当代实践》，《探索》2015年第4期。

要针对的是农业生产用地,即农业用地的国有化。在其看来农业生产用地的国有化能够有效破除土地私有制的经济基础,进而为消灭资本主义剥削制度奠定基础。同时,农业用地的国有化能够有效地促进粮食价格的降低,能够有效推进土地的规模化经营进而提高农业劳动生产率。与之相对,我国的土地国有化率先在城市实施,而农村地区走上了土地集体化的道路,这一举措与马克思的土地国有化理论之间存在较大差异。从农村土地集体化的实践来看,存在集体土地所有权主体模糊、虚位、集体土地资源难以获得有效保护的现实问题。同时,国有土地与集体土地在用途确定上亦存在一定的不平等性,工商业建设利用的土地绝大多数为国有土地,集体土地的用途主要限定为农业用途,只有少量的符合规划用途且履行登记的集体经营性建设用地可以用于工商业建设。由此可见,城市土地国有化与农村土地集体化的分化在现实中亦面临较大问题。有学者主张最终全面实现土地国有化(包括农村土地在内)才是未来我国土地制度的发展趋势。① 从马克思的《论土地国有化》来看,在当时的历史背景下,马克思提出土地国有化思想主要针对的是解决农业生产所用土地的公有制实现问题,即农业用地的国有化。② 因此,以马克思在《论土地国有化》中提出的土地国有化的理论为指导,农村地区的集体所有制应当向土地国有化过渡,最终实现农村土地的国有化。社会主义的土地国有化是先进的土地所有制,代表了土地所有制的发展趋势。小的土地所有制是落后的土地所有制。其必然被历史所淘汰。但是小的土地所有制向土地国有化的过渡不是一蹴而就的,而是需要一个过渡阶

---

① 参见梁秩森、刘少波《逐步实现全部土地国有化是建设有中国特色的社会主义的重大战略措施》,《改革》1987年第3期;陈学法《土地批租理论与我国土地管理制度变革》,《马克思主义研究》2011年第2期;刘俊《土地所有权国家独占研究》,法律出版社2008年版,第314—318页;刘云生《集体土地所有权身份歧向与价值悖离》,《社会科学研究》2007年第2期;王卫国《中国土地权利研究》,中国政法大学出版社1997年版,第105页;颜运秋、王泽辉《国有化:中国农村集体土地所有权制度变革之路》,《湘潭大学学报》(哲学社会科学版)2005年第2期;宋旭明《我国农村集体土地所有权制度之积弊及其改革》,《江西社会科学》2009年第5期。

② 参见张斌《马克思、恩格斯关于社会主义农业的基本构想》,《西南民族大学学报》(人文社会科学版)2010年第9期。

段——集体所有制。①

另一种观点认为,《论土地国有化》中虽然以农地为例列举了土地国有化的必然趋势,但是马克思在这部著作中强调不能以违背农民意志的方式实现土地国有化。中国共产党在土地革命时期曾经尝试在农村地区推行土地的国有化。例如,1928年制定的《井冈山土地法》明确没收一切土地归苏维埃政府所有。这一规定事实上将农村地区土地亦纳入土地国有化的范畴;1929年制定的《兴国土地法》中仍然强调"没收一切土地归苏维埃政府所有",农村地区的土地仍然被纳入了土地国有化的范畴。这一做法事实上没有认清中国农民渴望获得土地进而支持中国革命的现实需求,使得农民与土地变相分离,不利于团结农民开展革命活动。后来,中国共产党在长期的革命实践中不断总结经验,认识到这一问题并予以及时纠正。1950年颁布实施的《中华人民共和国土地改革法》彻底纠正了农村土地国有化错误倾向,提出"耕者有其田"的改革策略,即农村土地的所有权由农民享有。②

以此原则为基础,结合新民主主义革命胜利后我国农村地区的现实情况,农民刚刚通过土改获得土地,享有土地的所有权,此时如果采取农地的国有化,不利于巩固土地改革的成果,挫伤农民拥护革命的积极性。同时,新民主主义革命胜利后,我国农业生产亟待恢复,保留农民对农地享有的所有权能够最大限度保护农民从事农业生产的积极性,有利于新中国农业生产的恢复。因此,在这一现实条件之下,中国共产党对于农村土地没有直接采取国有化,而是首先保留了农民对土地的所有权,进而通过农业集体化的方式逐步实现农村土地的集体化。这一土地政策的实施是中国共产党根据中国社会发展的实际灵活应用马克思主义土地国有化理论的结果,是马克思主义与中国实际相结合的典范,并非对马克思主义土地国有化理论的背离。虽然农村集体土地所有制面临所有权主体模糊、虚化的问题,但是不能就此否定集体土地所有制对中国

---

① 参见王竹苗《马克思恩格斯论欧洲四国土地制度的社会主义改造及其启示》,《理论月刊》2013年第3期。

② 参见邸敏学、郭栋《毛泽东邓小平农村土地制度思想的启迪》,《山西大学学报》(哲学社会科学版)2017年第2期。

农村经济发展、社会稳定以及中国城镇化发展所做出的突出贡献。集体所有制能够延续非正式的土地自治制度的传统、降低政府对于农村土地管理的成本等优势。① 因为集体土地所有制存在一定的问题进而对其进行彻底否定的观点不符合实事求是的原则，亦与马克思辩证唯物主义理论相违背。集体土地所有制可以通过相应的制度改进和完善弥补其不足，没有必要对其彻底地否定。② 同时，我们应当清醒认识到，依据我国经济社会发展的既有条件，农村土地国有化并不具备现实条件。农村土地国有化意味着十几亿亩的农村土地将由国家予以全面接管并对其进行管理，如此庞大数量的土地管理将耗费巨大的管理成本，我国各级土地管理部门隶属于各级政府，这些土地管理费用必然由政府财政支付，在政府预算有限的情况下，要求其支付高额的土地管理费用不具有现实性。同时，农村土地国有化涉及我国所有农村地区，事关我国农村地区的发展稳定，涉及面广且涉及的问题亦存在较大的复杂性。退一步讲，即使要在农村地区推行土地的国有化，我们应当在各个方面做充足的准备，不能头脑发热盲目实施农村土地国有化。从目前我国土地制度改革的总体趋势来看，维持农村地区集体土地所有制是基本方略并无对农村地区土地进行国有化改革的动向。因此，农村土地的国有化并无现实可行性和现实必要性。土地公有制的二元结构，即城市土地归国家所有，农村土地归集体所有的总体结构将长期存在。这一土地公有制结构符合中国经济社会发展的实际，并不违背马克思主义土地国有化理论。以马克思主义土地国有化理论为由主张在我国农村地区推行土地国有化的做法是对马克思主义土地国有化理论的教条应用，不符合中国经济社会发展的现实。

概括而言，新民主主义革命后，马克思在《论土地国有化》中提出的土地国有化如何在中国建立，一种倾向是应当严格遵循马克思在《论土地国有化》中提出的关于土地国有化的观点和方法，以土地国有化的实现为最终目标。这一过程中土地的国有化应当遵循一体化的原则，无

---

① 参见郑淋议、钱文荣、洪名勇、朱嘉晔《中国为什么要坚持土地集体所有制——基于产权与治权的分析》，《经济学家》2020年第5期。
② 参见黄俊辉《中国农村集体土地法律制度变迁与完善图景》，《江西社会科学》2021年第9期。

须作进一步的区分。这一做法的成功经验来源于苏联。另一种倾向是从我国实际出发，土地国有化的推进应当依据我国国情。土地国有化的实施不应当盲目推进而是需要评估特定的历史环境之下我国是否具备全面实施土地国有化的条件。在不满足土地国有化的条件下，土地国有化的实施可以放缓甚至采取替代策略。从实践经验来看，我国土地国有化遵循了从我国实际出发的原则，进而对于马克思土地国有化理论予以了进一步发展。在我国，土地国有化仅仅在城市地区开展，城市地区土地国有化具有实现该策略的有利条件，即城市地区的土地多数由资产阶级垄断，土地的实际控制权力较为集中。无产阶级掌握政权后可以通过没收、赎卖等方式取得城市土地的所有权，并按照特定的方式对土地加以统一利用。同时，城市土地的国有化为国有企业在城市地区的广泛建立奠定一定的物质基础。因此，在城市地区实施土地国有化具备现实条件。然而，在农村地区由于农民对于获得土地的愿望较为强烈，获得土地亦是其支持革命的重要基础。在新民主主义革命胜利后迅速推行土地国有化有违农民的意愿，因此，党在农村地区没有实施土地国有化而是推行了土地集体化。可以说，在对待如何实现土地国有化问题上，我国采取了比较灵活的策略，而不是僵化地在全国范围内一体化地推进土地国有化。从理论上阐释这一问题，我们认为，马克思土地国有化是实现生产资料公有制的一种方式。土地公有制的实现不仅仅拘泥于国有化这一种方式，土地的集体所有制亦是实现土地公有制的一种方式。两者共同成为土地公有制的实现方式，进而揭示出中国特色的土地国有化的理论构成，走出了一条适合中国国情的土地公有制道路。

围绕着马克思在《论土地国有化》中提出的土地国有化不能违背农民意志的问题，理论上对这一理念形成了不同的解读。一种观点认为马克思在《论土地国有化》中提出的土地国有化不能违背农民意志意味着在特定的农村地区不必实现土地国有化，即土地国有化并非绝对的。另一种观点认为，马克思认为农民反对土地国有化并非土地国有化的障碍，只是农民对于土地国有化的益处没有深刻理解，需要无产阶级对土地国有化的益处予以充分的说明并引导农民逐渐走向土地国有化的道路。两种观点事实上对于土地国有化的认识产生重要影响。依据第一种对马克思主义土地国有化观点的解读，无产阶级在取得国家政权后并不一定在农村地区推行土地国有化，是否采取土地国有化要尊重农民的意愿，只要农民反对国有化，农村土地不必国有化，以农民意志作为农村地区是否推行土地国有化的现实依据。依据另一种对马克思主义土地国有化观点的解读，尊重农民意志固然是推进土地国有化政策的重要现实依据，但是可以通过说服、宣传等方式引导农民了解土地国有化的益处进而通过做农民的思想政治工作使农民接受土地国有化的政策，进而推进土地国有化的实施。

以上两种解读都意识到了农民意志对于土地国有化政策推进的影响。[①] 事实上，马克思认为土地国有化不能违背农民意志是马克思主义群众观点的体现。将是否有利于群众、群众认不认可、群众答不答应作为特定土地政策是否具有现实的可实施性的重要的现实依据。两种观点都认可了群众观点是衡量土地国有化能否有效推进的现实依据，但是对于如何衡量群众观点则有不同。第一种观点对于土地国有化过程中群众观点予以了僵化的认识，使农民的意志成为一种消极的群众观点，土地国有化在这一群众观点中处于一种被动状态，只要农民反对，土地国有化就难以推行。这一观点难以具有说服力。另一种观点认为，小的农民土地所有制的存在事实上成为土地国有化的主要障碍，不适宜立即推行土地国有化。[②] 土地国有化可能会违反农民的意志，但是通过宣传、鼓励和引导，农民意识到土地国有化的好处能够接受土地国有化的政策，进而农民的意志发生改变，土地国有化仍然可以有效地推行。这种观点符合马克思主义农业发展的基本构想。[③] 在这一过程中，土地国有化推行的现实依据是一种积极的群众观点，土地国有化的实现并非被动地受制于农民意志，而是要看土地国有化政策的益处能否通过无产阶级的政策宣传

---

① 马克思在《巴枯宁〈国家制度和无政府状态〉一书摘要（摘录）》中指出："这些措施，一开始就应当促进土地的私有制向集体所有制过渡，让农民自己经过经济的道路来实现这种过渡；但是不能采取得罪农民的措施，例如宣布废除继承权或废除农民所有权。"参见《马克思恩格斯选集》第3卷，第338页。

② 参见张斌《马克思、恩格斯关于社会主义农业的基本构想》，《西南民族大学学报》（人文社会科学版）2010年第9期。

③ 关于马克思、恩格斯鼓励、引导农民以建立合作社的方式实现农业合作化，进而建立符合社会主义公有制要求的详细论述参见张斌《马克思、恩格斯关于社会主义农业的基本构想》，《西南民族大学学报》（人文社会科学版）2010年第9期。

和引导传递给农民，进而使其接受土地国有化的政策。这一政策精神在马恩经典著作中亦有所体现。可以说，在推行土地国有化的过程中如何认识和看待农民的意志对于土地国有化的实现将起到非常重要的作用。在推进土地国有化的过程中，无产阶级应当尊重农民意志，但是尊重农民的意志并非要使得土地国有化完全受制于农民意志而是需要通过政治宣传手段鼓励支持、引导农民认知土地国有化的益处进而推进土地国有化。从土地国有化推进的进程来看，在农民反对土地国有化的情况下，无产阶级可以采取两种策略：一是引导农民向合作化过渡，这种合作化实质上包含了土地的集体化，① 由小的土地所有制向集体土地所有制过渡被视为土地国有化实现的前提阶段；二是如果农民对于合作化仍然持有反对态度，那么对于合作化的推进亦应当予以延缓。② 在土地改革过程中，采取积极的群众观点对于这一政策的推进能够起到有效的推动作用。因此，对于马克思在《论土地国有化》中提出的土地国有化应当充分尊重农民意志的观点应当运用辩证法予以理解：一方面，土地的国有化应当尊重农民的意志，在土地国有化的过程中坚持群众观点；另一方面，土地国有化对农民意志的尊重并非被动，而是应当通过宣传土地国有化的益处，使农民逐渐转变对土地国有化的认识，促使其积极拥护土地国有化，但应当给予农民充分的时间思考和认识土地国有化的益处。

（二）土地国有化如何和中国实际相结合

马克思在《论土地国有化》中明确指出，实现土地国有化的重要益处在于能够实现土地的规模化经营，进而有效提高农业的生产效率。这一观点形成的理论根据在于生产效率的提高与生产力的发展存在着密切的关联性。而生产力的提高又受到各种情况的影响，其中，生产资料的

---

① 恩格斯在《法德农民问题》中指出："我们对于小农的任务，首先是把他们的私人生产和私人占有变为合作社的生产和占有，不是采用暴力，而是通过示范和为此提供社会帮助。"这一表述内含了无产阶级通过鼓励和引导农民实现土地合作化经营的精神。参见《马克思恩格斯选集》第4卷，人民出版社2012年版，第370页。

② 恩格斯在《法德农民问题》中指出："如果他们下了决心，就使他们易于过渡到合作社，如果他们还不能下这个决心，那就甚至给他们一些时间，让他们在自己的小块土地上考虑考虑这个问题。"上述内容内含了无产阶级不能强迫农民参与农地集体化经营的精神。参见《马克思恩格斯选集》第4卷，第372页。

规模和效能对于生产力的发展具有重要的影响。① 商品的生产成本的降低（便宜程度）决定于劳动生产率，劳动生产率决定于生产规模。② 就用于人类生产活动的土地而言，依靠土地生产的产品的生产效率与土地的生产经营规模有着密切的关联。产品的生产效率是社会生产力的重要标志。依此原理，土地作为一种生产资料，其规模自然对于生产力产生重要影响。可以说，土地的国有化对于实现土地的规模化经营具有重要的促进作用，从而提高农业生产效率。土地规模越大，其对于生产力的发展越能够起到促进作用，反之，土地规模小，则可能不利于生产力的发展。可以说，在马克思看来，土地的规模化经营与农业生产力之间具有密切的联系。大规模的土地经营能够促进农业生产力的提高，农地经营规模小则不利于农业生产力的提高。马克思在《1848年至1850年的法兰西阶级斗争》中对于法国当时存在的小的土地所有制阻碍农业生产力提高的弊端进行了分析。一是小的土地所有制使得土地愈加碎片化。小规模的土地与土地允许自由流转的制度以及人口增加的现实相结合的结果便是更多的人需要土地维持生计，而其获得土地的手段便是从既有的小的土地所有者手中购买土地，原本规模不大的土地再次被分割，进而导致土地的碎片化进一步加剧。二是土地价格随之上涨，土地购买人负债增加。人口的增加促使土地的需求量增加，进而土地的单位价格随之上涨。土地购买人获得土地需要支付更多金钱，其在无力支付的情况下便需要向金融资本家举债购买土地，土地成为抵押品。三是土地生产力的提高就此受到阻碍。对于获得土地的农民而言，小块土地的作用仅仅为生产资料。但是由于土地的分割，土地的肥力由此递减，大规模的机器耕种很难展开，大规模的土地改良措施的推行越发不可能。由此给农民带来的不利后果便是其耕种土地的非生产费用却不断递增。占有小规模土地的农民仅仅拥有小块土地这一可怜的生产资料，而无力向土地投入更多资本用于改进农业生产。③ 可见，马克思认为小的土地所有制的过于碎片化严重阻碍了农业生产力的提高。而土地国有化意味着土地归属于国家，

---

① 参见《资本论》第1卷，第53页。
② 参见《资本论》第1卷，第722页。
③ 参见《马克思恩格斯选集》第1卷，人民出版社2012年版，第524—525页。

国家可以对土地进行统一的经营和管理，小土地所有制阻碍农业生产力发展的弊端得以消除。

针对这一观点，理论上产生一定争议。一种观点认为，土地的规模化经营能够有效推广农业机械化和科学耕种技术，单位农产品的生产成本就此降低，单位农产品所产生的利润由此增加。可以说，农地的规模化经营与农业生产效率之间存在必然联系。促进农地的规模化经营有助于农业生产率的提高，进而促进农业生产力的提高。马克思在《论土地国有化》中提出土地国有化能够有效实现土地的规模化经营，进而促进农业生产力提高的判断是正确的。另一种观点认为，农地的规模化经营与农业生产效率的提高之间并不存在必然联系。[1] 原因在于，农地的规模化经营对于农业生产效率的贡献是极为有限的，同时还要受到诸多条件的限制。比如，农地的规模化经营对于农地的自然条件要求较高，只有在地势较为平坦的平原地区才适宜采取土地规模化经营。即便如此，土地规模化经营对于农业生产效率的贡献也仅仅限于较为有限的规模效益，事实上规模效益完全可以由其他提高生产效率的因素所替代。例如，在农业生产中，不增加预付种子和肥料的数量就不能扩大耕地的经营规模。在增加预付种子和肥料的情况下，运用机械耕种土地对于产量的提高亦会发生重要影响。与之相对，在不预付更多的生产资料的情况下，原有数量的劳动力付出更多的劳动的情况下亦可以提高土地的肥力。[2] 言外之意，提高土地生产力的方法不仅仅限于通过增加预付资本方式扩大土地的生产经营规模，还可以通过保持原有土地生产经营规模以及劳动力数量不变但提高劳动强度的方式提高土地生产力（土地肥力）。因此，土地规模化经营与农业劳动生产率之间并非存在必然联系，其地位并非不可替代。因此，对于马克思在《论土地国有化》中提出土地国有化能够有效实现土地的规模化经营，进而促进农业生产力提高的判断应当结合实际情况加以判断，不能一概而论。

对于马克思在《论土地国有化》中提出的土地规模化经营与提高农

---

[1] 参见秦晖《土地改革＝民主革命？集体化＝社会主义？——马克思主义农民理论的演变与发展》，《学术界》2002年第6期。

[2] 参见《资本论》第1卷，第697页。

业生产效率之间的关系的认识应当进一步深化。这一深化体现在我们应当意识到马克思提出以土地国有化为手段实现土地的规模经营与提高农业生产效率之间建立必然联系需要一定的前提条件。马克思在《1857—1858年经济学手稿导言》中指出,大土地所有权只有适应社会生产的时候才具有现实意义。[①] 也就是说,土地国有化形成大的土地所有权必须以社会生产现实为前提条件。如果大的土地所有权不能适应社会生产的现实(例如,土地的自然条件不适宜进行规模化经营),人为建立大的土地所有权是徒劳的,以大的土地所有权为基础建立的大规模的土地生产模式不能适应社会生产力的发展。同时,尽管大规模的土地经营模式已经建立,但是如果不采取科学有效的经营手段,大规模的土地经营仍然不会促进农业生产力的提高,反而会阻碍其发展。恩格斯在《美国的食品和土地问题》中便总结出这一规律。他指出,美国土地地势平坦,适合进行大规模的土地经营。但是资本家为了获得更多的农产品,当一块土地的肥力下降时,这块土地往往被废弃。农场主此时重新开垦一块土地进行耕种。这种耕种方式以这一国家具有大量的未开垦的土地资源为前提。但是这种耕种方式是一种不科学的、竭尽地力的耕种方式。[②] 这种耕种方式显然不能适应社会生产力发展的现实要求。这种大规模的土地经营是一种落后的土地经营方式。因此,从有利于社会生产的现实的角度出发判断以大土地所有权为基础建立起的大规模的土地经营是否具有合理性是极为必要的。这意味着无产阶级在实施土地国有化过程中不能忽视农地固有特征而僵化地推行土地规模化经营。因此,对于马克思在《论土地国有化》中提出的土地国有化有利于农地规模化经营的形成进而有利于农业生产力提高的观点应当做如下理解。

一是土地的国有化只是为土地的规模化经营创造了外部条件,土地国有化的实现并不一定意味着在全国范围内均实施土地规模化经营,只有在土地的自然条件允许的地区才适合推行土地的规模化经营。土地国有化只是为适合土地规模化经营的地区创造了条件,这些地区在土地国有化的助推下应当实施土地规模化经营。

[①] 参见《马克思恩格斯文集》第8卷,人民出版社2009年版,第22页。
[②] 参见《马克思恩格斯全集》第25卷,人民出版社2001年版,第512—514页。

二是土地规模化经营并非土地国有化的必然结果，对于自然条件不适于土地规模化经营的地区仍然可以保留土地分散经营的生产模式。此时，土地国有化仍然可以为这些地区农业生产力的提高提供有力的支持：土地国有化意味着全国范围内的土地由国家所有，国家以土地所有权人的身份获得分享地租的权利，国家获得的这部分地租的收入应当用于公共支出。这部分公共支出其中就包括为了提高小规模土地经营地区生产力进行追加资本的投入以及为农业生产的机械化提供资金支持。可以说，土地国有化有利于特定地区的农业生产力的提高，但无须实施土地的规模化经营。

因此，笔者认为，对于土地国有化、土地规模化经营以及提高农业生产力三者之间关系的正确观点应当为：土地国有化与土地的规模经营之间不是一一对应关系，土地国有化后是否采取土地的规模化经营要依据土地的自然条件的情况来决定。同时，土地的规模化经营与农业生产率的提高亦不是一一对应关系。

基于这一认识，在新时期土地改革过程中，我国对于土地规模化经营政策的推行应当采取谨慎的态度，对于符合推行土地规模化经营条件的地区鼓励其采取土地规模化经营，对于不适宜土地规模化经营的地区，国家应当鼓励其因地制宜发展特色产业，通过相应的扶持政策，支持农业生产者通过精耕细作的方式提高农产品附加值，进而达到提高农业生产力的目的。

马克思在《论土地国有化》中提出的土地国有化的实现方式在理论界存在争议。一种观点认为马克思在其中只是提出了土地国有化的观点与主张，没有对如何实现土地国有化予以详细论述，即土地国有化以怎样的形式实现。如此一来，无产阶级在取得国家政权后如何实现土地国有化可以自主决定其形式。另一种观点认为，马克思在其中虽然没有明确指出土地国有化具体的实现方式，但是通过其在论述土地国有化的内容中可以得出合作化是土地国有化实现的方式。

事实上，土地国有化究竟采取哪种实现方式，如何认识合作化是值得深入思考的问题。从实践来看，我国土地国有化的实现分为两个阶段。

第一阶段为土地国有化的确立。新民主主义革命胜利后，我国对于城市手工业以及资本主义工商业进行了社会主义改造，逐步确立了社会主义制度。在这一过程中，合作化具体表现为公私合营，最终使手工业以及资本主义工商业转变为具有社会主义性质的手工业以及工商业企业，其占有和使用的土地的性质亦发生变化，土地国有化由此实现。由此可见，合作化在土地国有化实现过程中发挥了一定作用。

第二阶段为土地国有化确立后，其如何具体实现。土地的国有化实质上是在所有制层面实现掌握国家政权的无产阶级对土地予以有效控制这一目标。但是土地的国家所有在具体的制度层面需要予以实现。因此，以落实土地国有化为目标，土地法律制度中土地所有权的主体不能为个人或单位，而应当是代表国家行使政权的各级政权组织。从解释论角度出发，城市土地归国家所有，由于国家是抽象意义上的主体，其所有权的行使必须由特定的政权组织——人民政府代表国家行使土地的国家所有权。人民政府对于城市土地享有占有、使用、收益、处分的权利，政府可以将城市土地通过划拨、出让的方式交由他人或特定的单位使用。他人或特定单位享有的土地的使用权受到法律的确认和保护。此时，国有土地事实上交由特定的全民所有制中的具体主体行使。在法律制度层面，土地国有化实现的结构表现为"国家所有权—特定个人或是特定单位享有土地使用权"。在这一法律制度结构中，国有土地的使用权以国家土地所有权为基础，国有土地所有权人决定是否为特定的个人或是特定单位设立国有土地使用权，同时国有土地使用权一旦设立后便具有独立于国有土地所有权的法律地位。国有土地使用权人对于特定的国有土地享有占有、使用、收益的权利，国有土地所有权人不得随意干涉国有土地使用权人对于特定土地的占有、使用和收益。除非国有土地使用权人没有依照法律规定或是国有土地使用权设立合同的约定使用国有土地，造成国有土地的损害。可以说，国有土地使用权人的合法权利受到法律的保护，进而确保了国有土地利用的有效性。

但在《论土地国有化》中，马克思将合作化作为土地国有化的一种实现手段，从其具体的语境中可以看出，马克思对合作化方式没有做进一步区分，合作化被视为无产阶级在取得国家政权后整个国家土地国有化的实现方式。同时，马克思与恩格斯认为，合作化是破解小的农民土地所有制向土地国有化过渡的有效措施，即组织农民实现首先建立集体土地所有制。① 合作化被视为实现土地集体所有制的手段，是实现土地国有化的前置阶段，在农民不同意实现土地国有化的条件下，应当引导农民走农业合作化的道路，变小的农民土地所有制为土地集体所有制。

但是在我国的土地国有化发展进程中，合作化只是在城市土地实现国有化过程中发挥了一定作用，在落实土地国有化、建构土地国有化法律制度过程中，合作化被逐渐淡化并逐渐退出历史舞台。与之相对，合作化在农村土地集体化的过程中曾经发挥了重要作用，集体土地所有制建立后合作化仍然被视为农民集体在农业生产过程中经营集体土地的一种重要方式。② 可以说，马克思在《论土地国有化》中为土地国有化的实现指明了方向，即通过合作化的方式实现土地国有化。但是如何通过合作化实现土地国有化需要灵活掌握，合作化作为实现土地国有化的一种手段究竟在实现并落实土地国有化过程中如何体现、发挥多大作用还要依据实施土地国有化的现实具体情况而定。

马克思对于《论土地国有化》中提出的土地归国家所有，土地国有化在理论上如何理解亦是存在争议的问题。土地国有是所有制层面的含义还是法律制度意义上的土地国家所有权，是一个值得探讨的问题。从生产关系的角度出发，马克思对于土地所有权的理解分为三个层次：一是纯粹的所有权，即不作为商品的土地，不参与资本主义生产关系的土地所有权，例如，封建社会的农民对于其土地享有的所有权，其最主要的特点是所有者即为土地的利用者；二是经济上的所有权，即对土地进行现实占有和利用并由此获得收益的支配和控制性的权利；三是完全所有权，即为这两者的统一。③ 但马克思对于土地所有权持有一种否定态度。例如，在《资本论》第3卷中，马克思认为，资本主义社会中土地

---

① 参见张斌《马克思、恩格斯关于社会主义农业的基本构想》，《西南民族大学学报》（人文社会科学版）2010年第9期。

② 《农村土地承包法》第1条规定："为了巩固和完善以家庭承包经营为基础、统分结合的双层经营体制，保持农村土地承包关系稳定并长久不变，维护农村土地承包经营当事人的合法权益，促进农业、农村经济发展和农村社会和谐稳定，根据宪法，制定本法。"这里的"统分结合的双层经营体制"中的"统"即农村土地的集体经营，其实质为合作化的一种表现形式。这种合作化是建立在集体土地所有制基础上的。

③ 参见孙东富《马克思恩格斯的"三权"理论与我国土地的所有制形式》，《经济科学》1985年第4期。

所有权的本质表现为地租。地租的本质表现为土地所有者对于雇佣劳动剩余价值的无偿占有。① 土地自身并不具有价值，仅仅表现为一种无机自然。② 从经济社会发展的未来趋势来看，对土地享有所有权如同对某一人享有所有权一样，是十分荒谬的事情。甚至一个民族一个国家都不能对特定的土地享有所有权，他们只能是土地占有者，他们的职责在于维护好、利用好这些土地并将其完整地传递给下一代。③ 在这里，马克思没有对土地所有权做性质上的区分。按照一般意义上的理解，在没有做特殊说明的情况下，这里的土地所有权事实上是一般意义上的土地所有权。以此推论，在社会主义社会或共产主义社会，土地所有权亦无存在的必要性，特定主体对土地只是占有而并非享有所有权。有学者甚至认为，马克思的上述论述是对整体意义上的土地所有权的否定，既否定私有制下私人土地所有权存在的合理性，又否定国家土地所有权存在的合理性。在其看来，任何形式的土地所有权的存在都不具有合理性。④

但值得注意的是，在《共产党宣言》中马克思和恩格斯认为："共产主义并不剥夺任何人占有社会产品的权力，它只是剥夺利用这种占有去奴役他人劳动的权力。"⑤ 依据上述观点，在共产主义社会，土地所有权并不一定成为被消灭的对象，只要这一所有权不再成为土地所有权人剥夺他人的手段，而仅仅成为土地所有权人获得劳动所得产品的物质手段，其存在亦具有一定的合理性。土地国有化本身意味着获得了国家政权的无产阶级代表全体劳动人民实现了对于土地的占有。因此，土地国有化亦可以以土地所有权的形式存在，并不需要对于土地所有权予以完全的排斥。由此可见，马克思在《共产党宣言》中关于土地所有权的观点与《资本论》第3卷中关于土地所有权观点存在一定的分歧。就土地国有化而言，土地国有化的实现是否意味着国家土地所有权的建立存在一定的

---

① 马克思认为："从劳动那里夺走的因而作为别人的财产同劳动相对立的劳动的一个物质条件是资本；另一个物质条件是土地本身，是作为地产的土地。"参见《剩余价值理论》第1册，人民出版社1975年版，第60页。
② 参见《资本论》第3卷，人民出版社2018年版，第922页。
③ 参见《资本论》第3卷，第878页。
④ 参见胡贤鑫、胡舒扬《略论马克思的土地所有权理论》，《江汉论坛》2014年第8期。
⑤ 《马克思恩格斯选集》第1卷，第416页。

争议。

最后，马克思的《论土地国有化》著作的解释方法亦存在一定的争议。对于马克思在《论土地国有化》的原文表述，不同学者从不同的角度予以理解，进而对于原文进行了不同的解读，形成了以下不同的解释方法。

一是文意解释。这一阐释方法以忠于马克思在《论土地国有化》中原文表述含义为基本主张，对于原文相关内涵的解读不能超出原著中文字应有的含义范畴。这种阐释立场的主旨在于追求马克思在创作该著作时期所要表达的真实含义，对其解释不能超越这一含义。例如，在《论土地国有化》这一文本中，马克思提出的土地国有化理论以农业生产领域实现国有化而展开，① 依照文意解释的方法，土地国有化主要针对的是农业土地，而不应当包括城市土地的国有化。

二是体系解释。这一阐释方法认为，对马克思在《论土地国有化》中提出的观点以及相关观点的论述的理解不应当仅仅局限在本著作文本之中，应当将其置于马克思主义理论体系中予以综合分析。唯有如此，对于马克思关于土地国有化理论的理解才能更加深入和全面。例如，马克思在《论土地国有化》中认为，土地国有化的实现应当顾及实现土地国有化的现实条件。其中一项重要的现实条件便是在小的农民土地所有制占主体的国家，不适宜推行土地的国有化。由此产生的问题便是，小的农民土地所有制占主体的国家就不能实施土地国有化了吗？《论土地国有化》这一著作没有给出明确答案。此时，对于这一问题的回答不应当仅仅局限于该著作，而是应当从马克思、恩格斯相关著作的整体出发来回答这一问题，不能简单地认为小的农民土地所有制占主体的国家就不能实施土地国有化。事实上，马克思和恩格斯在其他著作中的观点能够回答这一问题。恩格斯在《法德农民问题》中提出无产阶级应当对小的农民土地所有制进行改造，即通过组织农民建立农业生产合作社，② 使农业生产合作社成为土地的所有权人，以此方式逐步实现小的农民土地所

---

① 参见张斌《马克思、恩格斯关于社会主义农业的基本构想》，《西南民族大学学报》（人文社会科学版）2010年第9期。

② 参见《马克思恩格斯选集》第4卷，第370页。

有制向土地国有化的过渡。农业通过合作化经营具备与工业经营方式大体相同的水平时，农业将由合作社转变为国家经营，① 进而最终实现土地国有化。

三是历史解释。这一阐释方法认为，对于马克思关于土地国有化理论的解释应当从历史角度出发，重在发掘马克思提出土地国有化理论的历史背景以及主要目的，运用此种方法能够更好地站在历史角度对马克思提出的土地国有化理论予以理解，对于其历史意义以及当代启示才能更好地予以认识。

四是目的解释。该解释方法认为，马克思土地国有化理论的提出具有特定的目的，这一目的在当时的历史条件下具有一定的现实意义。但是随着时代的发展和变迁，这一理论提出的目的和理论的适用可能受到时代发展的挑战。站在新的历史时期，对于马克思土地国有化理论的理解和适用不应当完全拘泥于马克思创作《论土地国有化》的时代背景和目的，而是应当依据时代发展的现实需要对其予以理解和解释。唯有如此，马克思的土地国有化理论在新时期才能焕发出新的生机，进而防止对于马克思土地国有化理论的僵化理解和应用。

事实上，每一种对于马克思土地国有化理论的阐释都具有合理性同时又存在一定的弊端。文意解释的优势在于从马克思《论土地国有化》文本原意出发，最大限度地保持马克思主义土地国有化理论的原汁原味。但是仅仅从马克思所著的《论土地国有化》的文本出发对土地国有化理论进行理解和适用可能会拘泥于原著文意，对于马克思的土地国有化理论的发展可能形成一定的束缚和障碍。体系解释的优势在于将马克思土地国有化理论置于马克思理论的整体中加以理解，这一解释方法的应用能够从马克思主义理论的全貌来理解土地国有化理论，这一理论的全貌能够有效地得到反映。这一阐释方法的劣势在于，这一解释视角可能使得马克思土地国有化理论的独特性被忽略。历史解释的优势在于对马克思土地国有化理论的理解能够从这一理论形成和发展的历史角度出发，其对于马克思土地国有化理论的把握的准确性较强。其劣势在于对马克

---

① 参见张斌《马克思、恩格斯关于社会主义农业的基本构想》，《西南民族大学学报》（人文社会科学版）2010 年第 9 期。

思土地国有化理论的阐释和理解容易受到历史因素的束缚，对该理论的阐释和理解容易忽视其与现实的结合。目的解释的优势在于能够将马克思的土地国有化理论与现实紧密结合，其劣势在于解释者为了使马克思的土地国有化理论适应现实的需要而忽视该理论的原意，使马克思土地国有化理论的原意发生扭曲。

事实上，对于马克思的《论土地国有化》文本的解释不应当拘泥于一种解释方法，而是应当将各种方法综合加以应用才能够有效应对马克思土地国有化理论在应用过程中面临的现实问题。

三 《论土地国有化》研究中学术争论的理论困境

马克思在《论土地国有化》中提出了土地国有化理论。后世学者在对这一理论的解读和分析中形成了不同的观点。结合我国土地国有化形成和发展的实际，围绕着土地国有化延伸出以下理论问题。

（一）集体土地所有制与土地国有化之间的关系

马克思在《论土地国有化》中没有对土地国有化适用做进一步区分。从我国土地政策执行的状况以及土地制度确立的实际状况来看，我国土地国有化并非全域性的土地国有化，土地国有化仅仅在城市地区推行，在农村地区我国实施了土地集体化策略。由此在理论上产生的问题便是土地国有化与土地集体化之间的关系。

按照马克思在《论土地国有化》中的设想，无产阶级在取得国家政权后应当以土地的国有化为目标。然而，在我国农村地区实施的土地集体化的制度地位究竟如何值得深入思考。土地集体化与土地国有化之间的关系如何确定是一个重大的理论问题，集体土地所有制是不是土地国有化的过渡阶段？集体土地所有制能不能转化为土地国有化？未来我国土地政策的发展趋向究竟是继续坚持土地国有化与土地集体化并存还是将集体土地所有制逐步过渡到土地国有化？这一系列问题仍然需要在理论上予以进一步研究。

（二）土地国有化后土地经营方式的确定

马克思在《论土地国有化》中阐述了土地归属于国家所有的优势以及其形成与发展的历史必然。土地国有化意味着土地归国家所有，但是国有化的土地如何加以利用是一个必须解决的现实问题。《论土地国有化》主要解决的是农业土地国有化的问题。

从马恩经典著作来看，土地国有化后农村土地的经营主要采取的是农业合作社方式。这种合作社的建立以小农联合为基础，这种联合是以无产阶级通过示范和提供社会帮助的方式实现各个小农的联合。[1] 针对合作社建立后土地规模化经营可能带来更多的剩余劳动力的问题，可以采取以下措施，即调拨土地并建立相应的合作社或者让这些劳动力从事工业性的副业。随着合作社的广泛建立，推动农民合作化的策略应当予以进一步调整，即在初步建立小规模的农业合作社基础上逐渐扩大规模，进而使合作社的成员享有的权利义务与其他生产部门中成员的权利义务处于平等的地位。同时，国家应当对农业生产合作社的发展予以一定的支持。[2] 但是对于城市地区的土地利用，采取什么样的经营方式则没有予以明确阐释。城市地区土地利用的主要用途为工商业，工商业的土地经营是否可以按照农村地区土地经营方式的经验采取合作社的方式？此外，土地国有化可以克服土地私有制带来的弊端，但是土地国有化后土地经营方式如何与市场经济体制相适应？马克思在《论土地国有化》中没有给出明确答案，但对于确立以社会主义市场经济为核心机制的今天确是我们需要解决的现实问题。[3] 以土地国有化为指导，土地经营较为灵活，但由此产生的问题是国家对于国有土地的终极控制如何实现进而避免土地的国家所有权的虚化？土地国有化背景下，国家成为城市土地的所有权人，单位和个人成为土地的使用权人，两者利用土地的关系如何在法律框架范围内得到有效协调？土地使用权人的权利如何得到有效保障？

---

[1] 参见《马克思恩格斯选集》第4卷，第370页。
[2] 参见《马克思恩格斯选集》第4卷，第371页。
[3] 参见谢地《马克思、恩格斯土地与住宅思想的现代解读——兼及中国土地与住宅问题反思》，《经济学家》2012年第10期。

可以说，上述问题均值得进一步探讨。

（三）土地国有化理论的地位以及与其他理论之间的关系

马克思的土地理论大体分为两个部分：一是地租理论，二是土地国有化理论。土地国有化理论在这一体系中究竟处于什么地位？两者之间的关系究竟如何？地租理论对于土地国有化理论的形成与发展起到怎样的作用？在理论上，还有学者认为马克思土地理论除了地租理论以及土地国有化理论外，还应当包括马克思主义土地产权理论。① 如果马克思主义土地理论中包含马克思主义土地产权理论，那么马克思主义土地产权理论与土地国有化理论之间是否能够有效对应？土地国有化能否用马克思主义土地产权理论予以有效解释？在土地国有化实现后地租理论在新的社会条件下如何应用？上述一系列问题对于土地国有化理论的形成与发展将产生重要影响，亦是新时期马克思土地国有化理论发展所面临的现实困境。

（四）土地国有化理论的现实效用

《论土地国有化》对于解决我国面临的现实问题发挥怎样的作用，这一作用如何获得有效的理论解释亦是值得深入思考的理论问题。随着我国土地制度改革的不断深化，城市土地国有化各项制度在运行过程中出现了一些现实问题。例如，土地国有化后作为土地国有化的制度表现为国有建设用地使用权的确立。

基于保护耕地维护粮食生产安全的政策目标，国家对于建设用地的数量予以严格控制，但是大规模的城市建设却需要大量的国有建设用地。两者之间的矛盾调节还需从土地国有化制度自身入手，利用土地国有化的灵活且具有统一性的土地资源调配机制缓解两者之间的矛盾。土地国有化机制如何在新的历史时期发挥相应的作用在理论上亦是值得深入研

---

① 参见洪名勇《论马克思的土地产权理论》，《经济学家》1998年第1期；邵彦敏《马克思土地产权理论的逻辑内涵及当代价值》，《马克思主义与现实》2006年第3期；詹王镇《马克思主义土地产权理论及其在中国的实践研究》，第59页；彭五堂《马克思主义产权理论研究》，上海财经大学出版社2008年版，第127页；武建奇《马克思的产权思想》，中国社会科学出版社2008年版，第247—248页。

究且存在理论困惑的问题。

（五）土地国有化理论的具体落实

新民主主义革命胜利后，我国经过社会主义改造在城市地区已经确立了土地国有化。但值得注意的是，马克思在《论土地国有化》中主要是从宏观角度对于土地国有化实施条件、必要性、优势以及需要注意的问题等内容予以阐释，但是对于土地国有化制度如何在实践中落实没有给出明确的答案。依据实事求是的基本原则，土地国有化应当依据我国经济社会发展的实际来明确土地国有化的相关制度。在新中国成立初期，基于土地国有化为全民所有制的表现形式，国有土地的使用采取了无偿方式。公有制在全国范围内全面确立，对国有化土地的利用主体主要为具有公有制的机关以及企事业单位。这种国有土地使用方式确立的理由在于这些机关、单位属于具体的全民主体，其对于国有土地自然可以无偿使用。土地所有人对于自己土地的使用无须支付费用。

改革开放之后，基于对国有土地无偿使用方式的反思，城市土地国有化并不等于消灭土地自身的经济实现方式，城市土地国有化后的有偿使用即国有土地在经济上的实现方式。在社会主义市场经济体制下，这一经济现象需要被正视和认可。[①] 我国逐步确立了国有土地的有偿使用制度。除了用于公益性设施建设外，商业化设施建设必须以出让方式（有偿）获得国有土地使用权。基于马克思主义土地理论的传统观念，土地商品化应当被否定（土地所有权不可以流转），土地国有化是基本原则。[②] 土地所有权虽然不能够商品化，但土地使用权却可以实现商品化。国有土地使用由无偿向有偿的转变对于土地国有化制度提出了新的挑战、新的要求。例如，国有化土地有偿出让的利益收入的管理与利用的权利如何行使？这一权利应当受到怎样的监督？此外，政府作为土地国有化权利行使结构中代表国家行使国有土地所有权，但是国有土地所有权行使的内容较为复杂。例如，国有土地规划在新的历史时期已经纳入国有土

---

① 参见于俊文《马克思的地租理论与我国土地使用制度改革》，《东北师大学报》（哲学社会科学版）1991年第2期。

② 参见欧定福《土地商品化还是土地国有化》，《中国土地科学》1988年第3期。

地所有权的行使范畴，对于国有土地的划拨和出让亦属于国有土地所有权行使的范畴。这些具体的权力均是由各级政府部门予以行使，各种权力如何在各级政府部门之间进行配置？各种权力的行使如何进行协调？国有土地在有偿出让的过程中获得的土地增值利益如何分配？这一分配应当依据什么样的标准？① 等问题在新的历史时期均属于土地国有化制度面临的新的现实问题。这些问题涉及面广，涉及的利益主体众多，这些问题的解决较为复杂，是新时期土地国有化制度面临的新的挑战。这些问题是有中国特色社会主义土地国有化制度能否在深化改革的时代背景下继续保持活力，维护社会主义土地公有制并不断向前发展的决定性因素。这些问题亦是理论界需要予以直面的且应当予以有效回应的现实问题。

---

① 在城市化进程中，通过征收集体土地满足城市建设的需求的主要理论依据为"涨价归公"理论，但是这一理论在我国农地征收实践的应用亦受到一定质疑。参见郭亮《从理想到现实："涨价归公"的实践与困境》，《社会学研究》2021年第3期。

第 二 章

《论土地国有化》文本结构通释

　　《论土地国有化》这一文本所要解决的根本问题是无产阶级取得国家政权后，土地的归属以及土地利益享有的问题。其逻辑起点是马克思对于资本主义土地私有制本质的分析及其批判，进而引申出改造资本主义土地私有制以及无产阶级探索建立符合全体劳动者切身利益的土地所有制的主张。可以说，《论土地国有化》是对于无产阶级取得国家政权后如何建立符合全体劳动者切身利益的土地所有制的扛鼎之作。对于这一问题，马克思在《论土地国有化》这一著作形成之前就展开了深入的思考。无产阶级建立符合全体劳动者切身利益的土地所有制的重要前提是消灭土地私有制，进而消灭剥削存在的现实基础。以此为目标，无产阶级土地所有制的建立应当与资本主义土地私有制相对：资本主义土地私有制是私人作为土地所有权人，而无产阶级建立的土地所有制是以劳动者（全体劳动人民）为土地所有权人，对土地进行占有和支配。马克思在这一著作中对于土地国有化思想的阐述内含了清晰的历史逻辑、深刻的现实逻辑以及严谨的文本理论逻辑。

一　《论土地国有化》文本的历史逻辑

　　资本主义土地私有制下的土地私人所有权仅仅是对私人占有土地这一现实的确认，而真正具有意义的事实是谁现实占有土地。实际占有者才是私有财产建立的基础。① 在资本主义土地私有制下，土地的所有权与土地实际占有之间是分离的。土地所有者并非利用土地的劳动者。然而，土地与价值的源泉——劳动之间有着天然联系。土地的绝对肥力之所以能够发挥作用关键在于其与劳动相结合，使劳动能够提供一种受土地绝对肥力制约的土地产品。② 土地成为劳动价值转化为产品的重要条件，而土地的归属则决定了土地产品的归属。在资本主义土地私有制下，土地归属于私人，即意味着土地出产的劳动产品归属于私人。内含劳动价值的劳动产品被私人垄断。资本主义土地私有制的基本特征为土地所有权人（私人）垄断土地利益，而无产阶级建立的土地所有制应当是由劳动者（全体劳动人民）享有土地利益。以上述理念为基础，马克思认为，无产阶级主张建立的土地所有制应当是土地公有制。这种公有制主要表现为土地的国家所有。

在《论土地国有化》形成之前，马克思酝酿形成土地国有化思想的著作主要有以下几部。

（一）《1844年经济学哲学手稿》

这部著作是马克思早期所形成的对于土地问题进行集中论述的著作。在该著中，马克思对于资本主义土地私有制统制之下的土地问题进行了分析。

首先，马克思分析了土地地租的产生及其特征。马克思指出，资本、地租和劳动的分离对于工人来说是极为有害的。③ 地租的享有者是土地的所有者。土地所有者的权利的本质为掠夺，决定地租数量的因素为土地肥力和土地的位置。④ 地租的确定是土地所有者与租地农场主斗争的结果，两者都想最大限度地占有依靠土地生产出的剩余产品价值，但最终通过协议来约定分配的比例。⑤ 人口的增加、科技的进步，对土地需求的

---

① 参见石莹、赵昊鲁《从马克思主义土地所有权分离理论看中国农村土地产权之争——对土地"公有"还是"私有"的经济史分析》，《经济评论》2007年第2期。
② 参见《资本论》第3卷，第922页。
③ 参见《马克思恩格斯文集》第1卷，人民出版社2009年版，第115页。
④ 参见《马克思恩格斯文集》第1卷，第143页。
⑤ 参见《马克思恩格斯文集》第1卷，第142—143页。

增加以及新的工业原料的利用,都会促使土地所有者获得更多地租。①

其次,马克思分析了在资本主义生产关系中大地产的优势以及资本主义土地集中现象产生的原因以及由此带来的后果。对大地产的资本投入使得工人和工具的数量得以减少,同时,对土地的全面利用的可能性、生产费用的减少以及巧妙的分工亦促使对地产投资的回报得以大幅度提高。因而,大地产在取得地租方面具有优势。同时,大地产的享有者通过租赁,能够获得租地农场主改良土壤支付的资本利息,而小地产者自己耕种土地则必须自己进行资本投入。土地改良对于大地产是好事,对于小地产而言则是灾难。大地产才能生产食物类产品,因而能够调节其他土地的地租并将其降至最低限度。大地产与小地产之间形成一定的竞争。② 小地产在与大地产的竞争过程中处于劣势地位,土地兼并就此产生。大地产吞并小地产,资本主义土地集中现象就此产生。这种竞争亦导致一种现象的产生即一大部分土地落入资本家手中,资本家同时亦是土地所有者。由此导致新的阶级变化的产生,资本家与土地所有者之间的差别消失,土地成为能够买卖的商品,社会居民大体整合为两个阶级:工人阶级和资本家阶级。③

再次,马克思分析并批判了在资本主义土地私有制下土地与人的关系的异化。马克思在《1844 年经济学哲学手稿》中指出,土地的私有化与资本主义生产关系的结合使得土地资本化的特性得以确立,土地与人的关系单纯地转变为私有财产和资本,土地中原本存在的与人的个性、性格、荣誉以及身份等要素之间的关系被全部吞噬,土地以资本的形式成为对于工人阶级以及因资本运行规律所致的破产者的统治。④ 在资本主义土地私有制统制下,土地所有者的利益与社会公共利益之间并非具有完全的一致性。土地所有者的利益实质上与社会公共利益之间成反比关系。资本主义土地所有权人与土地的分离形成了新的利用土地进行农业生产的关系,这一生产关系中的三类主体为:土地所有权人、租地农场

---

① 参见《马克思恩格斯文集》第 1 卷,第 145—146 页。
② 参见《马克思恩格斯文集》第 1 卷,第 148 页。
③ 参见《马克思恩格斯文集》第 1 卷,第 149—150 页。
④ 参见《马克思恩格斯文集》第 1 卷,第 150 页。

主以及从事农业生产的雇工。这一生产关系的建立事实上促使了生产资料占有者与生产资料之间的分离。同时，土地所有者在社会繁荣过程中，从人口、工业生产的增长以及从社会需要的增长中得到利益，一句话，从社会财富的增长中得到利益。①

但值得注意的是，土地所有权人从社会经济以及人口增长中获得的利益的增长这一事实与无产者的贫困与奴役的增长相伴而生。两者的相互关系从房租的上涨中便能体现出来。在资本主义经济统制之下围绕着土地建立起来的生产关系的主体内部亦充满了矛盾，这一矛盾表现为土地所有权人与租地农场主之间的矛盾以及土地所有权人与农业生产雇佣人员之间的矛盾。这两对矛盾具体表现为：土地所有权人向租地农场主提出增加地租，租地农场主则通过压低农业雇佣工人工资的手段用以应对地租的上涨。由此形成的恶性循环便是，租地农场主越是压低农业雇佣人员的工资，土地所有权人越是向租地农场主索要更为高昂的地租，②由此导致土地所有人与租地农场主、农业雇佣工人之间形成矛盾。土地所有者与租地农场主对雇佣工人进行剥削，其与雇佣工人的矛盾不言而喻。土地所有者取得的地租的形成并非其直接通过剥削雇佣工人而形成的，而是通过截取租地农场主应当获得的那部分剩余价值的方式取得的。两者之间因为取得剩余价值而产生利益冲突。由于工业品价格的实际降低事实上能够促进地租的提高，土地所有权人从工人工资降低、资本家之间的竞争以及生产过剩等一切能够导致工业品价格降低的经济运行机理中获益。由此可以说明，土地所有权人与社会其他成员之间存在利益的不一致性。同时需要注意的是，不同的土地所有权人之间亦会形成相应的竞争关系，因此他们之间的利益关系亦难以协调一致。③ 例如，在英国，地主获得高额地租一般通过促使租地农场主破产和雇佣工人限于爱尔兰式的贫困（沦为真正的乞丐）的方式加以实现。④ 同时，产业资本家（包括租地农场主在内的资本家）所希冀的大工业的发展实际上与土地的

---

① 参见《马克思恩格斯文集》第1卷，第147页。
② 参见《马克思恩格斯文集》第1卷，第147页。
③ 参见《马克思恩格斯文集》第1卷，第147页。
④ 参见《马克思恩格斯全集》第42卷，人民出版社1979年版，第265页。

开垦之间亦会存在一定的矛盾，即土地的开垦一经达到了一定的程度，大工业就有束缚土地生产力的倾向。① 这一现象真实而准确地反映了土地所有者与产业资本家（主要为租地农场主）之间的矛盾。由此可见，在资本主义社会，土地已经成为一种与人相对立的异己的力量，土地与人的关系是以金钱为连接点，人与土地的连接不再是人的个性和性格。② 土地事实上以资本为枢纽建立人与人之间的关系。

最后，马克思对于地产的垄断和分割进行了分析。马克思在这一著作中认为，地产的分割是对大地产垄断的否定。但是单纯的对大地产的分割并不能够消除大地产垄断存在的基础——资本主义土地私有制，原因在于劳动与劳动的单纯分离并不能促进分工的进一步发展，其充其量只不过是使更多的人从事同样的工作，而并非一件工作由更多的人来承担。这种分割的最终结果只能是大地产在短暂分割之后再一次重新聚集。针对大地产的垄断，正确的方法应当是对其加以扬弃，这一扬弃针对的对象是土地私有制。③ 在这里，马克思提出了土地的联合这一构想。这一联合是一种对大地产进行分割后的地产的联合。这一联合可以保留大地产的优势并可以第一次实现分割原有倾向即平等。④ "同样，联合也通过合理的方式，而不再采用以农奴制度、领主统治和有关所有权的荒谬的神秘主义为中介的方式来恢复人与土地的温情的关系，因为土地不再是牟利的对象，而是通过自由的劳动和自由的享受，重新成为人的真正的个人财产。"⑤

《1844年经济学哲学手稿》对《论土地国有化》的形成起到了以下积极的推动作用。

一是在这部著作中对于资本主义土地私有制弊端的分析使得马克思意识到消灭资本主义土地私有制是十分必要的。但消灭资本主义土地私有制后建立一种怎样的土地所有制是一个值得深入思考的问题。正是对这一问题的思考客观上促使马克思对《论土地国有化》的创作。

---

① 参见《马克思恩格斯全集》第42卷，第267页。
② 参见《马克思恩格斯文集》第1卷，第151—152页。
③ 参见《马克思恩格斯文集》第1卷，第152页。
④ 参见《马克思恩格斯文集》第1卷，第152—153页。
⑤ 《马克思恩格斯文集》第1卷，第152页。

二是马克思在该著中提出的大地产联合的构想实质上为其土地国有化思想的形成奠定了基础：

其一，大地产的联合是土地占有者之间的平等联合，这种联合是一种实质上的平等的联合，原因在于此时的地产并不作为私人牟利的手段。这一特征和土地国有化消灭土地私有制进而摧毁剥削存在的物质基础这一宗旨和目标具有异曲同工之妙。土地国有化的实现实质上消除了土地私有制下土地作为剥削工具的性质，即土地所有者利用其获得的剩余价值（土地的逐利性），进而使土地的占有纯化为无产阶级政权组织安排的平等的占有。

其二，地产的联合实质上是劳动者对于土地的一种新的、更高级别的占有形式。这一联合占有是劳动者对于土地的联合占有。土地国有化的实质亦是劳动者联合占有土地，这一占有是由无产阶级政权组织代表全体劳动者对于土地进行占有。可以说，土地国有化是地产联合占有的一种重要形式。可以说，土地国有化是对该著中的地产联合占有观念的进一步发展。

其三，地产的联合要实现的结果是劳动者通过"自由劳动"而"自由享有"地产，使其重新成为个人的财产。劳动者自由劳动和自由享有地产是地产联合所要实现的目标，亦是地产联合的宗旨。这一目标和宗旨与土地国有化的目标与宗旨相同。但是在这部著作中，马克思认为地产的联合在实际效果上最终使得地产成为真正的个人财产。在《论土地国有化》中，马克思认为土地作为最重要的生产资料之一，其应当由无产阶级国家政权组织代表全体劳动人民占有土地，土地不再是个人财产。可见，在土地归属这一理念上，《论土地国有化》中提出的土地归国家所有的理念取代了之前使土地成为真正的个人财产的理念，是对《1844年经济学哲学手稿》中土地归属理念的进一步发展。这一发展亦表现为扬弃的过程，一方面，地产的联合实现劳动者对于地产的平等占有以及实现自由劳动进而自由享有地产的目标和宗旨没有改变，其仍然作为土地国有化的目标和宗旨；另一方面，在土地归属层面，其不应当成为个人的财产而是应当由国家占有和支配。

（二）《哲学的贫困》

在这部著作中，马克思对于政治经济学的形而上学问题进行了反思和批判。马克思对于所有权与地租问题进行了集中讨论。首先，马克思确立了历史唯物主义的土地所有权观念。在马克思看来，所有权的形成与其所处于的具体的、现实的社会形态具有必然的关联性。对资产阶级的所有权进行定义，事实上需要对资产阶级生产的全部社会关系描述一番。[1] 其次，马克思认为，在资本主义生产关系中，土地所有权的本质即为地租。地租的来源与土地出产的农产品息息相关。在马克思看来，在工业生产中，使用劳动量最少的产品价格决定了其余同类产品的价格。而农业生产中，产品的价格是由使用劳动量最多的产品价格所决定，原因在于具有同等肥力的土地作为生产资料，不能随意增加；同时，随着人口的增长，人们开始耕种劣等土地或是对既有土地进行追加投资。但这两种方式都是使用较多的劳动量获得相对较少的劳动产品。由于人口的增加，劣等土地生产的产品与优等土地生产的产品同样具有销路。由于市场竞争使得市场价格平均化，劣等土地生产的商品与优等土地生产的产品以相同的市场价格进行销售。优等土地产品价格中超过生产费用的余额就构成地租。[2]

同时，马克思对于地租的产生和存在条件进行了分析。他认为，地租的产生和存在的条件为资本主义生产方式进入农业生产领域，没有这一条件，地租是无法产生和存在的。即整个社会的其他生产部门以资本主义生产方式进行生产，资本在各个生产部门之间可以流通；依赖市场竞争使得生产商品的利润达到同一水平，即平均利润的形成；土地租赁者的身份转变为产业资本家，他要从他投入的劣等土地中获取利润；使土地的耕作按照大工业制度进行；土地所有者只想获得货币收入。[3] 基于上述分析，马克思认为，地租并非使土地所有者与奴隶、劳动者或雇工对立，而是与产业资本家对立。这一对立体现在其从本应由产业资本家

---

[1] 参见《马克思恩格斯选集》第1卷，第258页。
[2] 参见《马克思恩格斯选集》第1卷，第261页。
[3] 参见《马克思恩格斯选集》第1卷，第261—262页。

获得的利润（剩余价值）中获取相应的部分。地租实质上是生产费用（支付给农业工人的工资以及平均利润）的余额。此时，土地所有权一旦构成地租，其无可避免地将被卷入竞争之中，因为此时土地所有权就取决于农产品的市场价格。土地所有权具有了显化的可以用作交易的衡量标准，土地所有权就此成为商品进而可以作为交易的对象。可以说，地租使得土地所有权具备商品属性。① 同时，土地所有权的地租化使得土地所有者与土地相分离，土地所有者对于土地的控制不需要对于土地予以现实的占有，而是表现为对地租予以现实的支配。

在这部著作中，马克思对于有关土地的若干概念进行了区分。首先，地租与租金之间具有一定的联系亦存在着一定区别，两者的联系表现为租金中包含着地租，但是同时亦包含着投入土地的资本的利息。其次，地租与土地资本两个概念之间亦存在着明显区别。地租实质上是土地出产的农产品的市场价格高于土地出产的农产品的生产费用的余额。土地资本是土地作为资本的形式，这一资本的收入是利息和产业利润但并不是地租。土地资本的代表是土地的租赁者而并非土地所有者。②

这部著作与《论土地国有化》形成的关联关系主要体现在以下方面：一是基于历史唯物主义视角对于土地所有权的定义为土地国有化观点的确立提供了必要的理论依据，对于土地国有化思想的形成具有重要的现实意义。事实上，土地国有化属于客观的生产关系的领域，而并非属于某种观念的创造物。土地国有是在社会主义或共产主义生产关系之中形成的，土地国有化是社会主义或共产主义生产关系的重要组成部分，是社会主义或共产主义生产关系在土地之上的集中反映。因此，土地国有化决定于生产力的发展，土地国有化是社会生产力发展的必然要求。这一观点在《论土地国有化》中有所体现。

二是该著是马克思早期对于资本主义生产关系下的土地所有权与地租进行分析的重要著作。这一著作以批判资产阶级学者蒲鲁东为指向，阐述了马克思对于土地所有权与地租两者关系以及地租的本质的观点。与《1844年经济学哲学手稿》相比，在这部著作中对于地租的产生以及

---

① 参见《马克思恩格斯选集》第1卷，第263页。
② 参见《马克思恩格斯选集》第1卷，第267—268页。

其与其他概念之间的区别进行了分析，标志着马克思对于地租的认识进一步加深，进而为揭示地租的本质建构消灭土地私有制进而确立土地国有化理论奠定坚实基础。

（三）《剩余价值理论》

《剩余价值理论》是马克思对于剩余价值形成、发展、运行的规律进行深刻分析并对其本质予以揭露的著作。这部著作对于土地在剩余价值形成、发展以及运行过程中的作用进行了较为全面的分析。

首先，在这部著作中马克思对于土地的自然属性进行了分析，其认为土地是自然历史发展过程的产物，土地具有一个原始力，这个原始力并非人力赋予的，但是人类在其活动中可以赋予土地以一定的力，这个力与土地所原有的自然力合二为一了。[①] 土地应当理解为各种自然力，是各种自然力的表现。[②] 当土地与人的劳动相结合，土地是生产的，本身是活的生产力。[③] 土地是自然界的客观物质，但是当其作为生产资料，其在生产领域发挥的作用受到生产效率的影响，比较贫瘠的土地亦能够加入生产行列，其不仅能够支付普通利润，而且还能够支付地租。[④] 可以说，在生产力的领域，土地的肥沃与贫瘠具有相对性。这种相对性表现为在自然状态下的贫瘠的土地亦可以成为支付普通利润和地租的肥沃土地。土地随着生产力的发展具有逐渐由贫瘠变为肥沃的趋势。

其次，在这部著作中，马克思对于资本主义社会土地所有权与剩余价值之间的关系进行了分析。在马克思看来，剩余价值的产生并非产生在商品流通之中，而是在商品流通中实现的。在商品流通过程中，商品的流通价格并非高于其价值，在流通的过程中商品并非产生流通价格高于商品价值的余额。商品出卖者仍然按照商品的价值出卖其商品。这种情况下，商品的出卖者之所以能够获得剩余价值，原因在于商品的价值

---

① 参见《剩余价值理论》第2册，人民出版社1975年版，第273页。
② 参见《剩余价值理论》第2册，第388页。
③ 参见《剩余价值理论》第3册，人民出版社1975年版，第542页。
④ 参见《剩余价值理论》第2册，第10—11页。

中包含了其没有支付对价的价值部分，商品销售者无偿获得了这部分价值。在以土地为中心建立的具体的生产关系中，土地所有者获得剩余价值实质上是其没有支付对价（卖过）而获得的以土地出产的农产出卖形式而获得土地耕种者的剩余劳动。① 土地是剩余价值产生的条件，其并不等于剩余价值，剩余价值的源泉是剩余劳动。②

从其产生来看，剩余价值必须首先产生在农业这一生产部门，然后在其他以农产品为原料的生产部门中产生。③ 从部门分布来看，农业生产部门剩余价值的产生是其他生产部门剩余价值产生的基础。原因在于，农业生产部门为劳动力的维持和再生产提供基本的物质资料，农业部门的生产效率决定了其能够为多少非从事农业生产的人提供维持其生存的物质资料。土地是农业生产中资本借以投入的要素。④ 在资本主义社会，土地所有权与剩余价值之间的关系表现为土地所有权是一种从产业资本家手中夺取本应由其获得的剩余价值的手段，⑤ 而并非从雇佣劳动者处直接获取剩余价值。原因在于，土地所有权人对于土地的垄断性的占有和支配，使其能够攫取、拦截和扣留在利用该土地进行生产的商品中超过平均利润的剩余价值，阻止这一余额进入形成一般利润率的总过程。这部分剩余价值的攫取、拦截和扣留可以发生在任何商品生产领域，原因在于一切商品生产均需要利用土地。即使在土地可以任意获取的环境下亦是如此，毕竟生产商品的工厂需要建立在人口稠密和交通便利的地区。⑥ 也就是说，商品生产的条件决定了在土地可以任意获取的环境中，基于土地所有权仍然可以攫取、拦截和扣留剩余价值。土地所有权人进而成为无偿占有雇佣劳动者剩余价值的资本家。只不过这一资本家与产业资本家之间存在区别，而且从获得剩余价值角度来看，两者之间存在利益对立。产业资本家亦希望消除土地所有权，进而其能够夺回由土地

---

① 参见《剩余价值理论》第 1 册，第 29 页。
② 参见《剩余价值理论》第 2 册，第 23 页。
③ 参见《剩余价值理论》第 1 册，第 162 页。
④ 参见《剩余价值理论》第 2 册，第 134 页。
⑤ 参见《剩余价值理论》第 3 册，第 523 页。
⑥ 参见《剩余价值理论》第 2 册，第 30—31 页。

所有人从其手中夺取的剩余价值。①

　　由此可见，土地所有权人获取剩余价值的方式更加隐蔽而不易被察觉。土地所有权人与产业资本家虽然都属于剥削阶级，但在其内部亦存在着利益矛盾。在马克思看来，只要资本存在，土地所有权就不会消失。②原因在于资本存在，资本主义生产关系就必然存在，资本主义生产关系的存在，劳动者为了生存必须服从这一生产关系的安排，被迫出卖劳动力。可以说，资本的存在为资本追逐剩余价值创造了必要条件，土地所有权亦必然保留追逐剩余价值的本性。因此，马克思认为，只要资本存在，资本主义私人所有权即使转变为国家所有权，地租收归国家所有，资本作为阶级通过间接、迂回的方式仍然会占有地租这一剩余价值。③这就意味着，只要资本主义生产关系存在，土地私人所有权不会转变为国家所有权，劳动者受剥削的命运不会因此而改变。在人类最初从事生产劳动之时，土地为人类提供最初的预付基金，这一基金包括劳动力维持其自身生存的物质资料（主要为食物）、劳动工具（原始的石器等）。一旦这些条件不再由处于自然状态中的土地提供，而是由他人提供时，这一基金便成为资本。④在这里马克思表明了其认为土地即为自然物质的一种形态，是自然界的构成部分。原始状态下的土地能够为人类从事的生产劳动提供最初的劳动条件。同时，土地是人类从事劳动生产所必不可少的生产资料。在资本主义社会，雇佣工人这一阶级的产生实质上是劳动者（劳动能力）与劳动条件（土地作为生产资料）之间实现了分离，而这一分离又以土地成为一部分人的私有财产，而另一部分人丧失土地这一劳动资料（劳动条件）为前提。丧失土地这一劳动资料（劳动条件）的人除了自己的劳动之外再也没有什么可以出卖的时候，资本雇佣劳动的关系便就此形成。⑤

---

　　① 马克思指出："蒸汽的生产力同土地的生产力之间的差别，仅仅在于前者给资本家带来无酬劳动，后者则给土地所有者带来无酬劳动，这种无酬劳动，土地所有者不是（直接）从工人手上而是从资本家手上取去的。因此，资本家也就热中于'废除'这个自然要素的'所有权'。"参见《剩余价值理论》第2册，第38页。

　　② 参见《剩余价值理论》第3册，第523页。

　　③ 参见《剩余价值理论》第3册，第523页。

　　④ 参见《剩余价值理论》第1册，第33页。

　　⑤ 参见《剩余价值理论》第1册，第30、31页。

在马克思看来，土地的私有制促使一部分人对土地资源形成垄断而另一部分人丧失土地所有权，进而导致土地这一生产资料与劳动力分离现象的产生，进而为雇佣剥削——剩余价值的产生创造了条件。资本主义土地私有制为剩余价值的产生创造了必要条件。劳动者利用土地这一生产资料进行劳动生产，这一过程实质上是土地作为自然力与人的劳动力结合的过程。因此，人利用土地这一生产资料从事劳动生产获得的剩余劳动（劳动者获得的除了维持其基本生存的物质资料所需要的劳动以外的剩余劳动）不能仅仅视为土地作为自然力的恩赐，因为其中包含了人的劳动力的贡献因素。且人的劳动力对于这一剩余劳动的形成起到了决定性的作用。剩余劳动本应由劳动者占有，但是由于雇佣劳动者的身份，其只能获得维持基本生活的跟劳动对等的物质生活资料，剩余劳动则被土地所有者无偿占有。① 土地所有者实质上具有了占有雇佣劳动（农业生产工人）的资本家身份。

再次，马克思对于土地所有权的资产阶级形式进行了分析。以商品生产和交换为基础的社会，形成的一个前提是社会财富日益集中在少数人手中，社会贫富差距日益拉大。② 这一规律在资本主义的形成和发展过程中已经显现。在资本主义社会，土地作为重要的生产资料必然集中在少数人手中。土地的资本主义私有制成为这一社会典型的土地所有制。土地成为一种商品，其与其他商品一样可以进行交换。而资产阶级的形成以及在其取得国家政权所采取的政治统治措施则加速和巩固了资本主义土地私有制。在马克思看来，在资本主义社会，土地所有权的本质表现为地租，而地租的本质为超额利润。③ 地租形成的重要条件为农业生产从属于资本主义生产方式，资本从土地所有者手中租用土地雇佣劳动者从事耕种，进而获取平均利润，其在获得平均利润后需要将多于平均利润的部分以地租的形式交给土地所有权人，这种地租被称为租地农场主地租。这种地租是资本主义生产关系中存在的典型地租，此时地租便具有了资产阶级形式。在这一形式中，剩余价值的直接占有者不是土地所

---

① 参见《剩余价值理论》第 1 册，第 30—31 页。
② 参见《马克思恩格斯全集》第 25 卷，第 259 页。
③ 参见《剩余价值理论》第 3 册，第 439 页。

有者而是租地农场主（资本家），土地所有权不再对工资产生影响。对地租产生影响的因素为租地农场主（资本家）与土地所有权人之间分配剩余价值的比例和标准。① 租地农场主（资本家）之所以需要将超额利润交给土地所有者，原因在于其不认为资本的资本是超额利润产生的源泉。地租就表现为商品的一部分价值（剩余价值）的唯一源泉，土地所有权表现为法律上的人格化。② 土地所有权与地租之间建立了联系也就意味着土地的价值是资本化的地租的价格。③ 土地在资本主义生产关系中的资产阶级表现形式得以明确。

复次，在这部著作中，马克思对于土地和资本的关系进行了分析。在其看来，如果土地这一除了人本身以及劳动力以外的最为重要的生产条件能够为他人自由支配而不成为别人的财产，那么资本的形成就缺少了一个极为重要的条件。④ 在资本主义生产关系的作用下，土地私有制得以形成。土地私有制的形成使得土地在资本的形成与发展过程中发挥了重要作用。当土地卷入资本主义生产关系中，这种以生产资料或生产条件为表现形式的生产力亦会成为资本的生产资料或生产条件，其作为异己的、物质的东西，纯粹作为不依赖于工人却支配着工人的劳动资料的存在形式，进而与单个工人相对立。⑤ 这一过程可以被描述为，资本发展的第一个条件，即土地所有权与劳动的分离。土地这一劳动条件取得独立地位进而掌握在特定阶级的手中，其成为与自由劳动相对立的力量。⑥ 而土地作为商品可以通过交易方式进行交换时，这意味着土地资源可以自由流通，而自由流通又为土地资源的集中创造了条件。⑦ 这一条件的形成又为特定阶级形成对土地资源的垄断奠定基础。这个过程表面上看来是资本主义土地私有制形成的过程，但其实质是生产资料或是生产条件与劳动力之间的对立过程。这一过程为资本的形成与发展创造了必需的

---

① 参见《剩余价值理论》第 3 册，第 442—443 页。
② 参见《剩余价值理论》第 3 册，第 536—537 页。
③ 参见《剩余价值理论》第 3 册，第 118 页。
④ 参见《剩余价值理论》第 2 册，第 38 页。
⑤ 参见《剩余价值理论》第 1 册，第 420 页。
⑥ 参见《剩余价值理论》第 1 册，第 23 页。
⑦ 参见《马克思恩格斯全集》第 25 卷，第 259 页。

两项重要条件：生产资料或生产条件的垄断以及雇佣劳动。

此外，在这部著作中，马克思对于资本主义生产关系下的土地利用关系的变化予以了分析并对资本主义生产关系下的土地国有化的虚伪性予以了批判。土地为资本的形成和发展创造了必要条件。在这一生产关系中，土地所有者已经不参与到具体的生产过程中，其凭借其土地所有者的身份获取地租。曾经是重要的生产当事人，在资本主义社会中却成为完全依靠食利而生存的累赘。① 租地农场主雇佣农业工人从事农业劳动生产。土地所有者从租地农场主处获取剩余价值。土地所有者与租地农场主事实上均是依靠剥削雇佣工人获得剩余价值的剥削者。这一分析结论的得出为明确无产阶级革命的对象指明了方向，其革命的对象不仅仅局限于租地农场主而是应当包括资本主义土地私有制下的土地所有权人。关于土地国有化的问题，马克思指出在资本主义生产关系存续的条件下，土地国有化只是实现了资产阶级对于地租的垄断，这一土地国有化只是资产阶级对于土地占有和垄断的表现形式。原因在于，资本主义生产关系的维持需要的是土地具有非公共属性，土地作为生产资料不属于工人阶级进而与作为劳动力的工人阶级之间形成对立。这种秩序的维持通过资产阶级国家政权掌握土地便能够实现。② 基于土地所有者与以租地农场主为代表的产业资本家之间的矛盾，代表其利益的资产阶级改革者认为，应当对土地私有制进行改革，土地应当以资产阶级国家所有的形式成为资产阶级的、资本的公共所有资源。然而，这只能成为一种无法实现的理想。在马克思看来，这种一厢情愿改变现实私有制下的劳动条件的做法必然对于另一种私有制（整个资产阶级对于土地的垄断）形成威胁。况且，资产阶级事实上已经对土地进行垄断性占有。③ 在马克思看来，这一改革的设想不具有现实性，即使这一改革能够付诸实施，其仍然不能改变雇佣工人受到剥削和压迫的命运，资本主义土地国有化是虚伪的。

最后，在这部著作中，马克思系统阐述了其地租理论。马克思对于其地租理论的阐述是在借鉴、吸收与反思既有政治经济学家关于地租理

---

① 参见《剩余价值理论》第 2 册，第 39 页。
② 参见《剩余价值理论》第 2 册，第 38—39 页。
③ 参见《剩余价值理论》第 2 册，第 38—39 页。

论的基础上所形成的。马克思主要针对李嘉图和亚当·斯密的地租理论展开评析。李嘉图将地租定义为为使用土地原有的和不可摧毁的力而支付给土地所有者的那一部分土地产品。① 马克思认为，李嘉图对于地租的定义有值得肯定之处但亦存在值得怀疑之处。李嘉图关于地租的定义值得肯定之处在于其开创性地将地租与价值规定建立起联系。② 其将地租确定为使用土地这一自然条件而支付的价值，③ 而没有以土地的利用形态对地租加以区分。因此，其对于地租的定义值得怀疑之处在于：没有能够正确认识土地的自然属性。土地并不具备什么原始的力，其是自然历史发展过程中的产物。土地亦不存在什么不可摧毁的力，④ 其是作为任何生产必须具备的生产条件（原有的力）而加入人类的生产关系之中，这一生产条件与人赋予其相应的力而结合，两者已经合而为一。

但是李嘉图在谈到原始森林的采伐、利用土地开采矿藏时认为，原始森林的采伐人是为获得木材而利用土地的，是为了该土地上有价值的商品而支付地租，其通过出卖木材已经收回已付地租的钱并因此而获得利润。同样，在土地之上开采煤和矿产从而支付地租，原因亦在于利用土地之人为了获取煤炭、矿产这一具有价值的东西。这两种地租的取得事实上与土地上原有的、不可摧毁的力之间没有任何关系。⑤ 在这里，李嘉图的观点值得怀疑之处在于，李嘉图认为原始森林采伐人以及矿藏开采人支付给土地所有人的利用土地的报酬并非地租，原因在于其并未利用土地的原始的、不可摧毁的力。原始森林采伐人与矿藏开采人没有向土地进行投资，土地所有者的报酬不可能是基于原始森林采伐人与矿藏开采人投资的利息或利润。

事实上，原始森林采伐人以及矿藏开采人向土地所有者支付的报酬仍然属于地租。这里的土地所有人获得的"报酬"实质上是不体现任何人的劳动的单纯自然物而支付的，并且是支付给这些自然物的所有者。

---

① 参见《剩余价值理论》第 2 册，第 273 页。
② 参见《剩余价值理论》第 2 册，第 272 页。
③ 参见《剩余价值理论》第 2 册，第 273 页。
④ 参见《剩余价值理论》第 2 册，第 273 页。
⑤ 参见《剩余价值理论》第 2 册，第 274 页。

支付报酬的原因仅仅在于其是所有者。① 在马克思看来，地租是为了取得使用自然力或者占有单纯自然产品的权利而付给这些自然力或单纯自然产品的所有者的价格。这是所有地租最初的表现形式。②

在马克思看来，亚当·斯密的地租理论亦存在值得肯定之处和值得怀疑之处。值得肯定之处在于，其将地租定义为为使用土地而支付的价格。③ 其强调土地所有权对于地租产生的重要作用，土地所有者基于其所有者身份要求获得地租。在其看来，地租是土地所有权单纯作用的结果。此时，地租表现为土地所有权的垄断价格。土地产品事实上受到土地所有权的干预，产品才按照高于费用的价格出卖，即按照自己的价值出卖。④ 这种地租被马克思称为绝对地租，其本质为基于土地的私有制而产生的地租。其对地租值得商榷的观点是，斯密将地租认为是财富的源泉，而并没有将其看作土地所有权人占有别人剩余劳动的结果。⑤ 在马克思看来，对地租要有正确的理解，应当秉持这一观点：地租绝不是来自土地，而是来自农产品，来自农产品的价格，其最终指向的是劳动，即农产品中内含的价值。⑥ 在地租与利润的关系分析中，马克思指出，地租可以表现为平均利润的余额，这一余额产生的必要条件是利用土地进行的农业生产必须从属于资本主义生产方式，利润率在农业部门和其他生产部门之间要平均化。否则地租就会等于或超过工资的余额。如此一来，地租就成为利润的一部分或是工资的扣除部分。⑦ 而在资本主义生产关系中，土地成为商品，而作为生产资料或生产条件的土地本身并不是劳动所创造的，其并不含有价值因而并不应当具有价格。土地表现为一种商品的使用价值，而地租成为土地的价格。⑧ 地租的本质表现为产业资本家向土地所有者支付一部分剩余价值的名称。土地所有者依凭其土地所有者身份遏制农产品的费用价格阻止其价值平均化。土地所有者对于土地所有

---

① 参见《剩余价值理论》第 2 册，第 274 页。
② 参见《剩余价值理论》第 2 册，第 275 页。
③ 参见《剩余价值理论》第 2 册，第 388 页。
④ 参见《剩余价值理论》第 2 册，第 389 页。
⑤ 参见《剩余价值理论》第 2 册，第 394 页。
⑥ 参见《剩余价值理论》第 2 册，第 158 页。
⑦ 参见《剩余价值理论》第 3 册，第 455 页。
⑧ 参见《剩余价值理论》第 3 册，第 531—532 页。

权的垄断使得其能够将价值和费用价格的差额占为己有。另一方面，从级差地租的角度出发，这种对土地所有权的垄断使得其能够占有市场价值超过一定土地上产品的个别价值的余额。而这部分差额不是作为超级利润落入个别生产条件优于平均生产条件的资本家的手里。[1] 在马克思看来，地租的本质最终表现为土地所有权人获取剩余价值。从地租的类型化的角度出发，绝对地租是原产品超过商品平均价格的余额。[2] 这个余额的形成与土地所有权人插手农产品的费用价格阻止其价值平均化有着密切的联系。在资本主义生产关系中，绝对地租事实上即表现为土地所有权，土地所有权就是地租的外在表现形式。[3] 除了绝对地租以外，另一种地租为级差地租。这一地租形成的原因在于土地的肥力不同、土地所处的地理位置不同而产生的。基于上述原因，在不同的土地之上投入相同的资本，地租量会不同。[4] 级差地租是比较肥沃的土地上生产的产品的市场价格超过这种比较肥沃的土地自己产品的价值的余额。[5] 级差地租的实质是市场价值和个别价值之间的差额。[6]

可以说，《剩余价值理论》中内含了马克思对于土地这一生产资料在资本主义生产关系中的角色和作用的深刻分析。在这部著作中，马克思对于土地认知的核心观点为在资本主义生产关系中，土地与劳动者的分离使其成为他人垄断的生产资料，为资本家榨取雇佣工人的剩余价值创造了初始条件。土地所有权人依凭其对于土地的垄断进而能够从产业资本家手中分享由其无偿占有的雇佣劳动的剩余价值，进而成为与产业资本家对立同时又能够剥削雇佣劳动的土地资本家。马克思的上述分析揭露了在资本主义社会，雇佣工人受到的剥削不仅仅来自产业资本家，还来自土地所有权人。资本主义土地私有制的存在是雇佣工人受到剥削的重要原因。由此决定，无产阶级在取得国家政权后应当改造资本主义土

---

[1] 参见《剩余价值理论》第 3 册，第 522—523 页。
[2] 参见《剩余价值理论》第 2 册，第 155 页。
[3] 参见《剩余价值理论》第 2 册，第 338 页。
[4] 马克思指出："在投资相等的条件下，地租量不等，只能用土地的肥力不同来说明。"参见《剩余价值理论》第 2 册，第 36 页。
[5] 参见《剩余价值理论》第 2 册，第 155 页。
[6] 参见《剩余价值理论》第 2 册，第 155 页。

地私有制，确立土地国有化政策，消除雇佣工人受到剥削的这一重要基础。可以说，《剩余价值理论》为《论土地国有化》中土地国有化思想的提出提供了现实理由，即消灭资本主义土地私有制。这一著作为马克思土地国有化思想的形成提供了重要动力。

（四）《马克思关于土地所有制的发言记录》

马克思在这部著作中对于资本主义土地所有权的理念进行了批判，明确指出了资产阶级理论家所认同的对土地享有的权利是人的天然权利这一观点并不能成为维护土地私有制的逻辑终点。[①] 同时，该著针对无产阶级内部关于是否保留小农的小块土地，即保留小的土地所有制予以针锋相对的回应。

小土地所有制必然消亡的原因在于生产社会化的发展，即合作化生产的日益加剧。这一社会现实必然使得社会权利由此产生。[②] 这一社会权利就包含了社会公众对土地占有的权利。社会公众对于土地的占有符合社会化生产（以合作化生产为代表）的发展趋势。从这一观点中可以看出马克思土地国有化思想的雏形：以反对资本主义土地私有制为逻辑起点，同时反对保留小的土地所有制。上述观点为土地国有化观点的形成奠定了重要基础。

（五）《印度问题——爱尔兰的租佃权》

在这部著作中，马克思从土地租赁制度的角度对于爱尔兰农民贫困的原因进行了分析。在其看来，造成爱尔兰农民贫困的重要原因是土地租赁制度。爱尔兰农民通过租赁由私人享有所有权的土地进行耕种，并将有限的资本投入土地当中，土地的生产条件得到了改良，土地所有权人从中受益。但是当租赁期满或土地所有权人要求解除租约时，土地租赁人却无法将其投入土地之中的资本"带走"，因而往往要向土地所有权人要求给予补偿。这一补偿的约定应当体现在双方订立的租赁合同之中。即便如此，土地租赁人多数情况下仍然不能收回其资本投入。原因在于，

---

① 参见《马克思恩格斯全集》第 16 卷，人民出版社 1964 年版，第 648 页。
② 参见《马克思恩格斯全集》第 16 卷，第 649 页。

资本主义土地所有权人在租赁合同的订立中享有主导权。

一方面，当土地租赁人投入资本后，土地的生产条件得以改良，土地所有权人会以土地生产条件的改善为由提高租金，即使在租赁合同到期后，其向土地租赁者支付一定的补偿，两者之间实质上已经抵销，土地所有权人仍然能够无偿地获得土地租赁人资本投入带来的土地改良的效益；另一方面，土地所有权人可以解除租赁合同，由新的土地租赁人代替既有的土地租赁人。新的土地租赁人在获得土地后事实上继承了前土地租赁人在土地上的投资，其无偿获得该部分投资且租赁的土地生产力因该部分投资而提高，因而其愿意以土地所有人确定的价格租赁土地。新的租赁人在以租赁的方式获得土地后继续在土地上投资，但其最终的下场与前一个租赁人并无区别。

事实上，爱尔兰人民在利用土地方面受到的压迫在理论上可以从资本主义生产关系之下地租产生及其本质予以解释。地租作为土地所有权的经济表现形式这一结论是在资本主义生产关系确立的背景下得出的结论。在资本运行过程中，土地事实上属于固定资本，资本家对土地改良的目的是将其卖掉，土地是其商品资本的形式。① 土地在资本体系中定位为固定资本，但是其自身不是资本的价值要素。原因在于，只要提高劳动力的工作强度，就能够在不增加预付货币资本的情况下增强对其利用的强度。这种效应表现为生产资本的现实要素增强了，而无须预付货币资本。② 可以说，土地自身的优点在于通过连续投资能够带来利益，而不会使之前的投资丧失作用。③ 土地的这一特征实质上使其具有了积累投资的特性，而投资增加会使土地的生产力就此提高，由此决定了土地出产的劳动产品的数量就此增加。因此，对于土地租赁人而言，其会热衷于土地的改良。而他们对于土地进行改良的成果却往往被土地所有权人无偿地占有。因为当土地租赁契约到期后，土地租赁人无法将其投入土地之中的投资与土地相分离，然而土地在此时再次回归于土地所有权人的手中，土地所有权人进而无偿取得了土地租赁人的投资。

---

① 参见《资本论》第 2 卷，第 235 页。
② 参见《资本论》第 2 卷，第 394 页。
③ 参见《资本论》第 3 卷，第 883 页。

如此一来，在爱尔兰，土地租赁人陷入了两难困境：一方面，如果租赁人不将其有限的资本投入土地，土地的生产力就不能提高，租赁人无法获得更多收入；另一方面，租赁人一旦将其有限的资本投入土地，其投入的资本将被土地所有权人无偿占有，难以长期享有土地投资带来的收益。① 在马克思看来，这一问题的最终解决不应当交由土地所有权人与土地租赁人所订立的土地租赁契约，而是应当打破土地的私人垄断，使土地真正成为爱尔兰人民（土地租赁人和工人）的土地。②

在这部著作中，马克思通过对爱尔兰土地租赁问题的分析，阐发了土地应当归属劳动人民的思想。这一观点实质上是土地国有化思想的另一种表述。土地国有化的目标即为实现劳动人民对于土地的享有，土地国有化是劳动人民获得土地的方式。可以说，《印度问题——爱尔兰的租佃权》为《论土地国有化》中的核心思想——以土地国有化形式实现劳动人民对于土地的占有——提供了思想基础。同时，马克思通过对爱尔兰租赁权问题的分析，揭露了资本主义土地私有制下的土地所有权人对于土地使用人（土地租赁人）的奴役，进一步凸显了劳动人民获得土地权利的必要性。这一现实必要性促使马克思对于无产阶级如何确立自身土地纲领予以进一步思考。

（六）《德意志意识形态》《政治经济学批判（1857—1858 年手稿）》

在这两部著作中，马克思、恩格斯对于人类社会土地所有制的形成和发展进行了分析和总结。在土地面前，人类并非处于被动的依赖状态。人类可以发挥主观能动性，凭借自身的力量在物质生产过程中自主地、有意识地对土地进行利用和改造（例如，平整土地以便于耕种，通过施肥增强土壤肥力而提高农产品的产量）。由于土地是人类赖以生存和发展的重要物质基础，因此人们对土地占有的垄断才具有现实意义。土地基于其客观物质性成为人类生产生活的必要物质条件。凭借这一属性，土地使得人们在占有、利用其过程中自觉或不自觉地建立起一定的社会关系，围绕土地而建立起的土地总体归属的社会关系即为土地所有制。土

---

① 参见《马克思恩格斯全集》第 9 卷，人民出版社 1961 年版，第 177—179 页。
② 参见《马克思恩格斯全集》第 9 卷，第 183 页。

地所有制从而进入了人类发展的历史,并受到人类社会发展规律的支配。因此,土地所有制是人类社会历史发展的产物。

在《德意志意识形态》中,马克思、恩格斯认为,随着社会生产力的发展,人类社会的分工日趋细化,分工的细化决定了土地私有制的形成和发展,进而决定了人与劳动资料、劳动工具以及劳动产品之间的关系。以此为思路,从历史发展的角度出发,马克思、恩格斯认为,人类社会的土地所有制大致分为以下类型。

首先,部落所有制是人类社会早期所形成的一种土地所有制。这种土地所有制是在生产力极为不发达的情况下所形成的。在这种土地所有制中,人类对于土地的利用仅仅停留在初始阶段,其利用土地的方式主要为狩猎、采集以及简单的耕种。同时,人类占有和支配土地的能力亦极为有限,大量的土地处于未开垦状态。由于生产力的低下,社会分工还很不发达,人们对于土地利用形式亦极为简单。这一土地所有制的形成与当时的社会组织形成亦存在着密切的关联性。在这一时期,社会结构形态表现为由家庭扩大而形成的部落。在这一部落中,部落首领享有类似于家庭中父亲的权力,其管理着部落成员。同时各个部落还具有一定数量的奴隶。这是奴隶制的雏形,奴隶制随着部落之间战争以及交往的扩大而逐渐发展壮大。①

其次,古典的古代公社所有制和国家所有制亦是人类历史上曾经存在过的一种土地所有制。这种所有制的形成是基于部落通过契约或征服联合成一个城市,此时土地仍然处于公有制的状态。但是动产私有制以及后来的不动产私有制已经发展起来,但是其仅仅作为公有制的一种反常状态存在。此时,社会分工已经比较发达,城乡对立状态已经产生,一些代表城市利益的国家与一些代表乡村利益的国家之间亦产生对立,公民与奴隶之间的阶级关系已经充分发展。②

最后,人类进入封建社会后封建的或等级的土地所有制逐步确立。此时,土地的占有呈现一种等级结构,这种等级结构实质上表现为一种联合状态,这种联合状态是一种封建主的联合,其联合的目的在于镇压

---

① 参见《马克思恩格斯选集》第 1 卷,第 148 页。
② 参见《马克思恩格斯选集》第 1 卷,第 148—149 页。

封建农奴的反抗并维护其统治。此时，土地与人的身份紧密相连，具体表现为封建土地所有制将农奴束缚于土地之上，农奴从事的耕作是一种小规模的土地耕种。这种农业作业方式严重阻碍了分工的发展。[1]

在《政治经济学批判（1857—1858年手稿）》中，马克思在《德意志意识形态》基础之上对于人类的土地所有制类型进行了进一步的细化分析，进一步揭示了资本主义社会之前人类社会的各种所有制（主要为土地所有制）。

一是亚细亚所有制（原始公社土地所有制）。这种所有制是以自然存在的共同体为前提。个人组成家庭，家庭进而扩大为部落，而各个部落之间通过通婚的形式形成部落的联合。这一部落并非以定居作为其成员的生产生活方式，而是以游牧作为其成员的生产生活方式。部落共同体的形成并非共同占有和利用土地的结果，反而是共同占有和利用土地的前提。[2] 部落成员一旦定居下来，部落可能受到其所定居的外部环境影响而发生变化。同时，共同体成员形成的具有共同性的语言、血缘、习惯是他们公共占有他们生活的客观条件，占有部落成员自我生产和使自身对象化的活动的客观条件是第一个前提。在这一所有制中，总的联合高于个人对于生产的客观条件的占有，总和性质的部落所有制表现为部落成员占有最高所有者和统一所有者的生产条件进而具有部落成员身份。部落成员将部落视为最高的所有者，其从部落获得其生产生活所必需的客观条件并将其看作他自身的躯体，即以无机自然的方式客观存在的躯体，这种财产是一种间接的财产，这种财产是由部落所享有的而并非由其控制和占有的。鉴于部落成员与部落财产之间的非直接占有和控制的状态，部落成员生产的剩余产品亦并非归其所有，而是由部落享有。[3] 这种土地所有制是土地公有制的初始形态，[4] 在这一土地所有制中公社（国家）成为土地的终极所有者，公社成员依赖公社的土地分配获得土地的使用权，但是对土地不享有最终控制权。马克思对于原始土地公有制的

---

[1] 参见《马克思恩格斯选集》第1卷，第149页。
[2] 参见《马克思恩格斯选集》第2卷，第725页。
[3] 参见《马克思恩格斯选集》第2卷，第728页。
[4] 参见张斌《马克思、恩格斯关于社会主义农业的基本构想》，《西南民族大学学报》（人文社会科学版）2010年第9期。

形成给出的解释是"自然形成"。这一解释不同于黑格尔对于土地所有制的形成基于理性的理论。这一解释认为，原始土地公有制的形成既有观念因素又有事实因素。观念因素表现为三种：一是公社成员将土地视为其身体的组成部分；二是土地是自然的恩赐，任何人都不能对土地资源进行垄断；三是土地应当由"唯一"所有者赐予特定的成员，公社成员取得土地是唯一的土地所有者的恩赐。前两种观念是西方世界关于土地所有制形成的观念，第三种观念是东方世界土地所有制所形成的观念因素。就事实因素而言，某一公社对特定的土地予以占有，这一占有得到了其他公社的认可进而形成特定的原始的土地公有制。这种土地所有制的形成实质上基于一种习惯而形成。[1] 在原始公有状态下，人们的身份与土地之间形成了紧密联系。土地作为最重要的生产资料，其与公社成员的人格紧密相连。因此，土地并不归属任何个人，而是由公社成员共同占有。[2]

二是古代所有制。这一所有制亦是以共同体作为前提。这一所有制不是以土地为基础而是以城市为基础，农民作为土地所有者以城市作为居住地。耕地是城市的领土而并非村庄的单纯附属物。这种所有制形成的城市面临的首要威胁是战争。战争主要是由一个城市占领了特定的土地，其他城市抢夺这一土地或是到其占有的土地上进行骚扰。特定的城市为了守卫自己占有的土地，将成员组织起来抵抗来自外部的侵略。城市进而成为具有一定军事职能的组织，城市居民需要加入这一组织，其目的在保卫城市。公社集中在城市，公社内部区分为高级氏族与低级氏族，这种区别是由于公社之间的征服而导致的。被征服公社与征服公社之间事实上产生了合并的效果。被征服公社在征服公社内部便成为低级氏族，征服公社在新公社内部则被视为高级氏族。[3] 这一所有制形式下，公共财产与私有财产之间具有了明显的区分。而在亚细亚所有制形式下，个人财产就是公社的公共财产，两者合二为一。在这一所有制中，财产私有制的萌芽已经出现，部落由于迁徙、自主运动等原因对外来土地的

---

[1] 参见胡贤鑫、胡舒扬《略论马克思的土地所有权理论》，《江汉论坛》2014 年第 8 期。
[2] 参见胡贤鑫、胡舒扬《略论马克思的土地所有权理论》，《江汉论坛》2014 年第 8 期。
[3] 参见《马克思恩格斯选集》第 2 卷，第 728—729 页。

占有和兼并，致使劳动所需要的客观条件发生变化。这一客观条件的变化使得公社团体成员适应不同的劳动条件的能力得以提升，部落的统一性的特征在这一过程中逐渐衰落，单个公社成员对公社耕地的占有和控制的力度不断增强，私有制的条件在这一过程中亦逐渐具备。① 此时，公社成为占有小块土地的公社成员（农民）的组织，同时公社这一组织亦依靠这些具有相对独立性的公社成员来维持。公社成员取得公社土地的前提是其公社成员身份，但是此时，单个的公社成员又具有私有者的身份，这一身份的确认是基于其对公社土地的占有，此时身份和财产形成了天然的联系。土地成为连接公社成员和公社的重要渠道。公社成员将劳动前提看作属于他所有的，但是这种劳动前提归属其所有是以公社成员的身份为中介。这一公社的存续是以公社成员之间保持平等的身份关系以及作为自己的财产继续存在的条件的本人的劳动为条件的。他们把自己看作劳动的自然条件的所有者。此时，公社成员在公社中的谋生条件不是发财致富，而是维持生存的自给自足。这一过程事实上是公社成员把自己作为公社成员再生产出来，把自己作为小块土地的所有者并以此资格作为公社成员再生产出来的过程。公社成员在劳动生产中所生产的剩余产品归属公社所有，这些剩余产品用以支撑公社的存续，而公社的存续能够保障公社成员维持其对于作为劳动条件的土地的占有。公社成员再生产自己的方式并非创造财富而是通过对内对外保持其各自在共同体中的利益所进行的劳动协作来再生产自己。②

这一时期，土地私有制（古罗马的土地私有制）于原始的土地公有制内部形成。③ 古罗马时期，罗马的统治者更加关心人的生存的现实问题，土地分配给个人形成私人所有权，进而为保障个人生存提供了必要条件。此外，这一时期私法制度的兴起使得土地成为法律所确认的私人享有的重要的个人财产。对于土地享有所有权的主体只限于罗马公民而并不包括奴隶，罗马土地的私人所有权虽然具有广泛性，但仍然具有局限性。古罗马所形成的土地私有制开创了土地私有制的先河，对于西方

---

① 参见《马克思恩格斯选集》第2卷，第729页。
② 参见《马克思恩格斯选集》第2卷，第729—730页。
③ 参见胡贤鑫、胡舒扬《略论马克思的土地所有权理论》，《江汉论坛》2014年第8期。

资本主义国家的土地私有制的形成产生了重要影响。① 此时私有制已经具备相应的萌芽,公社成员对于公社土地的占有和控制力逐渐增强。这一占有和控制力的增强是基于生产力的发展,即对客观生产条件的适应、利用和掌控能力的提升。私有制萌芽的出现促使以公有制为基础的公社的组织内部结构发生变化,这一变化表现为公社由原来的具有实体性质的组织逐渐转变为以占有、支配公社部分土地的个体成员联合起来的组织。这一组织并非纯粹公有制的公社,这一公社的组织形式具有一定松散性。这一性质的变化实质上是由公社土地公有制中逐渐形成的私有制萌芽引起的。②

三是日耳曼所有制(封建土地所有制)。日耳曼所有制仍然是以自给自足为目的享有劳动条件的所有制形式。与古代所有制不同,日耳曼公社所有制的特点在于公社并不集中在城市,而是集中在乡村,以农民的乡村生活区域为中心。这一土地所有制存在的历史时期为封建社会。封建社会的基础是农业,而农业形成与发展的基础是封建主对土地的占有。因此,封建势力对外侵略的主要目的在于取得土地。③ 同时,教会利用其享有的特权大肆掠夺人民(没收、强占以及巧立名目的捐赠)的土地和财富。其占有的土地交给佃农或农奴进行耕种,佃农和农奴需要向教会缴纳土地贡赋。④ 后来,随着世俗王权势力的扩大,王权与宗教势力达成妥协,宗教势力逐渐依附于世俗王权,教会土地与王权土地之间进行了合并。⑤ 这一过程表明,世俗王权则借用其政治权力维护宗教势力的权威。但是随着宗教势力的恢复,其又通过捐赠手段获得了大量土地。在世俗中,土地的占有和利用采取了采邑制度。这一制度是在当时盛行的分封制的一种具体表现。采邑主(封建君主或地方领主)将其占有的土地分封给下一级领主,本级领主会将其得到的土地再次分封给下级领主,以此类推,土地最终由最低级领主占有,最低级领主将这些土地交由农奴或佃农耕种。在封建社会,以土地为中心建立起的农业生产关系的主

---

① 参见胡贤鑫、胡舒扬《略论马克思的土地所有权理论》,《江汉论坛》2014年第8期。
② 参见《马克思恩格斯选集》第2卷,第730—731页。
③ 参见《马克思恩格斯全集》第28卷,人民出版社2018年版,第231页。
④ 参见《马克思恩格斯全集》第25卷,第263—264页。
⑤ 参见《马克思恩格斯全集》第25卷,第264—265页。

体为封建地主和佃农或农奴，佃农或农奴依附于封建地主。正如恩格斯所指出的那样，在欧洲中世纪，封建势力之所以能够对于佃农或农奴进行剥削，原因并不在于佃农或农奴受到剥削后离开土地，与之相反，封建势力利用政治权力将佃农或农奴束缚在土地之上，使佃农或农奴以土地为中介对封建势力形成人身依附关系。佃农或农奴即使对土地形成占有但是需要向封建势力纳贡。① 在欧洲绝大多数国家，依靠土地进行的封建制生产的特点表现为封建主将支配的土地尽可能多地分配给臣属，封建主势力不是按照土地能够获得的收入作为衡量其势力大小的标准，而是以土地所能控制的人数（君主是以土地所能控制的臣属的人数，臣属则是以控制佃农或农奴的人数）作为势力大小的衡量标准。② 可见，在封建制生产关系中，对于封建主来说，土地的主要用途是作为对人统治的政治工具，土地与人的身份密切相关，其职能并不完全局限为获得经济收益。

以此为基础逐渐形成了城乡对立。但在日耳曼所有制中，乡村与城市的关系表现为乡村向城市的扩展。而现代社会的城乡关系为城市向乡村扩展。③ 这种所有制的形成与日耳曼民族入侵罗马帝国相伴而生。日耳曼所有制形成的环境是，公社中的各个家长均居住在森林中，彼此的距离相对较远。公社的存在形式表现为公社成员的每次集会，这一统一体包含在他们的亲缘关系、语言和历史等之中。此时，公社的表现形式为公社成员的联合而并非是现实的联合体。这一联合表现为具有独立地位的土地所有者的一种统一，而不是表现为统一体。④ 在这种所有制中，单个人所有土地外，还存在着公社土地。这一土地往往用于公社成员劳动使用（例如采樵、放牧、狩猎），这类土地不能加以分割。这类公共土地只是个人财产的补充，这类公共财产只有受到外来侵扰时，其作为公社财产需要成员加以保卫时才表现为财产。不是单个人的财产表现为以公社为中介，恰好相反，公社财产的存在和公社的存在是以他物为中介，

---

① 参见《马克思恩格斯选集》第 4 卷，第 273 页。
② 参见《资本论》第 1 卷，第 824 页。
③ 参见《马克思恩格斯选集》第 2 卷，第 733 页。
④ 参见《马克思恩格斯选集》第 2 卷，第 734 页。

表现为独立主体之间的相互关系。① 在这种所有制中，单个家庭的经济独立地位越发明显，家庭越发成为一个独立的经济生产单位。在日耳曼所有制中，经济发展事实上以公社成员的居住地为策源地。独立的家庭之间结成联盟，这种联盟通过战争的发生、举行宗教活动、解决纠纷时的相互保证得到保障。此时，个人土地财产既不与公共财产相对立，亦不表现为以公社为中介。相反，公社的存在意义仅仅在于个人土地所有者之间的相互关系中。公共财产只表现为个人所占有的土地和部落住所地的附属。日耳曼所有制下的公社中成员在语言、血统等方面仍然具有同一性，是个人所有者的存在基础，但是这种公社的存在已经表现为以共同的目的而举行实际会议的形式。公社财产的公共性仅仅表现在存在于公社中的公地之上。对这一土地的使用并非来源于一个具有实体性的组织而是被个人所有者使用的土地。②

日耳曼土地所有制中，马尔克公社是执行这一土地所有制的重要组织。这一组织的形成以成员的亲等关系为主要依据，在此基础上形成以这一组织为中心的土地公有制。这一组织的构成是以村为最小单位，村构成百户，几个百户构成一个区，区构成一个民族。村、百户和区均具有各自的土地。村和百户没有留用的土地，则归属于区所有。言外之意，没有由村和百户利用的土地则推定为归区所有。村、百户以及视为整个民族构成的区基于土地的公有制被视为具有不同层级的马尔克公社。③

马尔克公社将归属其所有的土地平均分配给成员。随着社会生产力的发展，这一分配具有私有化的倾向。④ 私有化的倾向表现为马尔克公社将土地占有从周期分配变为私有社员的无期限的占有。这种土地分配方式对于公社而言更加有利。这一过程逐渐加强了农户对于公社土地的支配权，但是森林以及牧场还是作为公共所有的土地。变为私人财产的土地类型为成员居住的土地。随后转变为私人财产的土地是耕地，但是这一转变并非一蹴而就。这一转变首先表现为公社成员对于其取得的公社

---

① 参见《马克思恩格斯选集》第 2 卷，第 734 页。
② 参见《马克思恩格斯选集》第 2 卷，第 735—736 页。
③ 参见《马克思恩格斯全集》第 25 卷，第 568 页。
④ 参见《马克思恩格斯全集》第 25 卷，第 570 页。

的土地可以世袭占有，即土地由这一代公社成员传给下一代公社成员。在这一过程中，公社成员可以对于其占有的土地进行转让。这一转变形成的原因在于以下几方面。

其一，在日耳曼公社中已经存在了可以转让的成员土地。不过这种情况只发生在既有土地状况不适宜推行共同耕作的土地这一情形。这种土地无法在马尔克公社中进行定期的重新分配。这种由固定的公社成员占有的土地并不需要重分且可以继承的土地分配方式使得占有该土地的公社成员获得更多的利益，进而使得马尔克公社内部成员之间在分配土地方面产生不平等现象。因此，为了追求成员利益的平等，马尔克公社逐渐推行了由公社成员长期对土地进行占有并可以对其加以继承的土地分配方式。①

其二，在日耳曼部落与罗马帝国的战争过程中，日耳曼部落征服了部分罗马帝国的土地。这部分罗马帝国的土地实行的是私有制，土地由私人所有的观念根深蒂固。日耳曼部落占领了这部分土地后，生活在这一土地之上的罗马帝国的居民仍然固守着土地私有的观念，难以彻底改变。同时，土地私有制的观念亦对日耳曼部落的土地公有制产生一定的影响和冲击。但是，随着日耳曼部落对于罗马帝国土地的侵占面积不断扩大，其将日耳曼部落实行的马尔克公社土地公有制亦推行到其侵占的罗马帝国土地之上。可以说，土地私有制与马尔克土地公有制两种土地所有制观念相互交织。但是从总体发展趋势而言，土地私有制的倾向更加明显。②

土地的私有制的趋势首先表现为马尔克公社内部的土地（耕地和草地）分给公社成员后不再进行定期分配，公社成员对于公社土地形成长期、稳定的占有。但是公社对于其在上述土地上保留的权利并没有放弃。③ 公社成员对于其占有的土地（耕地）的利用必须受到公社的监督和管理。例如，在推行三圃制的马尔克公社中，一块土地要进行秋播，一块土地要进行春播，一块土地轮休。公社在分配上述土地的过程中，都

---

① 参见《马克思恩格斯全集》第25卷，第571页。
② 参见《马克思恩格斯全集》第25卷，第571—572页。
③ 参见《马克思恩格斯全集》第25卷，第573页。

会照顾每一个公社成员，使得每一个公社成员在每一块土地上都能享有相等的份额。① 如此一来，由公社成员个人占有的土地亦需要服从公社的调配。轮休的土地再一次成为公共土地，公社成员可以在这块土地上进行放牧，对其加以利用。草地在收割完成之后亦成为公共土地。作为公共土地，其占有者必须去除标志其占有的篱笆。② 由此可见，马尔克公社成员对于土地的占有还是要服从公社的调配，这种固定的占有是比较脆弱的而且往往并不具有永久性。这种具有私有制倾向的萌芽还是要从属于马尔克土地公有制的监督和管理。除了已经分配的土地以外，其他土地仍然归属于公社统一支配。这类土地主要包括森林、河流、湖泊等。当有的成员还没有获得土地时，马尔克公社需要从其公共所有的土地中抽取一定量的土地分配给成员。人们可以在森林中采集浆果等自然植物，只要不做对森林有害的事情，其可以在森林中任意行动。③ 马尔克公社的成员不但对公社的耕地享有平等的使用权、分享平等的土地份额，他们在公社中还享有平等的政治权利。这一政治权利行使的方式为定期集会。这一定期集会主要处理立法、管理和裁判方面的事项。④

以土地公有制为基础的马尔克公社组织对于后来欧洲中世纪城市的形成以及封建行会的建立都产生了深远的影响。这一影响表现为欧洲中世纪城市是以马尔克公社地域范围为基础，通过设立相应的壕沟以及划定地域范围的围栏逐渐形成的。欧洲中世纪的行会的章程则以马尔克公社的章程为基础，在此基础上对其加以改造而形成。马尔克公社表现出相当的适应能力，这一制度在中世纪贵族与僧侣剥夺农民土地过程中得以保留，尽管这一制度已经受到一定程度的削弱。最终贵族和僧侣剥夺了农民的全部土地，马尔克公社这一制度亦随之衰落。

从社会历史发展的进程角度来看，真正导致马尔克公社制度衰落的原因是其难以适应农业生产力的发展，⑤ 马尔克公社对于土地的占有和经营不能适应经济社会发展的现实需求。但是这一组织能够在相当长的一

---

① 参见《马克思恩格斯全集》第 25 卷，第 573 页。
② 参见《马克思恩格斯全集》第 25 卷，第 573 页。
③ 参见《马克思恩格斯全集》第 25 卷，第 574 页。
④ 参见《马克思恩格斯全集》第 25 卷，第 574—575 页。
⑤ 参见《马克思恩格斯全集》第 25 卷，第 576 页。

段历史时期残存于社会之中，重要的原因在于其政治意义。马尔克公社在这一发展过程中由原有的作为人民平等的占有土地、行使相应的政治权利的组织演变成为人民受奴役的组织。① 这一演变过程形成的原因在于维持马尔克公社存在的基础发生了变化。原有的马尔克公社形成与存续的基础在于血缘，但是随着人口的增长和民族的融合，民族意识在公社成员中间逐渐淡化。② 民族仅仅表现为在形式上存在的公社组织。民族不再是公社组织形成与存续的基础，相反成为其自身的表现形式。各个公社之间相互独立又缺乏共同的经济利益而很少进行交流。此时，各个公社维持一个统一的局面，就需要一个与其对立的政治组织机构——国家的产生。而随着私有制的产生和发展，国家政权被掌握生产资料的主体攫取了，马尔克成为附属于国家政权的组织，其主要职能转变为实现国家政治统治职能的组织。尽管日耳曼土地公有制性属性并没有彻底改变，但在日耳曼土地所有制中的土地私有制的倾向越发明显。这一趋势使得公社的组织形式发生了深刻变化，公社由初始的亚细亚土地所有制组织、古代土地所有制中的实体化的组织演变为以特定成员组织特定活动而形成的集会。可以说，随着土地私有制的发展，公社组织的组织力出现了弱化趋势。在某种程度上，公社的形式意味更加浓厚。公社成员对于公社的依赖程度亦逐渐降低。

《德意志意识形态》《政治经济学批判（1857—1858年手稿）》对于人类社会发展历史中所存在的土地所有制形态进行了详尽分析，开创了对土地问题分析和认识的新的理论视角。这两部著作对于《论土地国有化》的形成产生的重要影响主要体现在以下方面。

一是两部著作对于《论土地国有化》的形成起到了积极促进作用。在《德意志意识形态》《政治经济学批判（1857—1858年手稿）》两部著作中马克思对于人类社会历史上的土地所有制的形成演变及其规律进行了详尽分析，但是没有对人类社会未来应当建立怎样的土地所有制予以

---

① 参见《马克思恩格斯全集》第25卷，第575页。
② 封建主以及教会对于农民土地的掠夺使农民处于无地可耕的流浪状态，同时城市的兴起亦加速了人口的流动和融合。这些因素客观上均对建立并维护马尔克基础的血缘和民族意识造成冲击。参见《马克思恩格斯全集》第25卷，第579—580页。

说明，这为《论土地国有化》的形成预留了足够空间。事实上，人类社会未来建立的土地所有制应当为社会主义或共产主义社会的土地公有制。土地国有化是土地公有制的重要表现形式。土地国有化的本质是全体劳动者对土地的占有。这一土地所有制旨在消灭土地私有制，消灭剥削制度存在的基础。土地公有制的确立事实上使得劳动者与土地这一生产资料能够有效结合，这一结合使得土地生产资料的本质属性得以恢复，劳动者成为土地这一生产资料的主人，劳动者受剥削压迫的命运得以改变。而《论土地国有化》的创作具体描述了未来人类社会应当建立的土地所有制的具体形态——土地国有化。《论土地国有化》的形成事实上填补了《德意志意识形态》《政治经济学批判（1857—1858年手稿）》中缺失的这一环节，进而使得马克思对于土地所有制问题的分析和论述更加完整，实现了从"总结历史"向"预测未来"的跨越。

二是两部著作对于土地所有制有效分析的理论依据为历史唯物主义，这一理论亦成为《论土地国有化》中核心观点形成的重要理论依据。《论土地国有化》继承了前两部著作中利用历史唯物主义理论分析土地问题的方法。土地所有制形态的确立和分析是历史唯物主义在解决土地问题中有效运用的集中体现。历史是总结和认识人类社会发展规律的有效工具。马克思历来重视对人类历史的解读，通过对人类社会历史发展规律的分析和总结，马克思创立了历史唯物主义。这一理论成为分析人类社会各种现象以及预测人类社会发展规律的有效工具。土地是人类社会最为重要的生产资料之一，是人类不可或缺的重要自然资源。从马克思历史唯物主义角度出发，社会生产力的发展决定社会生产方式，人类对于土地的利用的能力与水平是由社会生产力所决定的。例如，在封建社会，受社会生产力发展水平的限制，人们对于土地的利用形式和能力亦受到一定限制，人类对土地的利用方式主要为农业生产，即通过农业生产劳动获得农产品。随着人类社会生产力的发展人类利用土地的能力亦逐渐提高，人类对于土地的利用方式更加丰富。土地不单单作为农业生产资料，土地还成为商业发展不可或缺的生产资料。例如，商人从事商品交易需要储存货物，而货物的储存就需要占据一定空间，需要对土地进行利用。社会生产力发展带动社会分工的分化，社会分工的分化使得人类从事生产劳动的方式亦更加丰富，人类利用土地的方式亦随之变得多样化，人类对于土地的利用能力亦随之提高。例如，在封建社会，人类对于土地的利用仅仅局限于土地表面，但随着社会生产力的发展，人类有能力对于地下空间进行有效利用，人类生产生活的空间不仅仅局限于土地表面，而是逐渐深入地下。

在马克思看来，人类在特定的历史时期究竟采取怎样的所有制形态是由社会生产力所决定的。在人类社会生产力发展水平比较低下的原始社会和奴隶制社会，人类对于土地的利用采取的是原始的土地公有制，即土地的占有和支配不是由个人决定，而是由原始社会的部落或公社组织享有这一权利，个人对于特定的土地占有和支配是无效的产权配置方式，原因在于个人无法对其占有和支配的土地形成有效的利用。唯有全体公社成员在劳动生产过程中共同对土地加以利用，土地的生产效率才能维持在为公社成员提供必要劳动产品的水平。因此，土地的原始公有制才得以确立。随着社会生产力的发展，土地公有制作为生产方式的一种表现形式，已经呈现出无法适应生产力发展的态势，逐渐走向瓦解。具有先进性的且能够适应社会生产力发展的土地私有制逐步确立。但原始土地公有制与土地私有制的交替是一个缓慢发展的历史过程。土地私有制最终且普遍性地确立大大促进了社会生产力的发展，呈现了其作为生产方式对生产力的积极反作用。土地私有制又划分为两个阶段——封建土地私有制与资本主义土地私有制，封建土地私有制以孤立的、个体化的农民占有土地进行农业生产为主要表现形式，资本主义土地私有制以土地进入资本主义生产关系中的资本为表现形式。随着社会生产力的发展，资本主义生产代表了社会化大生产的发展趋势，因而更加具有先进性，更加符合社会生产力发展的现实要求。因此，资本主义生产关系取代了封建制生产关系，封建土地私有制被资本主义土地私有制所取代。

就资本主义土地私有制而言，资本主义工业和农业雇工的形成实质上与土地具有一定关联性，这一关联性表现为作为劳动条件存在的土地与劳动相分离并成为一部分人的私有财产。土地所有权的独立性愈加得以凸显，其独立性满足了资本主义生产方式的需求。[①] 而在这一分离过程

[①] 马克思指出："土地所有权同资本和劳动相分离而独立，换句话说，一切土地所有权都转化为。资本主义生产方式相适应的土地所有权形式。"参见《资本论》第 3 卷，第 1001—1002 页。

中失去土地的劳动者除了自身的劳动力以外再也没有可以出卖的东西，其身份转化为雇佣工人进而使得资本主义生产关系中的两大对立阶级——资本家和雇佣工人——得以形成。①

但资本主义土地私有制的命运犹如原始的土地公有制一样，其对于社会生产力的发展形成了阻碍。这一阻碍表现为土地私有制呈现的以私人对于土地的占有与生产力命令要求的社会化生产之间产生了不可调和的矛盾。在马克思看来，随着社会生产力的不断发展，人们对于商品需要的种类和数量亦随之不断增长，同时单个商品的生产工艺的复杂程度亦随之增加，个体化的商品生产者没有能力独立完成一种商品生产的全过程。例如，汽车这一商品，它的生产工艺极其复杂。单一的汽车生产厂家很难完成对一辆汽车全部零件的生产，而是需要多个专业化的生产特定零件的生产厂家（例如，独立的汽车轮胎生产厂，独立的汽车玻璃生产厂）共同完成这一生产过程。单一的生产者没有能力独立完成商品生产的各个环节，而是需要其他生产者共同参与。然而独立的、分散的各个商品生产者是各自所占有的生产资料的绝对支配者，因此在生产环节中处于相对独立的地位。由此引发的问题便是，各个商品生产者之间在商品生产过程中难以形成有效的协调，社会化大生产因此会受到一定的阻碍。此外，由于生产资料私有制的存在，各个商品生产者对于商品生产具有绝对的自主权利，各个商品生产者为了实现利益的最大化，最大限度地追求商品生产的最高产量，导致商品生产的供给严重超出社会需求，进而导致商品供给与需求之间的矛盾，引发经济危机。

在马克思看来，消除这一危机的关键在于使得各个商品生产者能够有效协调，消除盲目生产，实现商品生产与商品供给的有效平衡。这一目标的实现意味着各个商品生产者的相互独立性应当转变为协调统一性，而各个商品生产者之所以能够取得独立地位的原因在于生产资料私有制。生产资料的私人占有的经济力量事实上赋予了各个商品生产者以独立地位，进而能够基于此身份对于劳动者进行剥削。只有消灭私有制，建立生产资料公有制，即劳动者对于生产资料的占有，商品生产的主导权利不再由个别商品生产者所决定而是由全体劳动者来决定。社会化生产的

---

① 参见《剩余价值理论》第1册，第30、31页。

各个环节之间的协调才能够得以增进，社会生产与社会需求之间的矛盾通过经济计划的调整得以消除。社会化大生产对于商品生产者要求其内部协调生产的命令才能够得以有效实现。基于生产力决定生产关系的马克思历史唯物主义基本原理，此时作为生产关系表现形式的土地私有制必然需要发生变革。生产力发展状况和特点决定了作为生产关系组成部分的土地所有制的变革方向，即与社会生产力相适应。

以这一理论分析为指导，土地作为最为重要的生产资料之一，其应当由全体劳动者占有，这一占有的表现形式为土地的国有化，即由无产阶级取得国家政权后，由其代表全体劳动人民行使土地权利。在马克思看来，随着社会生产力的发展，资本主义土地私有制无法适应社会生产力的发展，必然要被历史所遗弃。替代资本主义土地所有制的新的土地所有制是社会主义土地公有制，其理论根据在于社会主义土地公有制能够与社会化大生产相适应，进而能够适应并促进社会生产力的发展。

在马克思看来，对于土地私有制弊端的克服，需要吸取人类历史发展过程中既有的经验，即借鉴人类历史上的土地公有制确立的经验并对其加以改造。社会主义土地公有制不同于原始社会的土地公有制，其虽然具有原始社会土地公有制的基因，但是其发展的阶段高于原始社会的土地公有制，是对原始社会土地公有制的扬弃，是土地公有制在人类社会历史发展进程中螺旋式上升的表现形式。马克思对于土地公有制特点的认知亦是遵循了马克思历史唯物主义的观点。社会生产力的发展推动土地的国有化的实现是马克思历史唯物主义理论在土地所有制领域的应用。

二 《论土地国有化》文本的现实逻辑

《论土地国有化》有着深刻的现实指向性。马克思这部著作创作于19世纪中期，在当时的历史时期，资本主义经济制度在世界范围内广泛确立并得到长足发展。为了实现资本获益的最大化，资产阶级不断开拓国内市场的同时亦通过对外扩张的手段建立海外殖民地，以此达到进一步开拓海外市场的目的。资本主义的对外扩张使得世界范围内大部分国家归入资本主义国家建立的殖民体系之中，资本主义经济进入快速发展阶段。

在资本主义生产关系确立后，以土地为中心建立起的农业生产关系发生了变化：土地的资本主义私有制使得土地所有权人成为仅仅依凭其土地所有权人的身份即可以获得报酬的主体，资本主义租地农场主从土地所有权人处获得土地并以资本主义生产方式经营，土地的实际耕种者不再是佃农或农奴了，而是资本主义租地农场主雇佣的农业生产工人。同时，在农业生产领域，资本主义土地私有制的确立依赖于资本主义土地法律制度的确立。① 资本主义生产方式确立的直接后果便是小的农业土地所有者在与资本主义租地农场主竞争的过程中处于劣势地位，其摧毁了小的农业生产方式。② 这种竞争貌似是大土地经营与小土地经营之间的竞争，其实质是生产方式的竞争。小的土地所有者所拥有的土地仅仅能够维持其与家庭成员的基本生活，无法改良土地或扩大再生产，因而成为一种落后的、旧式的生产关系的残余。③ 与封建土地私有制相比，资本主义土地私有制固然具有进步性，但是随着资本主义生产关系的普遍确立，资本主义土地私有制的弊端亦逐渐暴露。

针对资本主义土地私有制弊端，马克思在对资本主义土地私有制反思与批判的基础上，认为无产阶级应当重视土地所有制问题，无产阶级应当确立符合无产阶级利益的土地所有制。但是无产阶级应当主张建立怎样的土地所有制，为什么要建立这样一种土地所有制以及如何建立这一土地所有制是其需要解决的现实问题。针对上述问题，马克思创作了《论土地国有化》。这一著作对于上述问题予以了有效回应。

（一）明确了土地问题的解决与无产阶级形成与发展的重要关联性

从产权角度出发，土地国有化理论的提出意味着土地所有制的改变

---

① 马克思在《哲学的贫困》中指出："土地也服从于支配任何其他产业的那些规律，这就是而且也永远是私利哀悼的对象。"在马克思看来，资本主义土地私有制的确立是资本主义生产方式确立的必然结果。土地所有制受制于其所在社会的生产关系。参见《马克思恩格斯选集》第1卷，第264页。

② 对于这一点，恩格斯在《法德农民问题》中指出："资本主义生产形式的发展，割断了农业小生产的命脉；这种小生产正在无法挽救地灭亡和衰落。"参见《马克思恩格斯选集》第4卷，第356页。

③ 参见《马克思恩格斯选集》第4卷，第358页。

并伴随着新的土地制度的形成。国家在这一制度形成的过程中将发挥主导作用。① 土地的国有化在经济层面产生的直接效果为：国家收益的最大化。国家收益的最大化意味着无产阶级的收益通过国家政权的行使能够实现最大化。② 《论土地国有化》开篇之处，马克思指出："地产，即一切财富的原始源泉，现在成了一个大问题，工人阶级的未来将取决于这个问题的解决。"③ 这句话包含了以下两层含义。

一是马克思认为土地具有极端重要性。这一重要性体现在其是一切社会财富的原始源泉。事实上，这是土地独有的自然属性的体现。土地是人类生存和发展所必需的物质条件，人类的任何活动都离不开对土地的利用。例如，人类居住需要建造房屋，而建造房屋必须建造在特定的土地之上；人类生产活动更是对土地甚为依赖。例如，农业生产活动直接以土地为劳动对象，土地成为农产品出产的最为重要的物质基础。对于工业生产而言，工厂的建立同样需要土地。除此以外，土地自身还具有有限性和不可移动的特征。地球上的土地资源具有有限性，与其他可更新资源不同，土地资源不能更新亦不能增加。由此决定，对于特定土地资源的占有和支配即对于这一特定资源的现实垄断。由于土地资源具有这一属性使得人们对于土地占有和使用必然形成较为激烈的竞争，其稀缺性更加凸显。综上所述，土地是一切财富的原始源泉，是由其特殊的自然属性所决定的。在马克思看来，对于土地的社会属性的认识应当首先从其自然属性的认识入手，土地的自然属性对于土地的社会属性的形成具有重要的影响。

二是土地问题的解决事关工人阶级未来发展。所谓工人阶级未来问题是指未来无产阶级在取得国家政权后，如何解决土地的现实利用问题。在《论土地国有化》中，马克思指出资产阶级以天赋人权为理由宣扬私人平等地享有取得土地所有权的权利以掩盖少数人对于多数人的剥削和掠夺，针对这一情况，无产阶级应当通过斗争的方式改变这一状况，即

---

① 参见洪名勇《中国农地产权制度变迁：一个马克思的分析模型》，《经济学家》2017年第7期。

② 参见洪名勇《中国农地产权制度变迁：一个马克思的分析模型》，《经济学家》2017年第7期。

③ 《马克思恩格斯选集》第3卷，第175页。

"如果说掠夺曾使少数人获得天然权利，那么多数人只须聚集足够的力量，便能获得把失去的一切重新夺回的天然权利"[①]。《论土地国有化》开篇对于资本主义土地私有制的批判是以《资本论》中有关资本主义土地私有制的批判为理论基础。马克思认为对于资本主义土地私有制本质的分析应当基于这样一个历史背景，即资本主义生产关系已经在社会生产的各个领域占据统治地位。[②] 由此决定了以资本主义生产方式所进行的农业生产绝不是独立于资本主义生产关系之外存在的生产形态，农业生产过程中对于土地的利用必然受到资本主义生产关系的影响。由此决定了土地这一生产资料在资本主义生产关系中会呈现出一种新的形态。

马克思指出，资本主义土地所有权的外在表现为一些人对于土地资源的垄断，这一垄断具有排斥其他一切人的特点。这意味着土地所有权人可以不受他人干预，对其享有所有权的土地予以利用。资产阶级对土地所有权的垄断始终是资本主义生产关系建立的前提。[③] 可见，马克思对于土地所有权的分析并非采取一种形而上学的方法，而是将其置于资本主义生产关系的具体情境之下展开分析。[④]

在土地的法权关系中，土地仅仅呈现其商品属性，即其如同其他商品一样可以交换并进入流通领域。但是在马克思看来，土地所有权仅仅具有表象性，决定土地所有权形成的真正力量是其背后所蕴含的经济关系。[⑤] 这一经济关系是不以土地所有权人的意志为转移的。土地的私人所有权的形成是以资本主义生产关系的形成为历史前提，在前资本主义时期，土地私人所有权的出现只是具有偶然性。[⑥] 资本主义生产方式一方面使得特定的依附于土地的人身关系进一步解体，促进了农业生产力的发展，改变了落后的农业生产方式；另一方面则使得土地所有权发生了异变，这一异变表现为土地的所有权人与其享有的土地之间相分离。土地

---

① 《马克思恩格斯选集》第 3 卷，第 175 页。
② 参见《资本论》第 3 卷，第 693 页。
③ 参见《资本论》第 3 卷，第 696 页。
④ 参见梁姝娜、金兆怀《论所有制范式的产权理论——马克思主义产权理论研究》，《经济纵横》2006 年第 4 期。
⑤ 参见《资本论》第 3 卷，第 696 页。
⑥ 参见《资本论》第 3 卷，第 695—696 页。

所有权人不再现实地占有土地，而是依凭其对于土地资源的垄断地位将其享有所有权的土地交由他人使用，通过此种方式获得报酬。土地所有权仅仅表现为土地所有人从租地农场主处获取的货币收入。土地所有权就此取得一种经济表现形式。①

资本主义生产关系作用下的土地所有权一方面使得农业生产能够取得一种社会化经营的方式，其进步性值得肯定。但在另一方面，资本主义土地所有权的经济表现形式是一种纯粹化的表现形式，土地上的其他附属物和粉饰物都被去除。这使得土地其他社会属性被就此掩盖。这一现象的产生又是极其荒谬的。② 土地的出让并非劳动价值的交还，其仅仅表现为法律拟制的结果。这种土地所有权的实现方式使得生产资料的占有者与生产资料相分离。这种土地所有权的形成是依凭于资本主义生产关系而形成的，由此决定了其并非永恒存在而是属于一种历史范畴。③ 在资本主义生产关系统制之下，农业亦成为资本获取增殖的场域。在这一场域中，资本主义生产方式表现为土地所有者依凭土地所有权获得地租，这一地租表现为租赁该土地的租地农场主利用土地向其支付的货币。租地农场主雇佣农业工人从事农业生产活动。土地所有权人、租地农场主以及雇佣工人成为三个对立的阶级。④ 在围绕土地进行农业生产过程中，租地农场主为了提高土地的生产效率，其向土地进行投资，这种在土地之上进行的投资转化为资本，即为土地资本。由此决定了，一块经过人工开垦的土地与一块未经人工开垦的土地相比较而言，前者具有较高价值。租地农场主投入的资本大体有两种表现形式：一是改良土地投入的物质的一部分作为农业产品的形成要素加入农作物产品之中，一部分则保留在土地之上。⑤ 前者意味着土地具备生产某种特定产品的能力或是生产原有产品的能力得到了提高，后者以特定物质的表现形式与土地相结合直接融入土地之中。可以说，租地农场主对于土地投资的最终结果都是这一资本与土地的最终结合。

---

① 参见《资本论》第3卷，第697页。
② 参见《资本论》第3卷，第697页。
③ 参见《资本论》第3卷，第694页。
④ 参见《资本论》第3卷，第698页。
⑤ 参见《资本论》第2卷，第178—179页。

但值得注意的是，租地农场主投入土地中的资本事实上与土地融为一体且不可分割。这意味着租地农场主投入土地之中的资本成为土地的一部分，当土地租赁期限届满，这一部分投入土地之中的资本即归属土地所有权人。此时，土地所有权人没有付出任何代价就获得了租地农场主投入土地中的这部分资本。当土地租赁期限届满，其将该土地再次出租时，由于前一个土地租赁人对土地进行的资本投入使得土地的生产效率提高，土地的价值随之增加进而导致土地租赁的市场价格亦随之上涨。如此循环往复，土地租赁价格亦随之不断上涨。由此导致土地所有者成为不劳而获的食利者。同时，土地所有者对于租地农场主投入资本的无偿占有事实上对于农业的合理发展形成阻碍，原因在于租地农场主为了避免损失其仅仅会投入在其与土地所有者签订的租赁合同期限内可以收回的资本，进而作为农业生产条件的土地改良因此而受到限制。① 在租赁期限内，租地农场主享有并能够获得对其投入的资本的利息，但是在土地租赁期限届满后，这一资本利息将永久归属于土地所有权人。土地租赁人获得的上述土地资本的利息与其向土地所有者支付的地租是相区别的。土地可以土地不附加任何资本投入的形态而存在。② 但是投入土地中的资本利息可以构成地租的一个外来的组成部分。③ 在资本主义生产关系中，土地所有权人依凭其主体地位便可以获得报酬，这种表现形式意味着其在这一生产关系中呈现出一种掠夺状态。因此，土地所有权存在的正当性值得怀疑。④

因此，《论土地国有化》对于资本主义生产关系中的土地私有制的批判事实上暗示了实现土地国有化是无产阶级革命的重要组成部分，同时也肯定了代表多数人利益的无产阶级为了多数人的利益获得对土地资源的占有是天然的权利，即反抗压迫反抗剥削的权利。在马克思看来，无产阶级应当树立自己的自然权利观念，这一自然权利观念首先表现为无产阶级反对少数人（即资产阶级）对于土地的垄断，使这一生产资料由

---

① 参见《资本论》第3卷，第699—700页。
② 参见《资本论》第3卷，第701、702页。
③ 参见《资本论》第3卷，第705页。
④ 参见《资本论》第3卷，第703页。

多数劳动者占有，进而实现劳动者与生产资料的有效结合，使劳动者摆脱被剥削的地位。可见，在《论土地国有化》中，马克思认为多数人占有土地这一生产资料是真正的天然权利，而资产阶级宣扬的天然权利具有虚伪性，其是资产阶级为了维护自身对劳动人民进行剥削的工具。针对资产阶级提出的天然权利的概念，马克思针锋相对提出了无产阶级的天然权利的观念，这一天然权利包含了广大劳动人民对于土地占有和支配的权利。无产阶级在取得政权后要实现生产资料公有制，但是土地作为一种重要的生产资料，其实现公有制的方式应当得到无产阶级的特殊重视。究竟如何实现将土地这一重要的生产资料纳入社会主义公有制的范畴值得深入研究。在《论土地国有化》这一著作中，马克思给出了明确答案，即实现土地国有化。所谓土地国有化即为无产阶级国家对于土地享有所有权，无产阶级对于土地享有绝对的、排他性的支配性的权利。无产阶级享有土地所有权的实质为其代表广大劳动人民占有土地这一生产资料，这一对土地的占有方式即为全民占有。

（二）详细阐述了土地国有化是历史发展的必然

马克思对土地国有化是历史发展的必然的论述，回答了无产阶级为什么要实施土地国有化。土地国有化的必然性表现在两个方面。一是土地私有制的式微与完结为广大人民所支持和认可。在《论土地国有化》中，资产阶级法律对于土地私有制予以确认，资产阶级统治者想当然地认为，土地私有制是整个人类通行的自然法则。在这里，资产阶级偷换了概念，即将资产阶级的利益以及价值观念视为整个人类社会的利益以及价值观念。马克思认为，对于土地私有制的正当性的判断不能以资产阶级的价值观为标准，而是应当回归到社会现实之中。对于土地私有制的正当性的判断应当坚持群众观点，即对于其正当性的判断应当以多数人是否认可为标准，如果多数人对于土地私有制持反对态度，那么资产阶级对于土地私有制的正当性的宣扬即使再美好，亦会被现实击碎。因此，马克思认为："如果土地私有确实以这种公认为依据，那么，一旦它得不到社会中大多数人的认可，显然就应当被取消。"[①] 二是马克思认为，

---

① 《马克思恩格斯选集》第3卷，第175页。

土地国有化是历史发展的必然，其形成是由生产力发展的必然性所决定的。这一结论的得出以批判资本主义土地私有制为依据。在《论土地国有化》中，马克思指出："我确信，社会的经济发展，人口的增长和集中，迫使资本主义农场主在农业中采用集体的和有组织的劳动以及利用机器和其他发明的种种情况，将使土地国有化越来越成为一种'社会必然'。"① 这一论述表明，土地国有化的形成与发展是与经济发展、人口的增长和集中等经济的客观要素相关联的。这一客观趋势萌芽的形成与发展在资本主义社会中已经形成，并且这一趋势在资本主义生产关系中已经有所体现。这一趋势首先表现为"集体与有组织"的劳动以及农业现代化机器和发明的应用。集体化与有组织化的劳动的形成事实上对于打破土地所有权的界限，使得劳动者能够在统一的、更大规模的土地之上进行劳动提出了要求。同时，农业生产所需机器与发明的应用在小规模、细碎化的土地之上难以有效地施展。"一切现代方法，如灌溉、排水、蒸汽犁、化学处理等等，应当在农业中广泛采用，但是，我们所具有的科学知识，我们所拥有的耕作技术手段，如机器等，如果不实行大规模的耕作，就不能有效地加以利用。"② "大规模的耕作（即使在目前这种使耕作者本身沦为役畜的资本主义形式下），从经济的观点来看，既然证明比小块的和分散的土地耕作远为优越，那么，要是采用全国规模的耕作，难道不会更有力地推动生产吗？"③ 而土地国有化的推行使得土地的私人所有权得以消灭，以土地所有权为基础的土地细碎化得以消除。

因此，基于上述理由，马克思认为土地国有化是社会生产力发展的必然趋势。土地国有化的趋势是基于客观的社会现实需求而形成的，其发展趋势并非资本主义土地法律制度（主要为资本主义土地私人享有的所有权辩护的制度）所能阻碍的。后者是一种忽略了土地利用现实状况的一种错误观念的表现。因此，马克思在《论土地国有化》中指出："这是关于所有权的任何言论都阻挡不了的。社会的迫切需要将会而且一定会得到满足，社会必然性所要求的变化一定会进行下去，迟早总会使立

---

① 《马克思恩格斯选集》第3卷，第175页。
② 《马克思恩格斯选集》第3卷，第176页。
③ 《马克思恩格斯选集》第3卷，第176页。

法适应这些变化的要求。"① 同时，马克思认为，土地国有化的发展一定会改变法律制度中土地私人占有的观念，法律制度最终会如实反映这一土地利用的现实状况，并将其确定下来。事实上，借助土地国有化的论述，马克思对于法律制度与社会经济之间的关系予以揭示与阐述。针对资本主义土地私有制的危害，马克思提出警告："我们需要的是日益增长的生产，要是让一小撮人随心所欲地按照他们的私人利益来调节生产，或者无知地消耗地力，就无法满足生产增长的各种需求。"② 在马克思看来，土地私有制的存在必然会对社会生产力的发展造成阻碍，可见土地私有制不能有效地促进生产增长，进而必然会被新的、更高级别的土地所有制所替代。这一趋势具有客观性，在资本主义生产关系中亦有所表现且不能否认。马克思认为，资本主义土地私有制使得土地所有权过于分散，特定的土地由不同的所有权主体享有，土地作为农业生产的生产资料，土地生产的机械化以及农业生产所需要的资本的投入在碎片化的土地上难以发挥应有的作用，土地难以形成规模化经营，土地规模化经营的效益不能得以显现。此外，随着社会化大生产的不断发展，土地作为重要的社会生产资料之一应当适应生产力发展的这一变化，应当实现社会化占有。唯有如此，生产资料的私人占有与社会化大生产之间的矛盾才能得以解决。基于这一立场，马克思认为，即使在资本主义社会，土地国有化的必然趋势仍然不能否认，这一趋势具有必然性。

（三）土地国有化需要注意的现实问题

马克思对土地国有化需要注意的现实问题的论述，为土地国有化的具体落实指明了方向。在马克思看来，土地国有化虽然是无产阶级取得国家政权后实现土地国有化的重要方式，但是土地国有化的实现需要满足一定的现实条件。

首先，土地国有化在推行的过程中要认真听取农民的意见，不能违背其意志，如果违背其意志，土地国有化的进程将受到阻碍，以土地国有化的方式实现全体劳动者对土地进行现实占有和支配的目的和宗旨将

---

① 《马克思恩格斯选集》第 3 卷，第 175—176 页。
② 《马克思恩格斯选集》第 3 卷，第 176 页。

无法实现。

其次，土地国有化的推行要注意土地既有的现实状况，即既有土地权利是否过于分散。马克思在《论土地国有化》中分析了法国的土地利用的现实状况。马克思认为，法国的土地所有制表现为农民土地所有制。"在法国凡是买得起土地的人都可以获得土地，但是，正因为如此，土地便分成许多小块，耕种土地的人资金很少，主要依靠本人及其家属的劳动。"① 马克思认为，法国农民土地所有制具有两方面特征：一是受农民个体享有的土地所有权的限制，土地经营规模较小，无法形成大规模的土地经营；二是土地的投资者对于土地投资的能力亦受到限制，土地的生产力难以被有效释放。可见，农民土地所有制亦存在较大弊端。这一土地所有制表现为："这种土地所有制形式以及它所要求的小地块耕作的方式，不仅不能采用现代农业的各种改良措施，反而把耕作者本人变成顽固反对社会进步，尤其是反对土地国有化的人。他被束缚在土地上，必须投入全部精力才能获得相当少的回报，他不得不把大部分产品以赋税的形式交给国家，以诉讼费的形式交给讼棍，以利息的形式交给高利贷者；除了他活动的那小块天地，他对社会运动一无所知；他一直痴情地迷恋着他那一小块土地，迷恋着他的纯粹名义上的占有权。"② 在马克思看来，农民土地所有制下的土地占有者受到较深的剥削，这种剥削来自不同方面。同时，受到法国农民土地所有制的影响，土地占有者的社会认知亦受到禁锢，即认为保留自身对于土地的占有是最好的选择，其不能深刻认识到农民土地所有制存在的问题进而支持改变这一所有制的政策的推行。这一观点表明了生产关系对于人们意识的影响。"于是法国农民就陷入同产业工人阶级相对立的极可悲的境地。"③ 马克思认为，比起英国的地主所有制，法国的农民土地所有制离土地国有化要远得多。如果既有土地权利过于分散，推行土地国有化的条件还不具备。如果无产阶级不顾农民的反对，强制将其所有的土地实行国有化必然会遭到农民的强烈反对，这不利于无产阶级内部的团结。但是亦应当反对将通过

---

① 《马克思恩格斯选集》第3卷，第177页。
② 《马克思恩格斯选集》第3卷，第177页。
③ 《马克思恩格斯选集》第3卷，第177页。

革命获得的土地分给农民。① 此时,土地国有化实施不能急于求成,而是应当采取逐步推进的策略,以合作化推进土地国有化的实施。具体而言,无产阶级需要将农民组织起来组建合作社,土地由合作社成员共同占有。② 通过这种合作化逐步实现农民土地所有制向土地国有化的过渡,最终实现土地国有化的目标。土地国有化后,土地的经营和管理交由国家领导的独立经营的合作社,这样能够保证国家仍然是土地的所有者。③

(四) 资本主义国家不可能实现真正的土地国有化

马克思在《论土地国有化》中指出了土地国有化的两种形态,即资本主义土地国有化以及未来社会中的土地国有化。资产阶级的经济学家主张在资本主义生产关系中实施的土地国有化,只是资本家仇视土地所有者的情感宣泄。④ 针对土地国有化的政策,有人可能提出反对观点,即土地国有化并非只有在无产阶级取得政权后才能彻底实现,在资本主义社会,资产阶级亦可以推行土地国有化政策,同样可以达到实现土地国有化的目标。因此,土地国有化并非只有在无产阶级取得政权后才能实现。马克思认为,这一观点值得商榷。在《论土地国有化》中,马克思对于这一观点进行了批驳。"在一个资产阶级的政权下,实行土地国有化,并把土地分成小块租给个人或工人合作社,这只会造成他们之间的残酷竞争,促使'地租'逐渐上涨,反而为土地占有者提供了新的便利条件,靠生产者来养活自己。"⑤ 在马克思看来,资产阶级政权统治下推行的土地国有化具有虚伪性。这一虚伪性表现在土地名义上为资产阶级国家所有,但是国家会把其土地租赁给个人或工人合作社,这一做法实际上与土地私有制情形下土地的利用方式没有本质上的区别。土地权利的细碎化的弊端不能就此消除,不同的土地进入市场由此形成的竞争使

---

① 参见薛汉伟《土地国有化、农业集体化、全面国有化——四论马克思恩格斯的国有制理论与现实》,《北京大学学报》(哲学社会科学版) 2002 年第 5 期。
② 参见薛汉伟《土地国有化、农业集体化、全面国有化——四论马克思恩格斯的国有制理论与现实》,《北京大学学报》(哲学社会科学版) 2002 年第 5 期。
③ 参见《马克思恩格斯选集》第 4 卷,第 581 页。
④ 参见王竹苗《马克思恩格斯论欧洲四国土地制度的社会主义改造及其启示》,《理论月刊》2013 年第 3 期。
⑤ 《马克思恩格斯选集》第 3 卷,第 177 页。

得地租的价格不断上涨,由此带动农产品价格亦不断上涨,如此实施的土地国有化不能消除农产品价格上涨,无法解决资本主义土地私有制形成的现实弊端。可以说,资产阶级推行的土地国有化并不是实质上的土地国有化,只是披着土地国有化的外衣。此外,在资本主义生产关系统制之下,市场竞争使得土地产品的价格并非完全按照决定其价值的社会必要劳动时间确定出售价格,由于租地农场主和土地所有权人在土地产品出卖过程中对于利润和地租的追求,使得土地产品的价格必然高于按照决定其价值的社会必要劳动时间确定的价格出售。当资本主义生产关系取消,资本主义生产被无产阶级领导的联合体的生产所取代时,土地产品的出售价格就会回归于由必要劳动时间所决定的价格,土地产品的出售价格与其价值才能真正契合。①

(五)详细阐述了土地国有化的最终效果

土地国有化能够有效应对农产品价格上涨的现实危机。在马克思生活的年代,随着社会生产力的发展,人口的不断增长,农产品的价格不断增长。马克思认为,农产品价格增长的根源与资本主义土地私有制之间存在一定联系。土地所有者依凭其对土地资源的垄断使得采取资本主义生产方式的租地农场主必须要向其缴纳地租。在这一过程中,土地所有权人获得的地租从表面来看源于土地作为生产资料与劳动直接结合而产生的价值,但实质上是土地所有者从租地农场主利润中扣除的部分,即土地所有权在这里不产生任何价值,而是通过对特定土地资源的垄断进而强制分享相应利润。可以说,土地所有权人获得的地租收入并非其劳动所得,而是基于其所有者身份。采取资本主义生产方式的租地农场主为了获得相应的利润,在生产农产品过程中必然要将支付给土地所有权人的地租计入生产成本中,进而农产品的生产价格随之提高。随着人口的增长以及社会生产力的发展,劳动数量亦随之增加,同时劳动力再生产的条件亦随之提高。而农产品是劳动力再生产的首要条件。受前者的影响,农产品数量与质量需求的增加,意味着劳动力再生产成本亦随之增加。资本家为了最大限度地获得资本投入的剩余价值,尽量压低劳

---

① 参见《资本论》第 3 卷,第 745 页。

动报酬，劳动再生产增加的成本需要由劳动者支付。因此，土地所有者依据土地所有权获得地租实质加重了对劳动者的剥削。

因此，在马克思看来，农产品价格的增加背后隐藏着土地所有权人对于劳动者加重剥削的真相，农产品价格的增长必须得到抑制。从重新建立土地利用秩序角度出发，马克思认为，消灭土地私有制实现土地的国有化是必然趋势。土地国有化能够有效地抑制农产品价格的增长。马克思在《论土地国有化》中指出："一方面，居民的需要在不断增长，另一方面，农产品的价格不断上涨，这就不容争辩地证明，土地国有化已成为一种社会必然。一旦土地的耕作由国家控制，为国家谋利益，农产品自然就不可能因个别人滥用地力而减少。"①

此外，从宏观角度出发，马克思认为，全方位消除资本主义土地私有制弊端的最佳方案为土地的国有化。在其看来，"土地只能是国家的财产。把土地交给联合起来的农业劳动者，就等于使整个社会只听从一个生产者阶级摆布"②。马克思在这里强调的是无产阶级在取得国家政权后对于土地所有权应当归属国家所有，而且马克思强调这是无产阶级取得国家政权后对于土地政策的处理所应当采取的正确方式。这一主张主要针对的是 1868 年 9 月 11 日，在国际工人协会布鲁塞尔代表大会上，赛·德巴普所作的有关土地所有权问题的报告。在这一报告中，赛·德巴普提出小块土地的私有制必定灭亡，在这一所有制灭亡后，新的土地所有制将得以建立。新的土地所有制表现为土地成为农业联合体的财产，要么成为整个国家的财产。③ 在其看来，资本主义土地私有制消亡后，新建立的土地所有制可以有两种表现形式：一是农业联合体成为土地的所有者，二是土地成为国家的财产。事实上，赛·德巴普提出解决土地问题的两种方案，在其看来两者皆可。但是马克思对于这一观点提出怀疑。在其看来，农业联合体对于土地的占有与国家对于土地的占有之间没有本质上的区别。无产阶级取得国家政权后即可以实现全体劳动者对于生产资料的现实占有，农业联合体对于土地的占有是全体劳动者对于土地

---

① 《马克思恩格斯选集》第 3 卷，第 176 页。
② 《马克思恩格斯选集》第 3 卷，第 178 页。
③ 参见《马克思恩格斯选集》第 3 卷，第 177 页及其注释。

占有的一种表现形式。

　　马克思认为，土地国有化是一种更彻底的实现全体劳动者对于生产资料的占有方式。因此，在其看来实现土地国有化更具有优势。接下来，马克思对于土地国有化追求的目标和最终效果做了阐述："土地国有化将彻底改变劳动和资本的关系，并最终消灭工业和农业中的资本主义生产方式。只有到那时，阶级差别和各种特权才会随着它们赖以存在的经济基础一同消失。靠他人的劳动而生活将成为往事。与社会相对立的政府或国家政权将不复存在！"① 在马克思看来，土地国有化的最终效果在于对资本主义生产关系的改造。这一改造表现为土地不再为少数人（主要为私人的土地所有者）所垄断，而是成为全体劳动者共同占有的生产资料，任何人无法再依凭其对生产资料的垄断地位不劳而获。土地纯化为劳动者共同占有的生产资料，土地在社会生产中发挥其作用，土地的价值进而可以融入劳动产品中。全体劳动人民作为生产资料的占有者，其对于土地出产的劳动产品由全体劳动者共同享有。土地国有化的实施使得全体劳动人民（主要为工人阶级）成为土地这一生产资料的所有者，成为他们自己生产的全部产品的所有者，全体劳动人民进而获得了真正的解放。② 土地价值随着劳动产品的生产过程而转化为劳动产品的价值进而实现为全体劳动人民服务的功能。同时，马克思认为，土地国有化能够有效化解社会与国家之间的矛盾，国家与社会的二元对立就此消解，这一消解并不意味着国家借助土地的国有化对于社会的吞并而是以土地国有化为纽带，消除国家与社会之间的界限，实现两者的融通。原因在于，土地国有化消灭了阶级差别，作为阶级镇压工具的国家亦将不复存在，取而代之的将是由劳动者组织形成的生产组织。

---

① 《马克思恩格斯选集》第 3 卷，第 178 页。
② 恩格斯认为："工人阶级除非在成为一切劳动资料——土地、原料、机器等的所有者，从而也成为他们自己劳动的全部产品的所有者，否则就得不到真正的解放。"以此推断，土地国有化意味着包括工人阶级在内的全体劳动人民占有土地，他们能够占有他们自己的劳动产品，进而能够实现其彻底的解放。参见《马克思恩格斯全集》第 25 卷，第 494 页。

三 《论土地国有化》文本的理论逻辑

《论土地国有化》要解决的核心问题是无产阶级在取得国家政权后实施什么样的土地政策,[①] 这是值得认真思考的问题。资本主义土地私有制的形成使得土地所有权人形成对土地资源的垄断,这一垄断使得其仅凭垄断地位便能获得地租收入,土地作为最为重要的生产资料之一,促使生产资料的所有者与其相分离,进而形成了土地所有权人、租地农场主以及农业雇佣工人三者构成的具体的、现实的生产关系。在这一生产关系的构成中土地所有权人、租地农场主以及农业雇佣工人三者之间形成利益上的矛盾。由此揭示了资本主义土地私有制下以土地这一生产资料为中心而建立的生产关系内部存在不可消除的矛盾。但消灭资本主义土地私有制并不是目的,而是要在消灭资本主义土地私有制基础上建立新的土地所有制。这一土地所有制的性质是必须要回答的问题。针对这一问题,马克思在该著中提出了无产阶级在取得国家政权后应当实施的土地政策为土地的国有化的著名论断。

土地是最为重要的生产资料,无产阶级在取得国家政权后应当实现这一生产资料的全体劳动人民占有,对土地的占有方式存在不同的观点。一种观点认为土地的占有可以采取农业生产联合社占有的方式或是采取国家占有的方式,也就是土地的占有并不必然为土地的国有化,[②] 然而马克思认为,无产阶级取得国家政权后实施的正确的土地政策应当是推行土地国有化。马克思在《论土地国有化》中,对于这一问题的论述遵循了"是什么—为什么—怎么办—注意什么"的理论逻辑。

(一) 土地国有化是什么

在《论土地国有化》中,马克思明确了土地国有化的内涵。土地对于人类劳动过程的形成起到了积极的促进作用。人类最初的劳动过程便

[①] 参见孙连成《马克思恩格斯论土地问题——学习札记》,《江西社会科学》1984 年第 5 期。

[②] 参见《马克思恩格斯选集》第 3 卷,第 177 页注释。

是人与未经人协作而就已经存在的土地相结合的过程。① 土地国有化即为全体劳动者对于土地的共同占有。土地的国有化是土地占有形式的表现，土地国有化的实质是无产阶级代表全体劳动人民占有土地，无产阶级代表了全体劳动人民的利益，土地作为生产资料进入社会生产领域，为全体劳动人民分享其利益。在马克思看来，土地的国有化的实质是全体劳动人民对于土地的占有，成为土地这一生产资料的主人。因此，土地是否真正为全体劳动人民占有是判断是否实现土地国有化的重要标准。在《资本论》第3卷中，马克思在对于土地归属于国家之后的效果予以了具体勾勒。在其看来，土地归属国家所有后，土地的所有权主体与国家政权主体合二为一。在这种情况下，地租与赋税亦合二为一。此时，这种状态意味着对于依附关系来说，无论从经济关系还是政治关系来说，除了需要面对国家的一切臣属关系，不需要面临更加严酷的形式。国家就是最高的土地所有者，国家通过主权实现全国范围内的土地集中，但是在这种情况下私人的土地所有权并无存在的空间，但是对土地的私人的和共同的占有权和用益权仍然存在。② 马克思对于土地国有化实现的效果进行了预测：一是土地国有化意味着资本主义土地私有制中私人取得的地租将由国家取得；二是国家地租的表现形式为赋税，而赋税具有公共属性，由此决定地租将应用于公共建设领域而并非由私人垄断；三是土地归国家所有后，大规模土地生产经营所需要的土地集中不再由资本主义市场竞争来完成，而是通过国家政权的集中行使加以实现，同样能够满足生产力发展对于作为生产资料的土地的集中使用的现实需求；四是土地的国有化意味着土地所有权人与国家政权主体合二为一，以土地为中介形成的社会关系将由此发生变革，国家成为需要服从的主体，土地私有制关系将就此瓦解；五是土地归国家所有，私人的土地和共同的占有权和用益权仍然存续，并不因此而消灭。这意味着土地虽然归属国家所有，但是私人以及相应的组织对于国家所有的土地享有相应的占有权和用益物权。土地的国家所有并不排斥私人以及特定组织对其加以利用。

---

① 参见《资本论》第1卷，第215页。
② 参见《资本论》第3卷，第894页。

(二) 为什么要实施土地国有化

马克思对于土地国有化实现的必然性展开了论述。马克思在这部著作中开辟了一个对土地问题分析的新视角即社会革命。[①] 在资本主义社会，土地所有者成为依靠垄断土地资源获得收入的食利者。从马克思对于土地所有权的这一论断可以得出以下结论：土地所有权是经济关系的表现形式，是由经济关系所决定的。在资本生产关系中，土地所有权形成后，其运行及其作用的发挥均需要服从资本主义生产关系，受其支配。这就决定了土地所有权必然受到资本支配的命运，进而注定其具有剥削属性。因此，资本主义土地私有制下的土地所有权的本质仍然与资本有着密切的联系。由此决定了土地所有权具有天然的剥削属性，土地所有权成为资本主义法律制度的重要组成部分。因此，资产主义制度下的土地所有权亦聚合了资本主义制度的固有弊端。以资本主义土地所有权为基础和表现形式的资本主义土地私有制亦应当成为无产阶级革命的对象。

土地国有化的实现暗含了无产阶级致力于资本主义基本矛盾的解决，即生产社会化与生产资料私人占有之间的矛盾的解决，以革命的方式推行土地这一最为重要的生产资料的国有化。土地国有化的实现内含了社会革命因素的助力，社会革命成为实现土地国有化的基础和重要条件。而土地国有化作为无产阶级土地革命的表现形式的根本原因在于生产力的需求，而并非基于资产阶级理论家所宣扬的基于自然权利的需求。马克思的这一论述有力地回击了新古典理论回避政治的传统观点。[②] 从外在表现形式上看，土地国有化的实现一定程度上是通过政治斗争的方式实现的。对于无产阶级取得国家政权后为什么要推行土地国有化的政策马克思在《论土地国有化》中给出以下理由：一是社会现实需要。农产品价格的日益上涨使得劳动者的生活成本增加，进而引发一系列的社会问题；二是农业生产发展的需要。分散的小规模土地经营不能有效推广大

---

① 参见石莹、赵昊鲁《从马克思主义土地所有权分离理论看中国农村土地产权之争——对土地"公有"还是"私有"的经济史分析》，《经济评论》2007年第2期。

② 参见石莹、赵昊鲁《从马克思主义土地所有权分离理论看中国农村土地产权之争——对土地"公有"还是"私有"的经济史分析》，《经济评论》2007年第2期。

规模的机械应用以及肥料技术的应用,进而影响农业生产效率的提高。与之相反,土地国有化可以有效应对土地私有制形成的所有权分散的问题,进而促进农业生产力的发展,提高生产效率。土地国有化的实现意味着国家成为土地的终极所有权人,地租归属于国家所有,赋税和地租合二为一。国家既具有土地所有权人的身份同时又是主权者。但是在这一所有权之外,个人或其他组织对于土地仍然享有一定的权利。[①] 土地国有化作为土地公有制的一种表现形式其最终呈现为国家对于土地享有终极的控制权,这一权利表现为土地的国家所有权。与资本主义土地私有制不同,土地国有化使得依靠土地作为生产资料所产生的社会增加总福利最终归属于全体劳动者。[②]

(三) 如何实现土地国有化

在"怎么办"的问题上,马克思认为,资本主义私有制并非永恒的,资本主义私有制的永恒性只是资产阶级理论家提出的幻想而已。资本主义私有制属于社会历史发展的范畴,而并非永续存在的。[③] 马克思认为,实现土地国有化事关无产阶级未来发展,是无产阶级革命要实现的目标。这一目标的实现需要无产阶级消灭资产阶级统治之下的土地私有制。因此,土地国有化是土地私有制的最佳替代者,但是这一目标的实现不仅仅是一个自然发展的过程,还需要无产阶级领导的全体劳动者通过阶级斗争的方式促进这一目标的实现。

事实上,土地国有化目标的实现与《共产党宣言》中有关土地所有制的论述存在一定的关联性。这种关联性体现在土地国有化是实现生产资料公有制的一种重要方式,是落实生产资料公有制的重要举措。实现生产资料公有制在马克思、恩格斯的标志性著作——《共产党宣言》中有所体现。在这部著作中,马克思提出将资产阶级掌握的资本收归国有,由无产阶级控制和掌握,进而为实现生产力总量的增长创造必要条件。

---

① 参见石莹、赵昊鲁《从马克思主义土地所有权分离理论看中国农村土地产权之争——对土地"公有"还是"私有"的经济史分析》,《经济评论》2007年第2期。

② 参见于洋《马克思主义地租理论视域下的新时期土地承包经营权入股政策研究》,《东北大学学报》(社会科学版)2015年第3期。

③ 参见《马克思恩格斯选集》第4卷,第412页。

在未来的社会主义社会或是共产主义社会中，剥夺资本主义社会土地私有制下的私人地产，进而实现地租的国有化、按照国家计划有序地配置生产资料和生产工具，改良土地并追加对土地的资本投入是两项重要举措。① 这两项举措实质上是以土地的国有化为前提，只有实现土地的国有化，地租才能真正由国家控制，才能真正归属于全体劳动者和人民，打破少数人对于地租的垄断，最终实现把地租用于国家支出的目标。② 同时，生产资料以及生产工具的配置依据计划进行，进而为土壤的改良和对土地追加资本创造良好的条件。这一举措的实现仍然是以土地国有化的实现为前提。唯有实现土地的国有化，用于农业生产的生产资料和生产工具的配置才能够剪除土地私有制的束缚，按照国家计划进行，土壤的改良以及对于土地追加资本的投入才能够统一进行。《论土地国有化》中提出的土地国有化目标的实现与《共产党宣言》中提出的无产阶级实现生产资料公有制的最终目标是相契合的。

（四）实现土地国有化的注意事项

在"注意什么"的问题上，马克思认为，土地国有化的实现需要满足一定的条件。实现土地国有化的条件为：既有土地权利的现实状况能够为土地国有化的实现奠定良好的基础。在《论土地国有化》中，马克思就英国与法国现实的土地状况进行了对比，在《论土地国有化》中，马克思对于实现土地国有化的条件进行了分析，其中对于法国土地所有制以及英国土地所有制的特点进行了对比和分析，进而认为法国既有的土地所有制不适合推行土地国有化，而英国既有的土地所有制特点适合推行土地国有化。法国大革命之后，领导革命的资产阶级使得农民从封建土地制度的束缚之下解放出来，其拥有了自己的土地，成为小块土地的所有者，小农阶级就此形成。③ 马克思对于法国土地所有制特点的分析与《路易·波拿巴的雾月十八日》中对于法国土地所有制的分析具有一

---

① 参见《马克思恩格斯选集》第1卷，第421—422页。
② 参见《马克思恩格斯选集》第1卷，第421页。
③ 参见［法］托克维尔《旧制度与大革命》，于振海译，中国友谊出版公司2013年版，第148页。

致性。在《路易·波拿巴的雾月十八日》中，马克思指出，在法国，由于农民的生产生活具有彼此隔绝的特征，农民没有能够基于生产生活而建立起必要的交往关系。这种隔绝的生产生活状态与其占有的小块土地之间有着密切联系。农民在其占有的小块土地上耕种，这种耕种是基于传统的、落后的农业生产方式。在这一生产方式之下生产出的劳动产品并不具有商品的性质而是仅仅作为单纯的消费品用于交换。这种生产生活方式决定了这些依靠占有小块土地生存的农民相互孤立，生存条件、受教育程度以及生活方式的差异性，使得这些农民很难形成有效的组织，进而形成一个具有统一利益的阶级去对抗外来压迫并争取自身权益。[①]

在《论土地国有化》中马克思延续了对于法国既有土地所有制分析的观点，并由此认定法国既有的土地所有制不适合推行土地国有化。马克思认为，法国的土地所有制表现为农民对于小块土地的占有，且这一占有使得土地权利的配置过于分散化，农民对于其占有的土地的资本投入亦极为有限，以土地为生产资料的农业生产效率很难有所提高。此外，土地国有化的过程中需要特定的国家机构针对每一个农民进行土地收归国有的谈判，这一谈判成本显然过高。这种情形下，土地既有权利的过于分散使得土地国有化的实现难度得以增加。针对不同的农民占有土地的状况，土地国有化的政策如何推进亦存在较大难度。因此，马克思认为，在法国这种土地权利比较分散的国家实施土地国有化难度比较高。换言之，在其看来，法国既存的农民土地所有制不适合立即实施土地国有化。除此以外，马克思认为，除了土地既有权利状况外，土地所有权人对于土地国有化的认知程度对于土地国有化的推进亦会产生重要影响。在马克思看来，土地国有化的推进需要既有的土地所有权人对于土地国有化的现实必要性以及土地国有化的优势有着充分认识，愿意出让其土地进而为土地国有化贡献力量。这涉及土地国有化推进过程中如何认识这一政策，既有土地权利人需要对土地国有化的现实必要性以及土地国有化的优势有基本认识。唯有如此，土地国有化的推进才能够不受阻碍，顺利开展。

在《路易·波拿巴的雾月十八日》中，马克思事实上给出了法国既

---

① 参见《马克思恩格斯选集》第1卷，第762—763页。

有的土地所有制不适合推行土地国有化的原因：一是土地所有权的分散，二是占有小块土地的农民难以形成支持土地国有化的统一的阶级。并且，《路易·波拿巴的雾月十八日》对《论土地国有化》中马克思认为法国暂时不适合土地国有化政策的推行予以了详细说明并给出了明确答案。

与法国的农民土地所有制相对，马克思认为英国既有的土地所有制状况适合推行土地国有化。这一结论得出的依据在于对英国既有土地所有制特征的精确把握。马克思虽然没有对其生活时代的英国土地所有制的特点进行详细分析，但是恩格斯在《英国工人阶级状况》中对于英国土地所有制的特点进行了分析。马克思对于恩格斯关于英国土地所有制特点的分析予以赞同。恩格斯认为，在资本主义生产关系全面建立之前，英国农民通过继承或世代租赁占有小块耕地，其采取的是世代流传下来的耕种方法。占有土地的农民具有保守主义倾向，他们不愿意接受新鲜事物，一直保持着极具传统的生产生活方式。随着资本主义生产方式的普遍推行，小块耕地占有者——农民被卷入资本主义生产方式之中，其无法在与大资本竞争中胜出，进而走向了破产，其身份转变为产业工人，进而放弃了土地耕种，致使大量的土地闲置，这些闲置土地集中于少数人中，进而出现了新的大佃农阶级。大的佃农阶级通过土地的大规模经营使得土地生产效率得以提高，土地上的产品生产价格相对较低，进而在市场竞争中取得了优势。① 可以说，土地的大规模经营在英国已经形成。同时，土地的规模化经营的优势在英国已经显现出来。这一土地经营的现实状况对于土地国有化的开展具有极大的促进作用。因此，马克思在《论土地国有化》中暗示了英国实施土地国有化更加具有优势。

综上所述，马克思对于土地国有化思想的论述遵循了土地国有化是什么—土地国有化实现的现实必要性以及优势—如何实现土地国有化—土地国有化需要注意的问题这一理论逻辑其中，土地国有化是什么、土地国有化实现的必要性以及优势以及如何实现土地国有化是土地国有化思想的核心内容，土地国有化实现需要注意的问题是马克思对于土地国有化实现条件的外在阐释。《论土地国有化》以土地私有化存在的现实弊端为逻辑起点，针对土地私有制的弊端进而提出以土地国有化替代土地

---

① 参见《马克思恩格斯选集》第 1 卷，第 91 页。

私有制的设想,以此为基础展开对于土地国有化的论述。在此基础之上,马克思从土地国有化的内涵、现实必要性、土地国有化需要具备的条件以及土地国有化实现的现实效果四个方面对于土地国有化展开具体的论述,土地国有化就此形成了一个体系化的理论。

第 三 章

《论土地国有化》核心要义通释

任何伟大著作的形成都具有鲜明的时代性，都是凝结着著者对于这一时代面临的现实问题和挑战的深邃思考，《论土地国有化》亦不例外。《论土地国有化》是马克思对于无产阶级解决土地问题进行理论阐述的重要著作。这部著作具有深刻的历史背景、鲜明的时代特征、丰厚的思想积淀、深邃的核心思想以及明确的问题意识。马克思在这部著作中所提出的土地国有化思想在马克思主义思想史中占有极其重要的地位。

一 《论土地国有化》的创作背景

（一）废除资本主义土地私有制明确了土地国有化思想形成的现实必要性

从唯物主义角度出发，土地在人类社会生产生活中具有重要地位。土地是人类赖以生存的最为重要的物质资源。土地对于人类社会的发展起到极为重要的作用。马克思在《政治经济学批判（1857—1858年手稿）》中指出：“土地是一个大试验场，是一个武库，既提供劳动资料，又提供劳动材料，还提供共同体居住的地方，即共同体的基础。”[1] 在《1867年12月16日在伦敦德意志工人共产主义教育协会所作关于爱尔兰问题的报告的提纲》中，马克思指出：“土地成了人们追求的重要目标。人民只有唯一的一种选择：或是不惜任何代价租得土地，或是饿死。”[2]

---

[1] 《马克思恩格斯选集》第2卷，第726页。
[2] 《马克思恩格斯全集》第16卷，第514页。

劳动者只要投入工作日的一部分时间，土地就能够以提供动物产品或植物产品的方式提供给劳动者他们所必需的生活资料。①

　　土地作为生产资料，具有最初的、原始的生产力。例如，人类在原始社会时期，在森林中狩猎和采集，即是土地最初的、原始的生产力的体现。此时依靠土地自身提供的最初的、原始的生产力，人类得以生存发展。随着人类社会的进步，人类在土地上进行耕种等实践活动，进而获得劳动产品。土地成为人类从事劳动生产的重要物质基础。从人类生产活动构成的角度出发，人的劳动活动开展需要具备一定的客观条件。从这一角度出发，土地并不是劳动的产物，而是自然的一部分。这一构成表现为劳动的主体——活的个人以及作为人的再生产条件的客观条件的土地。土地这一无机自然在最初的人类社会中被看作人类所有自然的生存条件。

　　这一观念的确立使得人类的生存条件具有了双重性：主体的自然和客体的自然。土地成为其自身生产和再生产的条件。人类把其生产的自然前提条件（土地）看作属于其所有。②对土地的占有不是通过劳动进行的，而是劳动得以开展的客观条件。③这一过程表现为人类劳动与土地的结合。没有土地任何人类的生产活动将无法开展，人类的生存将受到现实威胁。同时，土地为人类的生存和发展提供必要的空间，其提供的必要空间是人类生产生活所必须具备的要素。④

　　历史进入19世纪70年代，资本主义生产方式已经在世界范围内广泛建立。资本主义生产方式的普遍确立极大地促进了社会生产力的发展，人类交往的范围与方式发生了巨大的变化。同时，资本主义生产方式以资本的运行和获利为中心，掌握资本的资产阶级利用资本加大了对于无产阶级的剥削，无产阶级在资本家的剥削下过着悲惨的生活。

　　在农业生产领域，租地农场主对于农业雇佣工人的剥削达到了令人

---

①　参见《资本论》第3卷，第713页。
②　参见《马克思恩格斯选集》第2卷，第741—742页。
③　参见《马克思恩格斯选集》第2卷，第741页。
④　马克思指出："一方面，土地为了再生产或采掘的目的而被利用；另一方面，空间是一切生产和一切人类活动的要素。从这两个方面，土地所有权都要求得到它的贡赋。"参见《资本论》第3卷，第875页。

发指的程度。例如，在英国，租地农场主支付给雇佣短工的工资已经降低到了最低限度以下，即雇佣短工所获得的工资已经不能满足其基本的生存需求。此时，雇佣短工不得不通过领取教会所发放的救济金勉强度日。① 同时，随着资本主义生产方式对于全世界的席卷，资本主义国家对外进行扩张侵略，建立了庞大的海外殖民体系。在殖民地地区，资产阶级为了确保资本主义生产关系的建立和维护，动用国家权力规定外来移民在殖民地地区获得土地的价格，这一价格的规定确保外来移民在取得土地前能够为殖民地地区的资本家创造足够的资本并确保这些资本家能够寻找到相应的替代雇佣劳动力。这一价格的规定实质上是外来移民为赎买自身而支付给资本家的赎金。② 可以说，资本主义国家在对外扩张过程中亦没有放弃利用土地对雇佣劳动力进行剥削。

与此同时，生产资料的私人占有与资本主义社会化大生产之间的矛盾日益凸显。民族国家的资产阶级内部，各个资本家基于获取剩余价值形成了激烈的竞争，资本家之间的矛盾日益凸显，资本主义生产关系内部的矛盾难以调和。各个资产阶级占统治地位的民族国家，资产阶级成为国家的代言人，资产阶级基于资本利益的驱使使得民族国家参与到国际竞争中，各个资本主义国家在资本逐利过程中矛盾重重，使得整个世界深陷战争危险之中。整个世界在进入资本主义时代后面临重大危机。如何应对这一危机？人类社会未来发展的走向如何？如何建立一个理想的人类社会是马克思主义理论所要解决的根本问题。针对上述问题，马克思从对资本主义社会现实状况分析入手，进而对资本主义社会发展所面临的现实问题以及这些问题形成的根本原因进行了极为必要的细致的检视。

对于土地问题而言，马克思同样遵循这一思路，在《论土地国有化》形成之前，马克思对于资本主义土地私有制以及由土地资本化为本质的资本主义土地私人所有权的形成、发展以及由此产生的弊端进行了反思与批判。

马克思深刻地意识到土地问题的解决需要区分两个概念，即生产资

---

① 参见《资本论》第1卷，第694—695页。
② 参见《资本论》第1卷，第885—886页。

料意义上的土地与法律权利的土地。在马克思主义土地理论中，土地作为生产资料是其第一属性。这一属性是由土地自身的特点所决定的。在人类社会处于原始社会时期，人类即从土地上获取生产生活资料。例如，砍伐土地上天然生长的树木用于生火，从土地上获取野生动物作为食物。这一过程中，土地为人类提供了其生存所必需的物质资料，人类通过劳动（例如砍伐、狩猎）主动获取上述物质资料，物质资料从原始自然状态转变为能够为人类所支配的物质资料。物质资料被人类所使用和消费，进而与社会主体人相结合。因此，土地成为人类赖以生存的最为重要的生产资料，这一生产资料与人类的劳动相结合就能够创造物质财富。

因此，土地自身被视为重要的物质财富。由于土地这一物质财富具有有用性以及稀缺性的特征，对于土地这一物质财富的占有和支配成为人们关注的核心问题之一，对土地占有和支配秩序的建立对于人类社会物质财富分配秩序的形成将产生奠基性的作用。在人类处于原始社会阶段，由于社会生产力较为低下，个人对于土地的支配无法满足其生存的需要，人们需要通过协作方式从事生产才能保证土地是由氏族成员共有进而满足全体氏族成员的生存需求。这一共有是原始公有制的一种表现形式。

随着社会生产力的发展，土地公有制逐渐瓦解，土地私有制对其取而代之。这一秩序一旦形成，对于土地占有和支配的主客体关系表现为人与人之间的关系，即特定的主体以土地占有和支配为中介进而与他人建立某种关系。例如，对土地进行支配和占有的主体形成对于这一资源的垄断，其他社会主体未经土地占有和支配主体允许，不得随意使用该土地或对其进行损害。这一秩序的形成事实上赋予了土地占有和支配主体一定的公认的、具有正当性的外在力量。这一力量由一定的制度加以确认，对土地占有和支配的主体成为土地权利的主体。他人对于其享有的土地权利进行侵害将由法律对其加以制裁以维护土地现实的占有和支配的秩序。

可以说，法律意义上的土地所有权这一概念是随着土地私有制的确立而形成的概念。在法律体系之中，土地所有权属于财产权的范畴。可以说，在法律制度范畴，土地被视为一种财产，这种财产被赋予相应的权利属性，进而排除除权利人以外的主体对其进行支配和占有，使得特定的土地资源为特定的私有制主体所垄断。① 从社会关系的角度来看，"土地所有权也是历史规定的社会形式；一个是劳动的社会形式，另一个是被垄断的土地的社会形式"②。这一定义事实上表明了土地所有权的表现形式：土地所有权人基于所有权人身份获得地租，这一地租的获取实质上来源于土地生产的产品的超额利润，是雇佣劳动者的剩余劳动所产生的剩余价值。土地私有制与土地所有权具有一定关联性，土地所有权是土地私有制在法律上的表现。此时，土地的生产资料的属性被土地所有权私有财产属性所掩盖。在资本主义私有制社会秩序中，土地所有权被法律制度确认，借助法律制度的效力具有了至高无上的地位。

因此，在资本主义私有制之下，土地的财产权属性被突出强调，其生产资料属性则被淡化并被其裹挟其中。例如，在传统大陆法系国家的民法典中，所有权是一种极具抽象意义的概念，所有权是所有权人享有对于物的完全、自由的支配权。所有权的内容包括两方面的权能，一方面是所有权人对物享有占有、使用、收益和处分的权利，上述四项内容被称为所有权的积极权能；另一方面所有权具有防止他人对于所有权进行不当侵害的权能，所有权的这一权能被称为消极权能。例如，他人对于所有权人享有所有权的物造成损害，所有权人依凭其所有权人的身份可以向侵权人主张返还原物或损害赔偿。所有权的积极权能确保了所有权人对于自己所有物的占有、使用的自由，收益权能确保所有权人能够在使用其物的过程中取得收益，所有权人基于其所有权人身份取得收益。处分权能表现为土地所有权人对于其享有所有权的物可以通过为他人设定用益物权的方式交给他人使用，亦可以将所有权转让给他人，他人取得物的所有权人的身份。所有权的收益权能实际上与所有权的使用权能、处分权能存在一定的关联性。所有权人往往通过使用所有物或是将所有物租赁、为他人设定用益物权以及将所有权转让给他人的方式取得收益。例如，在所有物上设定用益物权允许他人使用该物，所有权人往往与用益物权约定由用益物权人向所有权人支付物的使用费。因此，在法律制度体系中，物的所有权人将物的所有权转让给他人往往以获得收益为转

---

① 参见《资本论》第 3 卷，第 695 页。
② 《资本论》第 3 卷，第 923 页。

让条件。这一收益的主要方式为所有权人自身使用物本身进而取得收益。土地作为所有权的客体，其作为生产资料的属性转化为抽象的所有权的权能。而在资本主义社会，所有权是以私有制为基础，土地所有权制度事实上是对土地私有制秩序的确认和巩固，允许土地使用权与土地所有权分离事实上使得土地这一生产资料与其所有者之间分离。法律制度将这一生产方式予以确认的目的在于使得生产资料所有者与生产资料分离获得正当性，使无产者能够在其控制之下利用这一生产资料为土地所有者创造剩余价值，土地所有者从土地使用人处获得的收益（地租）即为剩余价值。在法律制度上，土地所有权与土地使用权的分离为以土地所有权人依凭土地所有权人身份获得剩余价值提供了法律制度上的保障。而土地所有权人对于土地的利用亦是以私人对于土地控制为前提。此时，土地这一生产资料与其所有人的结合亦是土地私有制下的土地生产资料与所有者之间的结合。由此可见，在资本主义土地私有制之下，具有财产属性的土地所有权概念的本质是对于资本主义土地私有制的确认和维护。

在马克思看来，在资本主义生产关系统制之下，土地私有制使得土地与剩余价值之间建立起某种隐蔽的联系：剩余价值量亦随着土地肥力的变化而变化。[①] 土地对于剩余劳动的产生亦形成一定影响。资本主义土地私有制使得土地由过去单纯的生产资料转变为仅仅呈现经济面貌的地租，土地所有权的本质为地租。土地所有权的确认使得土地所有权人能够依凭土地所有权人身份不通过劳动即可以获得地租收入。土地的资本化使得土地成为获取剩余价值的重要资源，进而成为土地租赁者（资本主义租地农场主或租用土地用于商品生产的产业资本家）剥削无产阶级的重要工具。在马克思看来，在资本主义生产关系中的土地的资本化使得土地既有的生产资料属性被吞噬，而这一结果产生的根源在于资本主义土地私人所有权的存在。而资本主义土地私有权使得劳动条件与劳动能力相分离，致使一部分人丧失了土地这个借以运用劳动的物质条件。[②] 这部分主体只能被迫出卖劳动力进而成为雇佣工人受到资本家的剥削。

[①] 参见《资本论》第1卷，第587页。
[②] 参见《剩余价值理论》第1册，第30页。

从马克思个人经历来看,马克思生活在自由资本主义发展时期,这一时期生产资料的私有制发展达到了鼎盛。马克思大学期间主修专业为法律,从法律专业角度,马克思认识到资本主义法律制度所确立的私人所有权对无产者造成了残酷的压榨。在《关于林木盗窃法的辩论》一文中,马克思深刻地认识到了私有制法律受到支配的真正原因是经济问题。这一经济问题即代表了资本主义法律的价值立场:维护私人经济利益的实现。在这篇文章中,马克思指出,林木所有者(林木的私人所有)的利益实质上支配和控制着立法(省议会活动的灵魂),而省议会(立法者)是林木所有者的化身和代表,省议会制定的法律亦必然反映林木所有者的利益。残酷的现实使马克思认识到国家正在遵循私人利益狭隘的轨道前行,私人利益堂而皇之地以标榜为公共利益的化身的形式——法律——而呈现。① 马克思已经意识到了支配资本主义法律制度背后的私有制经济形态。资本主义法律维护私有制的根本目的并非维护人民大众的利益,因而具有一定的虚伪性。在此,马克思已经深刻地认识到了废除资本主义私有制的必要性。就土地而言,土地所有权是资本主义私人所有权的最为重要的种类之一。废除资本主义私有制自然包括废除资本主义土地私有制。

(二)土地公有制为土地国有化思想的形成提供了理论空间

马克思认为,破除资本主义社会土地利用的现实弊端,只有消灭资本主义土地私有制,以土地公有制加以替代。马克思在《给维·伊·查苏利奇的复信(初稿)》中提出了以土地公有制代替资本主义土地私有制的整体构想。他指出,资本主义正经历着危机,这一危机只有伴随着资本主义的灭亡才能消失,并随着现代社会回复到"古代"类型的公有制而告终。这种所有制的回复并非机械化的回复,而是在一种更高级形式下的回复。② 恩格斯在《马尔克》中对于如何解决德国农民面临的危机时亦提出了德国应当回复马尔克土地公有制,但是这一回复不是单纯地、

---

① 参见吕世伦、叶传星《马克思恩格斯法律思想研究》,中国人民大学出版社 2018 年版,第 32—33 页。

② 参见《马克思恩格斯选集》第 3 卷,第 822 页。

机械地复活马尔克公社的土地公有制，而是以此为基础建立一种新的土地公有制。这种土地公有制可以使公社成员享受到土地公有制下大规模、机械化的土地经营所带来的好处。① 在马克思看来，资本主义社会的根本矛盾只有在资本社会消亡后才会消失。而资本主义土地私有制的消亡并不意味着人类社会土地所有制的消亡，而是意味着一种新的、更先进的、更科学的土地所有制能够建立，这种新的土地所有制首先是在对资本主义土地私有制批判的基础上建立起来的，是对于资本主义土地私有制的否定。同时，这种土地所有制是一种土地公有制，但是这种土地公有制与古代的土地公有制并非完全相同，是一种在人类更为高级的社会形态中所形成的公有制，其应当与这一社会的生产力发展相适应。

这种土地所有制的建立事实上经历了否定之否定的发展历程，即对于资本主义土地私有制的否定、对古代社会公有制的否定。经历了两次否定的土地所有制表现为具有新的形态的土地公有制。这一土地公有制的形态即为土地的国有化。这种新的形态的土地公有制与古代的土地公有制相比应当具有以下特征，即这种土地公有制的实质是无产阶级取得国家政权后代表广大劳动群众占有土地，取得土地的所有权。国家取得土地资源的控制权，土地收益归国家所有，土地收益由无产阶级享有。土地成为全体劳动者占有的生产资料，土地的生产资料属性得以显现。其私人资本属性转变为国家资本属性，进而实现土地利益的全体劳动人民享有。可以说，《论土地国有化》中提出的土地所有化思想是马克思关于生产资料公有制理论的重要组成部分。土地国有化是生产资料公有制实现的重要方式。生产资料公有制是破解资本主义生产社会化与生产资料私人占有之间矛盾的核心措施。生产资料公有制是社会主义社会以及共产主义社会未来的发展趋势。

（三）无产阶级革命形势的发展催生土地国有化思想的形成

从革命运动形式来看，19世纪70年代无产阶级在资产阶级残酷压榨之下逐渐觉醒，无产阶级在对抗资产阶级过程中逐渐形成了自己独有的理论、组织，并开展了相应的革命实践活动。

---

① 参见《马克思恩格斯全集》第25卷，第584页。

在这一革命形式下，无产阶级如何处理土地问题是需要在理论与革命实践中认真对待和思考的问题。在马克思看来土地问题的解决贯穿于无产阶级革命的始终，亦是无产阶级政权得以建立和巩固所要解决的重要问题。可以说，土地问题对于无产阶级来说是一个非常重要的问题，关乎无产阶级革命的现实开展以及未来发展。在无产阶级革命运动过程中，土地问题的解决可以划分为以下两个阶段。

一是在革命斗争过程中，无产阶级如何处理土地问题；二是在无产阶级取得国家政权后如何处理土地问题。这两方面问题均是在理论与实践中需要解决的重要问题。在马克思看来，在革命斗争过程中，无产阶级需要与农民阶级联合，为了工人与农民的利益实现土地的国有化。马克思在《共产主义者同盟中央委员会告同盟书》中指出："工人为了农村无产阶级的利益和自身的利益，一定要反对这种意图。他们必须要求把没收过来的封建地产变为国有财产，变成工人移民区，由联合起来的农村无产阶级利用大规模农业的一切优点来进行耕种。"[1]

二是在无产阶级取得国家政权后如何处理土地问题，即无产阶级应当建立一种怎样的土地所有制。这是巩固无产阶级革命胜利成果的现实需要，也是社会主义社会以及共产主义社会经济基础得以建立的必要保障。在当时的历史条件下，无产阶级与资产阶级对于土地问题的解决均有相应的主张。总体来看，无产阶级在革命过程中要努力促进土地公有制的实现，但是对于如何实现土地公有制则有不同的主张。一种观点认为，在无产阶级取得国家政权后，土地国有化的实现方式可以是农民团体联合占有土地或是国家对于土地的占有。两种方式均可以成为土地公有制的实现方式。[2] 同时，资产阶级理论家提出，无产阶级实施的土地国有化并非只有在无产阶级取得国家政权后才能实现，因为土地国有化并非无产阶级专属的土地政策，资本主义社会也可以实施土地国有化。[3] 如何评价和看待这些理论主张，无产阶级在取得国家政权后应当建立一种怎样的土地所有制是需要予以回应和认真思考的问题。在这一背景之下，

---

[1] 《马克思恩格斯选集》第 1 卷，第 562 页。
[2] 参见《马克思恩格斯选集》第 3 卷，第 177 页注释。
[3] 参见《剩余价值理论》第 2 册，第 39 页。

《论土地国有化》的诞生极具现实必要性。

二 《论土地国有化》的思想史线索依据

(一) 土地公有制思想是土地国有化思想形成的重要思想来源

《论土地国有化》的核心在于论述土地国有化的内涵、优势以及土地国有化实现所要注意的问题。事实上，土地国有化是马克思主义土地公有制的实现方式。土地公有制是土地国有化理论形成的重要思想来源。

土地公有制思想的形成与马克思主义思想重要的来源——空想社会主义有着密切联系。英国著名的空想社会主义理论家托马斯·莫尔所著的《乌托邦》中事实上内含了土地国有化的思想。在莫尔看来，私有制是导致大多数人陷入苦难和贫困的根本原因所在。因此，在乌托邦中，私有制将被消灭。土地应当成为具有公共性的生产资料，人们仅仅是土地的耕种者，并非土地的占有者。任何个人不能对于具有公共属性的土地予以独占并主张排他性的权利。[①] 土地成为具有公共性的生产资料为全体劳动人民享有，它并不存在排他性的私人所有权。事实上，对土地这一生产资料的占有状态即为劳动人民对于土地这一生产资料的占有。在马克思看来，这一生产资料的占有在无产阶级取得国家政权后即表现为无产阶级代表全体劳动人民对土地的占有。土地国有化是生产资料公有制实现的一种有效方式。可见《论土地国有化》中提出的土地国有化的思想深受托马斯·莫尔的空想社会主义思想中生产资料公有制思想的启发和影响。

法国18世纪著名的空想共产主义代表人物摩莱里在其所著的《自然法典》中对于共产主义社会土地制度予以阐述，具体内容包括以下几点。一是土地占有以城市为单位，城市土地的规划以成片且整齐划一为标准。二是土地不得由私人占有。三是土地的主要功能在于供居民居住和耕种。四是根据土地自然状况加以利用。如果某一个城市的土地过于贫瘠，这一城市不应当以农业生产作为其支柱产业，这一城市地区的居民应当从

[①] 参见 [英] 托马斯·莫尔《乌托邦》，戴镏龄译，商务印书馆1982年版，第44页、第49页、第114页。

事工艺，但是这一城市中应当有从事农业生产的人员尽可能利用土地从事农业生产或是帮助其他城市进行农业生产。其他城市应当尽量帮助不适合农业生产的城市，为其提供粮食。五是达到一定年龄且身体健康的社会成员均需要从事农业生产劳动。①

在摩莱里设想的土地制度中，废除土地私有制并由土地公有制所替代，公有制下的土地利用应当统一，其主要用途为居住和农业生产。同时，摩莱里指出了土地公有制之下，土地作为生产资料应当与全体劳动者相结合。全体社会成员均应当参加农业生产劳动。摩莱里关于土地公有制的思想为马克思所继承。在《论土地国有化》中，废除土地私有制建立土地公有制、实现土地与全体社会成员的结合亦为马克思所主张。可见，摩莱里关于土地公有制的思想亦成为马克思《论土地国有化》中有土地国有思想的重要来源。

法国著名的空想共产主义代表人物泰·德萨米在其所著的《公有法典》中对土地公有制进行了描述，即私有制的废除使得全部土地归公社掌管。公社通过全体公民去经营土地，把所收获的全部产品存放在谷仓、仓库之中，并在整个共和国境内，普遍一律地在所有各公社之间实行社会财富的平均分配。② 可见，在泰·德萨米看来，消灭土地私有制是建立土地公有制的前提，土地公有制是土地私有制的必然替代。土地公有制贯彻的目的是将土地出产的劳动产品由全体社员共享。事实上，马克思在《论土地国有化》中对于泰·德萨米提出的消灭土地私有制进而建立土地公有制的观点表示赞同。与之不同的是，马克思对于如何实现土地公有制则给出了具体而明确的答案，即土地国有化，并非仅仅是由公社成员占有土地，而是由取得政权的无产阶级代表全体劳动人民对于土地进行管理和控制。除了对上述经典作家关于土地公有制思想予以继承外，英国著名的政治经济学家李嘉图、纽曼关于废除土地私有制的思想对于

---

① 参见［法］摩莱里《自然法典》，黄建华、姜亚洲译，商务印书馆1982年版，第106页。

② 参见［法］泰·德萨米《公有法典》，黄建华、姜亚洲译，商务印书馆1982年版，第39页。

马克思土地国有化思想的形成亦产生了重要影响。① 英国著名哲学家斯宾塞在其著作《社会静力学》中提出的废除土地私有制，使土地归属大团体所有主张亦成为马克思土地国有化思想形成的重要来源。② 在上述学者主张废除土地私有制这一思想的启迪和指引下，马克思对于土地的归属问题进行了进一步研究，进而形成了土地国有化思想。

土地国有化是土地公有制的实现方式，但是土地公有制绝不仅仅等同于土地国有化。马克思在《论土地国有化》中提出，土地国有化的实现是需要一定条件的。其中一个条件即为既有的土地权利不能过于分散。如果既有的土地权利过于分散，土地国有化则尚难以实现。在这种情况下，土地国有化如何推进则是进一步值得思考的问题，在《论土地国有化》中马克思没有给出明确的答案。但是马克思在《巴枯宁〈国家制度和无政府状态〉一书摘要》中对于这一问题予以了回答。在这部著作中，马克思认为作为私有者的农民对于工人阶级领导的无产阶级革命可能产生一定的阻碍，③ 这一阻碍表现为其为了保有自身对于土地的占有进而反对以实现生产资料公有制为目标的由工人阶级领导的无产阶级革命。

在马克思看来，这一问题的解决需要通过改造土地私有制的手段来解决，即促进土地的私有制向土地集体所有制转变。但是这一转变必须是为农民所接受的、自发实施的集体土地所有制，而不能采取直接废除农民所有权或否认农民继承权的方式，除非农民由于丧失土地所有权其身份转变为雇佣工人。④ 就推行土地国有化而言，既有的土地权利过于分散而无法迅速推行土地国有化政策时，无产阶级推进土地国有化的有效策略为引导土地私有制向集体化过渡。在这里，"集体所有制"这一概念的出现值得关注。这里的"集体所有制"显然是指土地的集体所有制。

---

① 在《印度问题——爱尔兰的租佃权》中，马克思引用了李嘉图、纽曼关于废除土地私有制的观点用以证明其所主张的爱尔兰土地应当由劳动人民（租赁者和工人）支配的合理性。参见《马克思恩格斯全集》第9卷，第181—182页。

② 在《印度问题——爱尔兰的租佃权》中，马克思引用了斯宾塞在《社会静力学》中关于废除土地私有制，将土地由大团体占有和支配的观点用以证明其所主张的爱尔兰土地应当由劳动人民（租赁者和工人）支配的合理性。参见《马克思恩格斯全集》第9卷，第182—183页。

③ 参见《马克思恩格斯选集》第3卷，第338页。

④ 参见《马克思恩格斯选集》第3卷，第338页。

能够确定的是，集体土地所有制是与土地私有制相对立的土地所有制形式，且这一土地所有制形式应当属于土地公有制的范畴。但值得注意的是，土地的集体所有制是一种独立的土地所有制形态，这一土地所有制形态显然与土地国家所有制（土地国有化）之间存在一定区别。因此，土地国有化（土地的国家所有制）与土地的集体所有制两个概念之间既存在联系又有着重要区别。

土地国有化（土地的国家所有制）以及土地的集体所有制两者均是所有制范畴的概念，土地国有化（土地的国家所有制）与土地集体所有制均是土地公有制的实现方式。两者统一于土地公有制这一概念范畴之下。两者之间的区别在于两者的实现条件不同。在马克思看来，土地国有化的实现以既有土地权利相对集中为必要的客观条件，而土地集体所有制的实施主要是既有土地权利过于分散而无法全面推进土地国有化的情况下，逐步引导农民实现土地公有制的一种方式。[1] 可以说，土地的国有化（土地的国家所有制）与集体土地所有制是既存在联系又相互区别的概念。

此外，从经典著作既有观点出发，原始的土地公社所有制事实上难以适应现代社会的发展。从俄国近代的土地公社所有制的现实分析出发，这种土地公社所有制是一种原始的土地公社所有制，这种公社土地所有制恰恰证明了俄国存在的农村土地公社所有制实质上是俄国农业生产力低下的反映。这种土地公社所有制的主要特征在于各个土地公社彼此分离，处于孤立的状态。各个土地公社中的社员对于外界的事物亦知之甚少，只有相关事物干预到土地公社事物时，这些社员方可感知其存在。[2] 这种土地公有制使得社员处于一种蒙昧状态，而这种状态的产生恰恰为专制主义的形成提供了必要的土壤，其自身亦成为这一专制主义的补充。[3] 同时，赎买徭役制度的推行使得地主阶级获得大部分好的土地，留给农民的土地往往不够其维持生计。同时，森林亦归属于地主阶级，农

---

[1] 参见刘守英、程果《集体所有制的理论来源与实践演进》，《中国农村观察》2021年第5期。

[2] 参见《马克思恩格斯文集》第3卷，人民出版社2009年版，第396—398页。

[3] 参见《马克思恩格斯文集》第3卷，第397页。

民获得柴薪等生活资料亦需要向地主支付费用。可见，俄国的公社土地公有制处于解体边缘，这一土地所有制由于使得农民极端贫困难以继续维持下去。① 所以，原始的公社土地所有制不能完全适应现代经济社会的发展，但是在特定的历史条件之下，这一土地所有制经过一定的改造后能够更新为新的具有更高级形式的土地公有制形式。

马克思在《给维·伊·查苏利奇的复信（初稿）》中分析了俄国保留了历史上的农业公社，将这种公社支配土地，公社成员共同从事集体劳动的农业生产模式称为土地公有制。在这部著作中，马克思认为俄国土地天然地势比较平坦适于土地的规模化经营且俄国农民习惯于农业集体劳动。在这一条件下，马克思认为俄国农业生产的土地公有制的实现无须经历资本主义农业生产发展的阶段，在吸收资本主义农业生产的发展经验的基础上进而实现土地公有制。② 在这部著作中，土地公有制具备以下特征：一是土地公有制主要针对的是农业土地所有制，而并未涉及非农业土地；二是土地公有制的目的在于实现农业土地的集体利用，土地公有制意味着土地利用方式的变革。同时，以土地公有制为基础的农业生产集体化亦需要满足一定的客观条件——土地地势平坦且适合利用大型机械进行耕种。土地公有制是实现农业生产集体化的重要条件，而农业生产的集体化促使土地公有制的形成。在马克思看来，土地公有制的实现具有经济上的必要性。从俄国农业生产的现实状况角度出发，农民受到残酷剥削致使其难以对土地进行投资、改良。农民利用极其简陋的农业生产工具进行生产，即便其拥有大量土地，农业生产效率较为低下的现实状况亦不会改变。③ 与之相对，农业集体化生产能够使得土地私有化的个体农民可以组织起来进行农业生产，同时通过国家在资金上的扶持在集中起来的土地上进行规模化经营。土地生产效率进而能够提高。因此，马克思认为，俄国大规模存在的、已经遭到破坏的原始公社土地所有制的发展趋势并非一定走向瓦解，而是可以通过无产阶级领导的革命力量的努力，同时借鉴资本主义农业中大规模土地经营的经验过渡到

---

① 参见《马克思恩格斯文集》第3卷，第397页。
② 参见《马克思恩格斯选集》第3卷，第828—829页。
③ 参见《马克思恩格斯选集》第3卷，第828页。

更为高级的共产主义公共的土地占有形式。① 以此推论，土地国有化作为一种土地公有制的实现方式，绝不是对原始土地公有制的简单重复，而是对其的扬弃。土地公有制最终将借助于土地国有化实现自身的跨越式发展。

（二）土地国有化思想成为科学社会主义理论的重要组成部分

社会主义的发展需要从现实角度出发，将社会主义从空想转变为现实。这一转变需要从理论上深刻揭示什么是社会主义，明确实现社会主义的方法与路径。这一目标的实现需要科学的理论予以指导，这一理论便是历史唯物主义。恩格斯在《社会主义从空想到科学的发展》中对于历史唯物主义理论的形成、确立以及科学性进行了详细的阐述并将其视为社会主义实现从空想到科学转变的重要标志。以此理论为线索和依据，恩格斯对于资本主义社会基本矛盾进行了深入分析。恩格斯指出，前资本主义时期土地等生产资料是以小规模的形式由个人占有。生产资料的利用处于一种分散状态，这种分散状态难以形成有效的规模效应，生产资料的利用效率受到抑制。资本主义生产方式却能够将分散的、小规模的生产资料加以集中利用，使其成为有效的经济杠杆。

资本主义生产方式的本质和发展趋势即社会化大生产。社会化大生产虽然大大促进了社会生产力的发展，但是这一生产方式内部却蕴藏着危机，即生产社会化日益加剧了其与生产资料资本主义私人占有之间的矛盾，基于生产资料的私人占有和支配，资本家对于商品生产亦获得了控制权。为了使得资本获益，资本家之间形成了激烈的竞争，对于如何有效地生产商品无法协调一致，进而导致商品生产无序现象的产生，商品供给与商品需求之间难以有效衔接，社会生产力由此浪费并遭到破坏。这一问题的解决之道在消灭资本主义私有制，使生产资料成为国家财产，进而平衡商品生产与商品需求之间的关系，解决两者之间的矛盾。② 土地作为最为重要的生产资料，其当然应当实现国有。可以说，土地国有化是科学社会主义指导性理论——历史唯物主义理论在解决土地这一生产

---

① 参见《马克思恩格斯选集》第1卷，第379页。
② 参见《马克思恩格斯选集》第3卷，第789—817页。

资料归属问题上的具体应用。可以说，土地国有化思想成为科学社会主义理论的重要组成部分。

三 《论土地国有化》的核心思想

《论土地国有化》核心思想在于实现土地国有化。土地国有化的实质是无产阶级代表广大劳动人民对于土地进行占有。土地国有化建立的前提是消灭土地私有制，土地国有化是与土地私有制相对。土地国有化建立的目的是使全体劳动者成为土地的占有者，成为生产资料的主人，通过对这一生产资料的占有进而改变其受剥削的地位。土地国有化的实现意味着基于土地产生的地租将由国家享有，国家将地租用于公用，使全体社会成员共享地租利益，结束地租的私人垄断。在《论土地国有化》中，土地国有化思想要解决的理论问题是如何实现土地国有化以及为什么要实现土地国有化。《论土地国有化》中隐含着生产资料公有制思想、生产方式反作用于生产力以及尊重群众主体地位的思想。

（一）生产资料公有制思想

资本主义土地私有制形成的重要基础在于资产阶级通过掠夺手段获取农民的土地。[①] 资本主义生产关系被资产阶级经济学家视为"永恒规律"，其充分地表现出来的条件为：一是劳动者与劳动条件的分离，二是人民群众转化为雇佣工人。[②] 剥夺人民群众土地是资本主义生产方式确立的基础。[③] 而土地作为独立的小生产者所拥有的最为重要的生产资料被无情地剥夺了，进而使资本主义生产关系的确立获得了重要的物质基础。与之相对，生产资料公有制是社会主义社会以及共产主义社会的根本标志。生产资料公有制根本特点在于由全体劳动者占有生产资料，生产资料并不再由私人占有，依托生产资料的垄断形成的对无产者的剥削的基础就此消失。劳动力与生产资料能够彻底结合，劳动者成为生产资料的

---

① 参见《资本论》第 1 卷，第 823—842 页。
② 参见《资本论》第 1 卷，第 870—871 页。
③ 参见《资本论》第 1 卷，第 880 页。

占有者和享有者，打破生产资料与劳动者相分离的不合理的状态。同时，劳动者成为生产资料的主人使得劳动者在具体的生产关系形成过程中能够更加自由地与生产资料相结合，劳动者与生产资料结合方式更加丰富，劳动者不仅获得解放且获得更加广阔的自由空间。可以说，生产资料公有制为劳动者的解放以及自由创造了必要的物质条件。土地作为最为重要的生产资料之一，其必然需要纳入生产资料公有制范畴。而土地国有化是土地公有制实现的重要方式。土地国有化是无产阶级代表全体劳动人民占有土地这一生产资料，其实质是全体劳动人民占有土地这一生产资料。从所有制转化的角度来看，以个人劳动为基础的分散的私有制转化为资本主义私有制是一个少数人剥夺多数人的过程，而资本主义私有制转化为社会所有制则是一个多数人剥夺少数人的过程。[1]

资本主义生产关系中的土地私有制使得土地的本质仅仅表现为经济形式上的地租，地租是土地肥力和竞争之间的关系。[2] 在资本主义生产关系的作用和支配下，劳动者与土地的分离，意味着劳动与资本的分离。在这一过程中，土地成为资本的最初形态。[3] 土地与劳动相结合的生产资料属性就此被抛弃。由此决定，土地的价值并不应当以地租作为认定标准，而是应当以面积相等的条件下的生产能力为计算标准，[4] 进而还原其生产资料的本来面貌。这一目标的实现只有通过消灭土地私有制。土地国有化是土地公有制实现的一种重要方式。土地国有化的实现即全体劳动者剥夺少数土地所有者的过程。因此，土地国有化的实现最为直接的效果便是农业生产者从被剥削的无产者的身份转变为土地这一生产资料的主人，劳动者并不因此而受到土地所有权人的束缚。

（二）生产关系反作用于生产力的思想

在论及土地国有化的优势时，马克思在《论土地国有化》中从土地国有化作为一种新的生产关系确立后将对生产力的发展起到促进作用的

---

[1] 参见《资本论》第1卷，第874—875页。
[2] 参见《马克思恩格斯全集》第42卷，第3页。
[3] 参见《马克思恩格斯全集》第42卷，第30页。
[4] 参见《马克思恩格斯全集》第42卷，第3页。

视角出发对土地国有化的优势进行了论述。在马克思看来，人类生产活动是由生产关系所决定的。在资本主义生产关系中的土地的本质为地租，土地对于土地所有人来说只具有地租意义，其只关心地租的收入。但事实上，土地与地租没有任何共同之处。土地可以失去地租这一特性，这丝毫不会丧失其内部固有的特性，也不会失去一点肥力。可以说，地租这一特性的存在及其以何种程度存在实质取决于社会关系。这一生产关系并不依赖于个别土地占有者的作用而产生和消灭。① 因此，土地的本质是由社会生产关系所决定的。地租对于土地来说并非其永恒的本质，仅仅是其在资本主义生产关系作用和支配下所形成的。这意味着在人类进入社会主义以及共产主义社会，土地的本质将随着社会主义社会的生产关系以及共产主义社会的生产关系的确立而发生变化，社会主义生产关系以及共产主义生产关系将重新塑造土地的本质。

在社会主义社会以及共产主义社会，生产资料公有制是生产关系集中的表现，由此决定土地亦将受到公有制为核心特征的生产关系的支配，成为公有制的对象，进而表现为具有公有制属性的生产资料。土地国有化是土地公有制实现的主要方式。土地国有化意味着土地作为生产资料的经营方式将发生变化，私人所有土地的分散化经营难以协调的局面将就此打破。土地国有化意味着土地私人所有制将被废除，以私人所有制为基础的土地分散化经营将失去基础，由国家统一组织的土地规模化经营能够成为现实。土地规模化经营这一生产方式使得土地生产力就此能够得到有效提高，具体表现为土地大规模的经营使得大型的农业机械、科学的耕种管理技术能够得到有效应用。

（三）尊重群众主体地位的思想

在《论土地国有化》中，马克思认为，土地国有化的推行要满足一定的条件。依据马克思在该著中的论述，土地国有化目标的实现应当遵循实事求是的原则。在其看来，土地国有化的实现并非无条件的，而是需要从客观实际出发。马克思将其总结为两项条件，第一，土地既有权利状况和农民意愿。就土地既有权利状况而言，其对于土地国有化的实

---

① 参见《马克思恩格斯全集》第3卷，人民出版社1960年版，第254页。

现具有重要影响。马克思认为，在土地既有权利过于分散的情况下，实施土地国有化并非明智之举，而在大规模土地之上存在统一的所有权的情况下，土地国有化才具备实施的条件。从这一现实角度出发，马克思认为英国的大土地私有制的形成更有利于土地国有化的形成。① 第二，尊重农民意愿。这是马克思主义尊重群众主体地位观点的体现。从历史唯物主义角度出发，人民群众是历史的创造者。任何实践活动需要尊重人民群众的意愿，以群众的意愿作为衡量实践活动现实效果的重要标准。土地国有化的实施亦需要尊重群众观点，将群众观点作为衡量土地国有化能否有效实施的重要标准。因此，坚持群众观点是马克思主义土地理论中的重要观点之一。例如，恩格斯在《法德农民问题》中指出，任何违反农民意志的行为都不能推行持久变革。② 可见，无产阶级土地政策的推行必须秉持群众观点，只有在人民群众拥护并接受的情况下，无产阶级土地政策才能够有效推行。土地国有化是无产阶级取得国家政权后所要采取的土地政策。这一政策的推行亦需要秉持群众观点。

四 《论土地国有化》回答和解决的问题

无产阶级应当秉持一种怎样的土地观念？无产阶级在取得国家政权后实施怎样的土地政策？是值得关注的问题。众所周知，地租理论揭示了地租的本质及其来源，进而为无产阶级对资本主义土地私有制进行批判奠定了基础。但是批判资本主义土地私有制并不是目的，在废除资本主义土地私有制后，无产阶级怎样建立一个新的土地所有制是最终的目标。因此，《论土地国有化》这部著作主要解决了无产阶级应当确立的正确的土地所有制观念的问题以及无产阶级在取得国家政权后如何实现土地国有化的两大核心问题。

---

① 参见王竹苗《马克思恩格斯论欧洲四国土地制度的社会主义改造及其启示》，《理论月刊》2013年第3期。对于英国形成的大规模的土地所有制的论述另可参见［英］安德罗·林克雷特《世界土地所有制变迁史》，启蒙编译所译，上海社会科学院出版社2016年版，第54—55页。

② 参见《马克思恩格斯选集》第3卷，第368页。

(一) 土地国有化是无产阶级应当秉持的正确的土地所有制观念

马克思从历史唯物主义角度出发，总结了人类历史上曾经存在过的土地所有制。这些土地所有制的形成与发展受到人类社会发展的基本规律的支配：社会生产力决定生产关系，生产关系对生产力具有反作用。土地所有制是土地所有者、土地利用人围绕着土地这一生产资料所建立起来的一种社会关系的表现，属于生产关系范畴，是生产关系的重要组成部分。生产关系的发展一定要适应社会生产力的发展，这一历史唯物主义的基本规律意味着土地所有制的确立必须要适应社会生产力的发展。从整个人类社会发展的历史来看，资本主义生产关系的确立在特定的历史时期对于人类社会生产力的发展起到了积极的促进作用。但是随着社会生产力的发展，资本主义土地私有制逐渐阻碍和限制了社会生产力的发展，原本作为资本生产关系建立基础的资本主义土地私有制与生产社会化之间的矛盾日益凸显。资本主义生产关系下的土地私有制如同历史上的封建社会中的小的土地私有制一样，站在了社会生产力的对立面，面临着走向灭亡的命运。[1] 因此，马克思认为，如果将土地私有制以及资本看作不变的制度基础，那将没有任何办法消除由此产生的危机。[2]

在马克思看来，资本主义私有制是一个人类社会发展的历史范畴。以私有制为例，它不是什么原理或抽象概念，而是资本主义生产关系的总和。[3] 以所有制为核心表现形式的财产关系的形成发展以及变化并非从原理中产生的，而是从符合社会发展规律的人类的实践活动中产生的。马克思敏锐地觉察到土地私有制是资本主义生产关系确立的基础，不消除这一基础仅仅在以其为制度预设前提的情况下对土地所有制做出有限的改良是无法真正解决资本主义面临的现实危机的。但资本主义土地私有制的衰亡是一个历史发展的过程并非一蹴而就，这一过程预示着只要资本主义社会生产力还有一定发展空间，资本主义土地私有制就不会自动地、完全地灭亡。原因在于，"无论哪一个社会形态在它所能容纳的全

---

[1] 参见《资本论》第1卷，第873—874页。
[2] 参见《马克思恩格斯全集》第19卷，人民出版社1963年版，第425页。
[3] 参见《马克思恩格斯全集》第4卷，人民出版社1958年版，第352页。

部生产力发挥出来以前，是决不会灭亡的；"① 新的社会的产生亦只有在旧的社会所容纳的全部生产力释放时才能够最终确立，新的生产关系才能就此予以确立。

就土地所有制而言，资本主义土地私有制并不会自动地在短时间内消灭，而是需要一定的社会条件以及无产阶级在建立新的土地所有制过程中发挥积极的引导作用。在资本主义社会所容纳的全部生产力释放完毕前，作为生产关系范畴的资本主义土地私有制亦不会自动地、完全地灭亡。同时，资产阶级站在自身立场，为了维护资本主义土地私有制会极力阻挠无产者主张其自身的土地权益。例如，部分资产阶级代表人物就对爱尔兰地区租赁者在租赁契约期限届满后可以向土地所有者主张补偿的提案予以阻挠，② 试图阻止无产者获得补偿，保持其利用土地对无产者的压榨。同时，资产阶级自身意识到资本主义土地私有制存在的弊端，其虽然不能彻底解决这一弊端，但是资产阶级为了维护其阶级统治，针对资本主义土地私有制的弊端采取相应的改良措施，尽力延缓资本主义土地私有制的灭亡。

面对这一情况，无产阶级针对资本主义土地私有制的弊端提出正确的无产阶级土地所有制观念。马克思深刻地意识到了这一问题的重要性并为无产阶级正确的土地所有制观念的确立做了充分的理论准备。一是以历史唯物主义理论为依据对人类历史上出现的土地所有制予以了深刻分析并进行了精辟的类型化概括，使得无产阶级能够直观了解土地所有制的发展历史，深化对土地所有制在人类社会发展过程中发挥的重要作用的认识。二是对于资本主义生产关系统制中的资本主义土地私有制的本质、特征进行了深刻分析，揭露了资本主义土地私有制的弊端，通过对于资本主义土地私有制的批判，进一步明确了无产阶级树立正确的土地所有制观念的必要性。从土地国有化正当性角度出发，如果把没有获得报酬的，但已被资本家转化为货币的劳动进行统计，全部投在土地上的资本已经被高额的利息所偿还了，土地所有权早就被社会所赎买了，

---

① 《马克思恩格斯选集》第 2 卷，第 3 页。
② 参见《马克思恩格斯全集》第 11 卷，人民出版社 1962 年版，第 403 页。

而不再应当归属于个人。① 因此，以土地国有化取代土地私有制并不是对私人财产权的无偿和无端的野蛮剥夺。三是马克思指出了无产阶级树立正确的土地所有制观念的指导理论——历史唯物主义与辩证唯物主义。由此可见，《论土地国有化》是马克思在进行了充分理论准备基础上形成的著作。这部著作最终将无产阶级土地所有制观念确定为土地国有化。

（二）土地国有化的实现需要具备的诱致因素以及实现路径

《论土地国有化》回答了为什么要推行土地国有化以及如何实现土地国有化的现实问题。马克思对于为什么要推行土地所有化这一问题是从理论与现实两方面入手予以回应的。

从理论层面来看，土地国有化是符合人类社会发展规律的。人类获得实质上的自由和解放是人类社会发展的必然。自主地占有生产资料并将劳动作为其自身需求是人类实现实质的自由和解放的重要前提。而在资本主义社会，生产资料的私有制恰恰阻断了人类通往这一实质自由和解放的道路。就土地而言，资本主义土地私有制使其成为土地所有权人所垄断的资源。资本主义土地所有权存在的合理性受到质疑。这种所有权的存在在资本主义学者看来是一种与生俱有的权利，这种权利的享有是不可剥夺的。但是在马克思看来，这一观点是极其荒谬的。这种主张只是资产阶级理论家用以维护资本主义土地私有制下土地所有权人利用土地对于无产阶级进行剥削的制度借口，是为了维护少数人对于土地资源的垄断秩序的卑劣手段。资产阶级理论家名义上宣扬任何个人都能够成为土地所有权的主体，但是在资本主义生产关系中土地所有权只是掌握在少数人手中，人人可以作为土地所有权主体仅仅具有形式上的意义，仅仅是土地食利阶级为了维护其对土地资源的垄断所编织出的美丽的谎言。在实质意义上，土地不可能成为人人皆可享有的资源。

从现实角度出发，随着社会生产力的发展，作为租地农场主的产业资本家亦不得不承认生产社会化对于土地利用带来的深刻影响，即生产的组织化程度越来越高，对土地规模化经营的要求亦越来越高。这意味着土地的大规模经营能够满足社会生产力发展的要求。而资本主义土地

---

① 参见《资本论》第 2 卷，第 394—395 页。

私有制使得土地所有权过度分散，即使大的土地所有者占有一定规模的土地，在其土地之上推行的土地规模化经营亦极为有限。不同的大规模的土地占有者之间关于土地的利用难以形成有效的协调。为了满足土地规模经营的现实需求，土地国有化是唯一的有效途径。土地国有化意味着无产阶级代表全体劳动人民占有和支配土地，土地的经营和管理根据农业生产的实际需求具有较高的统一性，土地的规模化经营能够顺利实现并长久维持。土地规模化经营使得土地生产力能够得到进一步释放，农产品的生产成本能够有效降低，农产品价格昂贵的社会突出问题亦能够得到有效解决。可以说，在《论土地国有化》中马克思从理论与现实两个角度对于土地国有化实施的必要性予以了阐释。

此外，在《论土地国有化》中，马克思对于如何实现土地国有化予以了阐述。

首先，土地国有化的实现以无产阶级通过阶级斗争的方式取得土地并将其作为全体劳动人民占有的生产资料为前提，全体劳动人民共同占有土地是土地国有化的实现方式。在无产阶级革命过程中，土地革命作为这一革命的当然内容包含其中。无产阶级革命将为土地国有化做充分的准备。这一准备在革命实践过程中可以表现为革命政权组织控制特定领域范围内的土地，由其代表特定领域范围内的全体劳动者占有土地这一生产资料，土地公有制得以实现。

其次，无产阶级通过革命的方式取得国家政权后需要推行土地国有化。因此，土地国有化的实现在无产阶级革命的过程中应当包含两个阶段。一是土地国有化实现的预备阶段，这一阶段将土地国有化作为无产阶级革命的一部分，在无产阶级取得政权的部分地区推行土地国有化或为土地国有化的实现做必要的准备，土地国有化是处于阶段性的土地国有化。[①] 此时，土地国有化并非真正意义上的土地国有化而是土地国有化的局部实现阶段或是土地国有化全面实现的预备阶段。二是土地国有化

[①] 列宁在俄国十月革命时期将没收地主土地以及农业生产工具交给农民委员会占有和支配，即实现土地归劳动者所有。这一任务是革命任务的重要组成部分。这一革命任务的完成实质上为苏维埃政权建立后实施土地国有化做了必要准备。参见《列宁选集》第3卷，人民出版社2012年版，第227页。

全面实施的阶段，土地国有化的实施主要表现为无产阶级代表全体劳动人民行使土地所有权。土地国有化的本质表现为全体劳动人民占有土地，依据土地这一生产资料取得的收益由全体劳动人民享有。在这一过程中，马克思还强调了在推行全面土地国有化过程中，无产阶级需要从实践出发，应当考虑到土地国有化要受到现实条件的影响。如果现实条件不允许全面实施土地国有化，无产阶级应当采取灵活策略放缓全面实施土地国有化的政策，待条件具备后再全面实施土地国有化政策。可以说，马克思在《论土地国有化》中对于为何要实施土地国有化以及如何实施土地国有化进行了精辟的论述和系统的分析，为无产阶级明确为何要实施土地国有化政策以及如何实现土地国有化指明了方向。

五 《论土地国有化》在马克思主义思想史中的地位

从理论角度出发，《论土地国有化》解决的是无产阶级在取得国家政权后采取什么样的土地政策这一现实问题。马克思认为，土地国有化应当成为无产阶级在取得国家政权后应当采取的政策。这一政策制定背后的理论支撑便是土地国有化理论。《论土地国有化》这部著作的形成标志着无产阶级土地国有化理论的形成。因此，《论土地国有化》在马克思主义思想史中具有重要地位。

（一） 土地国有化理论是马克思主义土地理论的重要组成部分

土地国有化理论是马克思在对资本主义社会既有土地制度进行深入分析基础上为无产阶级取得国家政权后采取的土地国有化政策提出的必要的理论支撑。在《论土地国有化》形成与发表前，马克思针对土地问题形成了地租理论。地租理论的形成是对于资本主义生产关系中土地所有权经济形式的分析，指出了在资本主义生产关系中土地的本质抽象成为一种经济属性——地租。马克思在借鉴并批判欧洲古典政治经济学的相关原理的基础之上，对于地租的形成与发展规律进行了深刻的分析和总结，揭示了地租的表现形式及其本质。这一理论的形成明确了资本主义生产关系中土地这一生产资料的本质表现，同时指出了地租是土地所有者依凭其土地所有者的身份夺取产业资本家获取的部分剩余价值的手段。资本主义土地私有制使得土地所有权人还能够无偿占有埋藏在其土地之下的矿物,这些矿物的价值随着科技对其利用效能的提高而提高,进而使得土地所有者的财富亦随之增加。① 地租在资本主义生产关系中的经济表现形式为超额利润,但其最终来源为剩余价值。土地不过是剩余价值的另一种名称,剩余价值是地租来源的唯一源泉。② 地租是土地所有者分享剩余价值的一种经济手段。但丝毫不改变剩余价值的本质。③ 土地如同一块磁石,不断将产业资本家的剩余价值的一部分吸取出来作为地租由土地所有者占有。④

任何劳动生产部门产生的剩余价值均是以农产品能够满足该部门劳动力所需的物质资料为前提基础的。而就农业生产而言,土地是农业得以产生和发展的基础,是农业生产所必备的条件。⑤ 由此推定,土地是剩余价值(剩余劳动)产生的基础。土地所有者或是事实上的支配者不会积极主动给土地施肥,这一任务事实上交给了土地的实际耕种者(雇佣工人或佃农)。土地所有者基于对土地的支配地位,其可以在不付出任何代价的情况下享受土地生产力提高所带来的回报。⑥ 由此决定,在资本主义生产关系支配和作用下,土地不再以生产资料这一友好和温和的面貌出现,以地租为经济表现形式的土地已经成为土地所有者剥削雇佣工人的工具。由此导致的直接结果便是即使土地生产力提高,农业产品数量增加,土地所有者和租地农场主(资本家)的收入大幅提高,但是农业工人的经济状况却越来越差。例如,18 世纪的英国,土地生产力由于机械耕作模式的推广而有所提高,土地所有者和租地农场主(资本家)的收入大幅提高的同时,农业雇佣工人的状况却比几个世纪前的农民的状况还要糟糕。⑦ 在揭露地租的本质的基础上,马克思进一步思考了如何消除土地作为剥削工具的有效办法。

---

① 参见《马克思恩格斯全集》第 19 卷,第 424 页。
② 参见《马克思恩格斯选集》第 2 卷,第 53 页。
③ 参见《资本论》第 3 卷,第 712—713 页。
④ 参见《资本论》第 3 卷,第 931 页。
⑤ 参见《资本论》第 3 卷,第 929 页。
⑥ 参见《马克思恩格斯全集》第 16 卷,第 502 页。
⑦ 参见《资本论》第 1 卷,第 780—781 页。

经过艰苦的理论探索，马克思认为，资本主义生产关系下的地租的形成根源在于土地私有制，土地私有制使得土地所有权人对于有限的土地资源形成垄断，使得劳动者与生产资料相分离，进而无产者不得不依靠出卖劳动力为生。通过上述分析，马克思认为消灭土地私有制是解决上述问题的关键。代替土地私有制的有效手段便是实现土地国有化。但是为什么要实现土地国有化？土地国有化如何实现？其实现的条件是什么？一系列理论问题需要解决。针对上述问题，马克思创作了《论土地国有化》，开创了马克思主义土地理论的另一新的领域，即土地国有化理论。《论土地国有化》成为无产阶级解决土地问题的指导性纲领。

（二）土地国有化理论丰富和发展了马克思历史唯物主义理论

土地国有化理论使得马克思历史唯物主义理论在土地利用领域得以进一步拓展。历史唯物主义是马克思主义理论的精髓，是马克思主义的核心理论。马克思对于土地问题的分析亦充分运用了这一理论，体现了马克思主义理论的统一性和彻底性。

在《论土地国有化》中，马克思分析并揭露了资产阶级理论家主张和维护的土地私有制的虚伪性，以促进社会生产力发展为视角，阐述了土地国有化的优势。从利用土地作为农业生产资料的客观规律入手，马克思进一步分析了土地国有化需要具备的现实条件。从社会生产关系的特征入手，马克思对于资产阶级推行的所谓的土地国有化具有的虚伪性进行了分析。从生产资料占有关系入手，马克思预测了土地国有化将对于消灭资本主义生产关系，消灭无产者受剥削的基础起到关键作用。可以说，马克思以历史唯物主义理论为基础，从不同角度对于土地国有化思想予以阐述，使土地国有化思想更加具备系统性和科学性。

（三）土地国有化理论为无产阶级如何实现土地公有制指明了方向

依据马克思主义基本原理，公有制是无产阶级在取得国家政权后应当实施的一种所有制形式。这种所有制的实质在于实现生产资料的劳动人民占有，进而能够确保其利用土地获得的劳动产品归其所有。这就意味着公有制与资本主义私有制相对立，这一所有制的建立能够有效克服资本主义社会的根本矛盾：生产资料的资本主义私人占有与社会化大生产之间的矛盾。资本主义生产关系条件下资本家剥削雇佣工人的现实基础将不复存在。劳动人民对于生产资料的占有不是一种自发的、无序的占有，而是在无产阶级组织下进行的占有。这种占有主要通过无产阶级的政权组织代表人民行使生产资料的所有权。这一组织是由人民选举的人民代表组成的，进而能够广泛而有效地代表人民意志。同时，公有制的实现还受到一些现实条件的约束，公有制实现对象的范围以及形式会存在一定的差异。土地作为一种最为重要的生产资料，其必然需要纳入公有制的范畴。作为公有制的对象，土地的公有化程度需要明确界定。

在马克思看来，土地这一生产资料具有极端重要性，土地作为生产资料公有制的对象，其应当具备较高的公有化程度。即土地的占有和支配的主体应当为全体劳动人民。土地国有化意味着国家取得土地的所有权，这是土地所有权国家所有的表现形式，其实质是无产阶级代表全体劳动人民行使所有权，土地作为最为重要的生产资料实质是由全体劳动人民占有和支配。全体劳动人民占有并支配这一生产资料意味着劳动人民占有和支配生产资料的收益归属于全体劳动人民享有。由此决定，土地国有化是土地公有制的一种实现方式。土地国有化的理论进而成为马克思主义公有制理论的重要组成部分，其对于丰富和发展马克思主义公有制理论起到了积极推动作用。

第四章

《论土地国有化》核心概念通释

在《论土地国有化》中，马克思提出无产阶级在取得国家政权后应当实施土地国有化。在这部著作中，马克思运用一些重要的概念用以解释和说明土地国有化理论。这些概念具有较为深刻的含义，对于这些重要概念进行必要的解读和分析应当成为研究《论土地国有化》的重要组成部分。

一　土地所有制

（一）词源学考证

土地国有化究竟是指所有制意义上的土地国有化还是指土地所有权意义上的土地国有化是值得深入探讨的问题。在《论土地国有化》中，马克思提出了土地国有化的主张。然而，土地国有化究竟是土地所有制的一种具体形式还是一种由国家享有的所有权，马克思在这部著作中则没有予以详细说明。对这一问题的有效回答应当追溯于所有制这一概念的辨析以及其与所有权之间的关系这一问题的解决上。

所有制是政治经济学上的重要概念。"Eigentum"是所有制德文的词根，其英文表述为"Ownership"。在马克思经典著作中，这一词根与土地相结合便形成了不同的翻译形式，"土地所有权"、"土地所有制"甚至是"土地财产"。[①]

[①] 参见焦洪宝、王同起《〈1844年经济学哲学手稿〉的土地产权思想》，《科学社会主义》2016年第1期。

(二) 用法说明

马克思主义理论中的所有制概念是指社会特定的阶层或利益集团对于特定生产资料的垄断在经济制度上的反映。以此推论，土地所有制是指特定的阶层或阶级对于土地的垄断在经济制度上的反映。马克思将所有制定位为人与人之间的关系。在这种关系中，以人们服从特定的生产关系的支配为表现。这种关系反映在以特定的人对于特定的资源形成垄断后与他人形成的关系则表现为一种产权关系。①

土地所有制这一概念与所有制这一概念密切相关。土地所有制是所有制的一种具体类型。在马克思看来，对于所有制这一概念的界定应当从生产关系的角度对其加以认知。事实上，一切生产都是个人在特定的社会形式中借助这种特定的社会形式对自然的占有。② 依据这一观点，所有制是一种以对自然占有为表现形式的生产条件。土地所有制即为在特定的社会形式中以土地占有为表现形式的生产条件。因此，土地所有制具有以下特征：一是以土地占有为表现形式，二是这种表现形式是作为生产条件而存在，三是这种土地占有存在于特定的社会形式之中。

土地所有制这一概念在马克思相关著作中频繁出现。例如，在《卡·马克思关于土地所有制的发言记录》中，马克思使用了土地所有制这一概念。在这一发言记录中，马克思指出："变封建所有制为农民所有制曾经是一种社会必然性。"③ 同样，在《资本论》第3卷中，马克思在阐述资本主义地租的起源这一问题时，对于地租在分成制和农民的小块土地所有制中的形成进行了分析。对于这一部分内容的阐述，马克思使用了"农民的小块土地所有制"的概念。④ 可见，在马克思主义土地理论中土地所有制是一个基础性的概念，马克思主义土地理论是建立在土地所有制这一概念基础之上的。在《论土地国有化》中，马克思将法国的土地所有制描述为"农民土地所有制"。可见，马克思是在所有制层面对

---

① 参见梁姝娜、金兆怀《论所有制范式的产权理论——马克思主义产权理论研究》，《经济纵横》2006年第4期。
② 参见《马克思恩格斯文集》第8卷，人民出版社2009年版，第10—12页。
③ 《马克思恩格斯全集》第16卷，第648页。
④ 参见《资本论》第3卷，第907页。

于法国的土地现实状况进行描述。从文本表述的一致性角度而言，土地国有化亦应当解释为无产阶级在取得国家政权后要建立土地的国家所有制，土地的国有化即为土地的国家所有制的建立。

土地所有制与土地所有权这一概念之间存在密切关联性。土地所有制虽然属于政治经济学的范畴，但是经济制度得到国家确认的主要方式为法律制度。土地所有制确认以土地为中心的经济关系需要以法律制度加以确认，土地所有制与法律之间建立起一定联系。[①] 这一联系表现为，土地所有制这一政治经济学上的概念需要转化为特定的法律概念。一般认为，这一转化表现为所有制与所有权之间建立起关系。这一关系表现为：所有权是所有制在法律制度上的表现，所有制决定所有权，有什么样的所有制就有什么样的所有权。[②] 例如，土地私有制在法律制度上表现为以私人享有的土地所有权成为法律制度上的核心概念，以土地为权利客体的权利制度得以建立。而土地公有制在法律制度上表现为土地的国家所有权、土地的集体所有权等反映土地公有制的土地所有权制度。以上述类型的所有权为中心建立的土地法律制度，旨在实现土地公有制。

（三）内涵辨析

在马克思看来，资本主义制度下的土地所有权制度的存在是极其荒谬的，应当加以否定。但是并不意味着马克思对于反映土地公有制的土地所有权予以否定。土地国有化的确立事实上是土地公有制的一种实现方式，土地国家所有制的建立同时意味着以土地国家所有制为基础的土地所有权制度的建立，这一所有权制度集中反映土地的国家所有制。因此，在《论土地国有化》语境下土地国有化是指土地的国家所有制，土地国家所有制的建立需要通过相应的法律制度予以落实，围绕土地的国家所有制建立的土地法律制度自然摆脱了资本主义土地私有制下的土地制度的弊端，其积极作用应当加以肯定。因此，在《论土地国有化》语

[①] 参见梁姝娜、金兆怀《论所有制范式的产权理论——马克思主义产权理论研究》，《经济纵横》2006年第4期。

[②] 参见姜楠《集体土地所有权主体明晰化的法实现》，《求是学刊》2020年第3期；李永杰、靳书君《马克思主义所有制术语的汉译与概念生成——以〈共产党宣言〉汉译为线索》，《北京行政学院学报》2018年第1期。

境下，土地的国家所有是指土地的国家所有制的建立，基于所有制与所有权之间的关系，土地国家所有制的建立必然意味着反映了土地国家所有制的土地国家所有权的建立，两者并不存在矛盾之处。

马克思在《论土地国有化》中提出了土地归属国家所有的主张，土地国有化的思想在所有制层面即表现为土地由取得国家政权的无产阶级代表全体劳动人民支配和占有土地，土地作为全体劳动人民掌握和控制的生产资料，其产生的地租由国家享有，进而使劳动者摆脱土地私有制下的土地所有权人的剥削。土地的国家所有意味着土地私有制的消灭。在法律制度层面，土地的所有权由私人享有的状况转变为土地所有权由国家享有，且土地所有权的主体只能为国家。

二 天然权利

（一）词源学考证

在《论土地国有化》这部著作中，马克思对于资本主义法学家为资本主义土地私有制的称赞予以回应与批判。《论土地国有化》中的天然权利是资本主义法学理论中的一个重要概念，其英文表述为"Natural right"，德文表述为"Natürliche Rechte"。在资本主义生产关系中，天然权利是指私人基于自然法则而享有的权利。资本主义法学家认为土地私有制存在的正当性在于天然权利。即私人对于土地资源的垄断是人生而就应当具备的、符合自然的权利，这一权利不可以被剥夺。在资本主义社会，天然权利成为为土地私有制辩护的卫道士，为土地私有制提供了一定的理论基础。这里的天然权利即为私人所享有的财产权，从所有制角度出发，就其本质而言为私有制。

（二）用法说明

天然权利这一概念与以私有制为基础的法律理论有着密切的关联性。在这一法律理论中，私有制是指财产的归属和分配以私人主体为基础的所有制形式。私人可以成为各类财产的权利主体，私人可以依据自己的自由意志占有、使用、收益、处分其财产。私有制作为确定财产归属和分配的一种模式，在近代人类社会发展历史中占据十分重要的地位。

近代以来的西方世界，私有制成为财产归属和分配的主要模式。在一个不是将现存之物供大家随意共同使用，而是从私有制出发的法治制度和社会制度中，必须规定哪些物属于哪个人以及这个人对该物有什么样的权限。[1] 私有制被认为是一种普遍承认的财产所有权制度。[2] 近代西方世界的财产制度的确立和运行以私有制为预设前提。私有制之所以能够作为近代西方财产制度确立的前提，不同的学说理论给出了不同的答案。

自然法学派是西方法学理论中的一个重要流派并在整个西方法学理论中占据重要地位。古典自然法学派认为，私有制成为近代西方财产制度的前提，自然法学派的财产权理论发挥了重要作用。该学派的代表人物洛克认为，人类社会的全部财产在原初状态下是由人类共有的。但个人拥有财产是一种自然的权利，财产权的自然权利属性成为立法确认该权利以及限制国家主权或公权力对其侵犯的正当性。即法律对于应当对属于自然权利的财产权予以保护，同时国家主权或公权力不得未经财产权人的同意对该权利进行剥夺。[3] 个人之所以能够拥有财产，成为财产权的主体，原因在于每个人对于其身体享有一种所有权，这种所有权除了他自己以外，其他人没有任何权利。基于这种对于自己身体所享有的所有权，人可以对其身体予以有效的支配。人通过身体进行劳动获取相应的物质资料便是其支配身体的一种方式。他的身体所从事的劳动和他的双手所进行的工作，是正当的，属于他自己的。只要他使任何东西脱离自然所提供的和那个东西所处的状态，这个劳动的对象就被渗入个人劳动的因素，该劳动对象就内含了劳动者的身体要素，因而该劳动对象成为其财产。这一劳动对象因而脱离了自然所安排给它的原初状态，成为个人所排他享有的财产。既然劳动是劳动者的无可争议的所有物，那么对于这一有所增益的东西，除他以外就没有人能够享有权利，至少在还

---

[1] 参见［德］曼弗雷德·沃尔夫《物权法》，吴越、李大雪译，法律出版社2002年版，第1页。

[2] 参见李进之、王久华、李克宁、蒋丹宁《美国财产法》，法律出版社1999年版，第5页。

[3] 参见［英］彼得·斯坦、［英］约翰·香德《西方社会的法律价值》，王献平译，中国法制出版社2004年版，第294页。

留有足够的同样好的东西给其他人所共有的情况下，事情就是如此。①

自然法学派将私有制作为财产法律制度的正当性基础归结为自然权利，财产权利是一种自然权利。财产之所以能够与个人有效地结合并成为法律认可的权利，原因在于个人劳动。

自然法学派的这一解释开创了个人劳动理论作为其取得财产权的正当性依据的先河，进而为私有制作为财产制度前提提供了一条有效路径。但是其局限性亦较为明显。

其一，劳动仅仅是个人取得财产权的一种方式，并非所有私人取得财产权均以劳动为依据，其观点的片面性显而易见。在工业革命兴起的近代社会，以劳动取得财产权作为财产分配的一种方式，其存在空间随着资本力量的不断扩张而不断被蚕食。依靠资本的运作，资本家可以完全摒弃劳动而获得巨额财富，资本成为掌握国家以及社会财富归属和分配的主要或决定性力量。随着社会生产方式的不断变革以及科技的不断发展，信息、技术等新兴生产要素不断加入社会生产之中，信息、技术等新兴生产要素的享有者基于其生产要素投入者的身份亦能够获得相应的社会财富，取得相应的财产权。财产权取得方式愈加多元化的发展趋势，凸显了劳动获得财产权理论的片面性。

其二，劳动取得财产权预设的条件无法满足社会发展的现实需求。劳动取得财产权理论的预设条件为人类社会全部财富处于共有状态。个人基于劳动获得的财产权是以"至少在还留有足够的同样好的东西给其他人所共有的情况下"才具有正当性，即由于有足够的财富资源存在，个人以劳动取得财产权并不会剥夺他人以同样方式获得财产权的机会。而近代社会资源的紧缺状态越发明显，"至少在还留有足够的同样好的东西给其他人所共有的情况"已经不复存在，以劳动作为取得财产权依据的适用条件亦随之消灭。

古典自然法为私有制作为财产制度确立的前提提供的理论支持难以具有说服力，随着古典自然法学对于私有制作为财产制度的失效，法学家试图为自然权利的旧构造提供新基础，正如自然权利已经被当作一个

---

① 参见［英］洛克《政府论》（下篇），叶启芳、瞿菊农译，商务印书馆1964年版，第18页。

新基础，被用来支撑之前已经在权威中找到了科学基础的社会制度。①

从古典自然法移出视线的法学家们首先试图以一种形而上学的理论对于个人取得财产权的正当性予以论证，进而为私有制作为财产制度的前提提供有力的支持。康德确立了抽象的财产法的理念。这一理念确立的出发点为个人的独立存在——"一般外在的我的与你的"的客观现象为原则。② 个人基于理性能够成为权利的主体，其人格不得侵犯。个人可以依据其自由意志占有、使用其所有的物。未经我的允许他人使用我的物是对我人格的侵犯，确认某一物是我的而非他人的是法律体系的任务。康德关于个人享有财产的形而上学的理论对于近代西方财产法律制度的形成产生了极为重要的影响。

其一，康德关于个人享有财产的形而上学理论使得个人自由与财产建立起了内在联系，使自由成为财产权利——这一自然权利的核心具有了内在价值。财产具有了人格意义，个人对财产的享有不仅仅表现为个人对于客观物质的控制，而是视为个人自由的象征。法律对于财产的保护事实上是对人的自由意志的保护。同时，基于两者的内在联系，个人的自由意志在对其财产的处分中将发挥决定作用。个人的自由意志成为私法制度确立的基础要素。例如，受康德理论的影响，《德国民法典》确立了意思表示制度，法律对于个人意志予以充分的尊重和保护。③

其二，康德关于法律的绝对命令对于个人财产权秩序的建立产生重要影响。在康德看来，既然法律将个人自由作为其享有权利的真谛和实质意义所在，在法律范围内个人对于财产的享有与使用的正当性应当得到他人的认可，唯有如此，私人财产权之间才能得到有效的协调，整个社会的法律秩序才能得以建立。以财产权为外在表现的自由意志在这一过程中能够划定各自的范围，避免相互之间的冲突。这一财产秩序的理

---

① 参见［美］罗斯科·庞德《法哲学导论》，于柏华译，商务印书馆2019年版，第97页。

② 参见［德］康德《法的形而上学原理——权利的科学》，沈叔平译，商务印书馆1991年版，第53页。

③ 以康德的自由意志的尊重、保护与协调作为理论基础，《德国民法典》创立了意思表示、法律行为以保护和协调个人意志为核心的法律制度。关于康德的理论对于德国民法的影响的论述，参见顾祝轩《体系概念史——欧陆民法典编纂何以可能》，法律出版社2019年版，第99—117页。

念事实上对于近代以来私人财产权的社会义务、国家基于公共利益的需求对于个人财产权的限制提供了理论上的支持。

功利主义则从个人享有财产权的重要作用与比较优势角度对于私有制作为财产制度的前提的正当性进行了分析。依据功利主义观点,私人享有财产权有益于整个人类社会文明的推进,实现人类社会发展利益的最大化。英国著名法学家布莱克斯通在其所著的《英格兰法律评论》中对于个人所享有的财产权做出的评价是:"财产权是一个人对外部世界的物所主张并行使的完全排除宇宙中任何他人的独一无二的、专制的控制权,没有什么东西能像它一样如此广泛地激发人类的想象,引起人们的喜爱。"[1] 私人作为财产权的主体,能够最大限度地激发人们的创造力,调动人们参与各种社会生活的积极性。法律制度确认私人对于特定财产的享有和使用,保障了私人能够从其财产中获得收益。个人生存的物质利益空间得到法律的认可。基于法律制度的保障和认可,个人拥有财产的多少成为其社会地位与身份的象征。[2] 人们对于拥有财产的渴望和追求成为其发挥主观能动性的主要动机,整个社会的活力和创造力由于财产制度对于个人拥有财产的确认和保护得以激发。在这一激励机制之下,每个个人财产的不断积累和扩充客观上带动了整个社会财富的积累和扩充。以私人享有财产权为表现建立起的以私有制为前提的财产制度能够有效促进整个人类社会的发展,这便是功利主义宣扬的以私有制为前提的财产制度的正当性主旨。功利主义理论对于私有制作为财产制度前提的阐释,对于财产法律制度亦产生了重要影响。

其一,功利主义的分析方法使得经济理论与法律实现了有效结合,法律的经济分析成为一种独特的法律分析工具。经济理论的某些原则与假设被应用于法律分析之中。由于经济理论往往以数理模型的建构和计算为主要工具,这一分析方法应用于法律之中,使得法律分析的结果更加趋于客观,增强了私有制作为财产制度前提的说服力。

---

[1] 参见[美]约翰·克里贝特、[美]科温·W. 约翰逊、[美]罗杰·W. 芬德利、[美]欧内斯特·E. 史密斯《财产法:案例与材料》,齐东祥、陈刚译,中国政法大学出版社2003年版,第4页。

[2] 西方社会一度认为,只有拥有财产的人才有权参与政治。参见[美]彼得·斯坦、[美]约翰·香德《西方社会的法律价值》,王献平译,第297页。

其二，功利主义的分析方法事实上对私有制作为财产制度前提的论证聚焦于利益的衡量与比较的社会背景之中，私有制作为财产制度的前提是立法者对于利益选择的结果。这一利益选择的倾向便是以私人利益实现的方式带动社会利益的实现。财产制度如果不以私有制为前提而建立，基于别的基础所导致的内耗与冲突必然使我们停下来。[①]

对于私有制作为财产制度的前提，另有法学家从历史角度出发进行分析。这一分析主要聚焦于私有制作为财产制度前提的历史依据，即证成其形成绝非现实制度的偶然而是具有历史传承性。在历史学派法学家看来，私有财产的概念就像个体人格的概念一样，在法律开端时代就在缓慢而稳定地发展。[②] 从历史发展的角度来看，个人对于财产权的享有从原初的财产占有到法律确认其对财产享有特定的权利，这一过程是个人对于财产的占有这一事实得到法律认可的过程。同时，法律对于个人享有财产的认可不局限于个人现实的占有财产，在其没有实际占有该财产，但是基于其意志或法律认为应当加以确认特定的秩序时，认为该个人对于其财产仍然享有权利。

虽然私有制作为财产制度的前提在西方世界的法律历史发展过程中具有共通性，但是西方世界的各个民族国家在历史发展过程中都对于其法律制度注入了独特的民族精神，这一因素决定了各个民族国家在确认和反映私有制作为财产制度的前提具有相当大的内容和形式上的区别。例如，在英美法系国家，法律认为个人所享有的财产权是一组权利束，这一组权利束是由各个种类不同的财产权构成的。各个财产权之间仅仅具有效力的相对优劣（诉讼中通过举证证明），而没有哪一种权利具有绝对的优势地位。[③] 与之相反，在大陆法系国家，个人享有财产权的最基本的表现形式为个人对于特定物享有所有权，所有权在大陆法系财产权利制度中处于核心地位，其他财产性质的权利被认为是在所有权基础上产生的权利。历史法学派对于私有制作为财产制度的前提的理论阐述的意

---

① 参见［美］罗斯科·庞德《法哲学导论》，于柏华译，第108页。
② 参见［美］罗斯科·庞德《法哲学导论》，于柏华译，第102页。
③ 参见［美］迈克尔·D. 贝勒斯《法律的原则——一个规范的分析》，张文显等译，中国大百科全书出版社1996年版，第146页。

义在于：

其一，历史法学派对于私有制作为财产制度的前提提供了历史正当性。在法律制度的形成是基于历史传统这一规律的作用下，法律制度传承基于自然继承这一因素。近代西方财产法律制度以私有制为前提，是历史传承发展的必然结果。

其二，历史法学派在宏观层面认识到了私有制作为财产制度前提与历史传统作用之间的必然联系外，其还敏锐地觉察到了私有制作为财产制度前提在不同民族国家之间的表现差异。这对于私有制作为财产制度前提的理论研究指明了新的方向。

（三） 内涵辨析

无论是哪一流派，天然权利最终化身为财产法律制度的意义在于为私有制辩护。这一制度的确立和发展似乎意在宣示私有制的存在是一种不服从于物质世界和精神世界的进化规律的现象，① 即认为资本主义私有制是超越社会现实制约的永恒存在。私有制永恒存在的原因在于资本的永恒存在，在资本主义生产关系统制之下，资本是私有制产生的根本所在。资产阶级理论家认为，资本没有缘起，那就应当没有终结。② 这显然是一种荒谬的说法，依据马克思历史唯物主义的观点，资本并非一种物质化的表现，而是以特定的物质为载体所表现出来的一种社会关系。这种社会关系的存在亦是人类社会发展过程的组成部分，它的存在将受到一定的社会历史条件的拘束，它亦将随着人类社会发展变化而消亡。因此，资本这一社会关系的存在并非永恒的，在其统制之下的资本主义私有制的存在亦不是永恒的。由此推定，这种私有制的永恒存在就意味着维护私有制存在的法律制度的永恒存在具有正当性基础的论断亦是虚伪的。因此，在《论土地国有化》中，马克思对于资产阶级理论家宣扬对于土地私人所有权的享有是天然权利的观点予以了反驳。因此，所谓的天然权利是虚幻的、不现实的。

---

① 参见［法］拉法格《财产及其起源》，王子野译，生活·读书·新知三联书店1962年版，第27页。

② 参见［法］拉法格《财产及其起源》，王子野译，第27页。

三　原始事实

（一）词源学考证

在《论土地国有化》中，马克思在对资本主义法学家、哲学家、政治经济学家为资本主义土地私有制进行辩护予以批判中指出，资本主义法学家、哲学家、政治经济学家事实上掩盖了资本主义土地私有制所具有的掠夺的原始事实。

原始事实，其英文表述为"Primitive fact"，德文表述为"Primitive Tatsache"。"资本主义法学家、哲学家、政治经济学家事实上掩盖了资本主义土地私有制所具有的掠夺的原始事实"这一表述具有两层含义：一是资本主义土地私有制是资本原始积累的产物，其是伴随着资本原始积累所形成的。资本原始积累的掠夺性渗透并传递给了资本主义土地私有制。由此决定资本主义土地私有制在最初是以掠夺的手段所形成的。资本主义土地私有制的形成是通过掠夺方式剥夺小土地所有者、摧毁原始的土地公有制建立起来的。二是土地私有制的建立同时为资本主义生产关系中的三大阶级土地所有者—资本家—雇佣工人的形成提供了条件，为资本主义生产关系塑造了主体，进而为巩固资本主义生产关系，确保资本原始积累所取得的成果奠定了基础。

（二）用法说明

土地私有制是建立在瓦解土地公有制的基础之上的。资本主义土地私有制确立之前的封建土地私有制即表明了这一发展轨迹。例如，在罗马尼亚各州存在一种土地公有制，这种土地公有制表现为公社成员拥有一部分自由的私田，由公社成员单独耕种。另一部分为公社的公有地，这一部分土地由公社成员共同耕种。共同耕种的土地收获的劳动产品一部分转化为储备金作为应对灾害和意外情况之用，另一部分作为公社用于战争、宗教以及其他各项开支。但是在土地公有制瓦解过程中，军队和宗教的首领侵占了公社的公有地进而将公有地所获得的劳动产品据为己有。[1] 原有的土

---

[1] 参见《资本论》第 1 卷，第 274—275 页。

地公有制下的公社成员成为掠夺公社公有地的军队和宗教首领的农奴，为其提供劳动徭役。掠夺性是土地私有制形成的必要手段，资本主义土地私有制亦不例外。资本主义土地私有制的确立以土地这一生产资料与劳动相分离为前提，这一分离可以被称为原始事实。

（三）内涵辨析

资本主义土地私有制的确立以土地这一生产资料与劳动相分离为前提，意味着资产阶级通过掠夺手段获得土地资源，对土地资源的掠夺成为资本原始积累的重要组成部分。

土地这一生产资料与劳动者分离后集中于服从资本主义生产关系的土地所有者手中，进而形成资本主义土地私有制。这种土地私有制与以往的人类历史中所出现的土地私有制的不同之处在于其服从资本主义生产关系的支配。这意味着这种土地所有权使得土地所有权人利用土地对于无产者进行剥削创造了条件。土地所有权人没有土地劳动者的耕种就一无所有。[1] 马克思认为，在资本主义土地私有制统制之下，土地所有权的功能纯化为获取剩余价值。这种获得剩余价值的功能具有绝对性。[2] 资本的原始积累亦是由资产阶级对于农民土地的掠夺而形成的。大地产的形成有很多途径，其中最为重要的一个途径便是对于小农土地的侵夺，[3] 即通过剥夺他人土地的方式加以实现。马克思对于这一原始事实进行了考察。

在中世纪的欧洲大陆，随着农业技术的发展，农业生产成为一项独立的生产技艺，农业生产更加具有专业性。而马尔克作为以土地公有制为基础的农业生产组织难以适应农业生产专业化的趋势，进而这一农业生产组织形式日趋衰落。教会、国王通过其享有的权力剥夺农民的土地，

---

[1] 参见《剩余价值理论》第 1 册，第 32 页。

[2] "十分简单：一定的人们对土地、矿山和水域等的私有权，使他们能够攫取、拦截和扣留在这个特殊生产领域即这个特殊投资领域的商品中包含的剩余价值超过利润（平均利润，由一般利润率决定的利润）的余额，并且阻止这个余额进入形成一般利润率的总过程。这部分剩余价值，甚至在一切工业企业中也被拦截，因为不论什么地方，都要为使用地皮（工厂建筑物、作坊等所占的地皮）付地租，因为即使在可以完全自由占用土地的地方，也只有在多少是人口稠密和交通发达的地点才建立工厂。"参见《剩余价值理论》第 2 册，第 30—31 页。

[3] 参见马克垚《西欧封建经济形态研究》，商务印书馆 2020 年版，第 7 页。

同时中世纪欧洲割据势力之间的连年战争使得农民对于其土地占有的安全性受到威胁。农民为了寻求保护不得不选择特定的封建领主作为其保护者。这意味着农民需要向封建领主献出自己的土地并发誓效忠这一封建领主。这种情况下，农民丧失了对土地的占有。同时，农民在农村地区组成的马尔克组织亦随之解体。但是还有一些地区（主要为莱茵河东岸）还存在着一些自由农民，这些自由农民还是以马尔克为特定的农业生产组织。教会人员或世俗地主在取得农民土地后并没有彻底摧毁马尔克组织，而是在形式上以公社成员的身份加入这一组织。但是其加入这一组织后，教会人员或世俗的地主不顾农民的反对，剥夺农民在这一组织中的权利，使其自身享有对土地的特权，迫使马尔克组织服从其支配。① 可以说，在这些地区马尔克仍然顽强地保留下来，但是此时的马尔克组织已经不再具有独立性，而成为教会或地主阶级的附属组织。此时，教会或地主与马尔克组织相结合。在这种马尔克组织中，农民的生活状况相对较好。

到了13世纪，部分地主参加了十字军东征，离开了其所占有的土地，这种状况使得农民在利用土地方面获得了更为广泛的自由。同时，由于农庄的农业生产依然采取旧式农业生产方式，地主获得的收入十分有限。为了提高收入，地主阶级采取的方式是开垦更多的土地，吸引更多的农民参与到土地耕种活动之中。这一目标往往是通过将旧土地上的农民迁往新开垦的土地之上的方式加以实现的。为了实现这一目标，地主往往以优惠待遇作为条件吸引农民到新的土地上耕种。此时，农民负担的徭役相对较轻，进入新土地进行耕种的农民的负担亦相对较轻。② 但是随着城市经济的兴起，土地贵族对于城市生产的奢侈品的需求日益增加，这些奢侈品的取得不能通过暴力而只有采取购买方式取得。地主阶级认为购买奢侈品需要的钱仍然需要依赖对农民的剥削，由此决定再次增加农民的代役租和徭役，使农民负担加重，公有的马尔克再次成为地主的土地。③ 农民的处境越发艰难，农民进行大规模的反抗，但是遭到无

---

① 参见《马克思恩格斯全集》第 25 卷，第 578 页。
② 参见《马克思恩格斯全集》第 25 卷，第 579—580 页。
③ 参见《马克思恩格斯全集》第 25 卷，第 580—581 页。

情的镇压。地主阶级为了镇压农民的反抗，加重了对于农民的剥削。这种剥削是通过大规模的驱逐农民并以没收其田宅，实现其所占有的土地与农民田宅的合并的方式加以实现的。[1]

地主阶级追求不断扩大自己的农庄的规模，而这对于农民来说则并非好事。原因在于，地主的田庄规模越大，农民所要负担的徭役越重。为了更直接、有效地镇压农民的反抗，地主阶级从封建君主那里获得了对于其占有的田庄的地域范围内发生的案件的裁判权。地主事实上成为自己案件的法官。法国大革命的爆发使得一部分德国农民（莱茵河左岸地区的农民）被压迫的状况得到了改善，[2] 封建地主阶级对于土地的控制权力被革命势力所摧毁。但是另一部分农民（莱茵河右岸地区的农民）则没有享受到此待遇，其获得自由的方式为赎买。所谓赎买就是农民向地主支付一笔金钱，农民现实占有一定土地并不再负担赋役。农民享有使用土地的权利进而得到地主阶级的认可。赎买政策的实施表面看来使得农民获得土地并减轻了农民负担，但却与农民在作为马尔克成员时期对土地享有的权利不可同日而语。农民对于土地占有的面积缩小了，他们还面临着高利贷者的盘剥。[3] 同时，农民获得的小块土地还面临着来自美洲大规模土地经营者的竞争。[4]

在英国，14世纪末农奴制消除以后，为封建主管理封地的职责由租地农场主所承担。[5] 这一变化事实上是资本主义生产关系逐渐渗透于农业生产的信号。尽管封建主还掌握着土地这一生产资料，但是已经无法阻止资本主义生产方式的建立并进行大规模的扩散。在封建制生产关系内部，真正为资本主义土地私有制奠定基础的时代是15世纪最后30年到16世纪初期这一阶段。[6] 在这一历史时期，王权事实上已经被资本主义生

---

[1] 参见《马克思恩格斯全集》第25卷，第581—582页。
[2] 参见《马克思恩格斯全集》第25卷，第581—582页。
[3] 参见《马克思恩格斯全集》第25卷，第582—583页。
[4] 参见《马克思恩格斯全集》第25卷，第583—584页。
[5] 参见《资本论》第1卷，第823—824页。
[6] 参见《资本论》第1卷，第825页。对于这一时期英国的圈地运动的分析亦可参见[法]施亨利《十八九世纪欧洲土地制度史纲》，郭汉鸣编译，上海社会科学院出版社2016年版，第56—57页。

产关系所征服和侵染。① 可以说，封建势力已经不自觉地为资本主义生产关系的确立开始效劳。其效劳的方式表现为王权用暴力解散了家臣使得家臣将其封地内的自耕农予以遣散。但最为重要的原因是大封建主将其封地上的自耕农予以强制驱赶并夺取了本属于自耕农的公地。② 这一做法使得这些自耕农没有了生存可以依靠的生产资料——土地，而成为初始的无产阶级。夺取了自耕农土地的大封建主将土地的用途由耕地转变为牧场，③ 促使其做出这一决定的关键在于此时权力的象征已经不再是封建势力而是货币，在追逐货币这一动力的驱使下，封建主自主地将其支配的土地的功能由维护封建统治转变为营利工具。

这一过程充分说明资本主义生产关系使得封建主已经倾向于资产阶级，资本主义生产关系已经将其逐渐改造为为追求利润而极力维护其对土地享有权利的土地所有权人。此时，被驱赶的农民成为无产者，由此造成了严重的社会后果。封建统治者试图通过立法对大封建主剥夺自耕农的土地予以限制，但是这些法律却没有发挥任何作用。④ 同时，随着宗教改革在英国的深入，受到压迫的封建教会被迫将其土地变卖给租地农场主、市民，还有一部分赠送给国王的宠臣。⑤ 封建教会土地上的自耕农亦失去了生产资料加入了无产阶级的行列。代表土地所有者利益的封建统治者以制定法律的形式公开地掠夺土地。这种掠夺带来的直接后果便是封建土地所有制的瓦解，资本主义土地私有制在这一过程中得以确立。⑥

随着资本主义生产关系的确立并得以巩固，由封建势力转变而来的土地所有者（地主阶级）、资本家以及封建势力成为英国的统治者。土地掠夺进一步加剧，具体表现为法律公开规定公有地要实现私有化。法律

---

① 马克思对于这一时期的王权予以这样的评价："虽然王权——它自己也是资产阶级发展的一个产物——在追求绝对权力时，用暴力加速了这些家臣的解散，但王权不是这件事情的唯一原因"。参见《资本论》第1卷，第825页。

② 参见《资本论》第1卷，第825页。

③ 参见《资本论》第1卷，第825页。

④ 1489年亨利七世颁布的第19号法令禁止拆毁附有20英亩以上的农民房屋没有发挥任何作用。参见《资本论》第1卷，第824—825页。

⑤ 参见《资本论》第1卷，第828页。

⑥ 参见《资本论》第1卷，第831页。

成为将公有地赠送给地主的工具。① 但是英国的统治者为了掩盖其对土地的疯狂掠夺的残暴性，还虚伪要求议会对于公地掠夺采取非常措施，以掩盖其掠夺行为的合法性，另一方面还冠冕堂皇地要求通过立法的形式给予被剥夺者以补偿。②

到了 19 世纪，英国的统治者对于土地进行最后一次大规模的掠夺，这次掠夺亦使得统治者对于土地的掠夺达到了顶点。这次掠夺被称为"清扫领地"，即将统治者所占有的土地上的农民予以最后的清除。这次掠夺将领地上农民的房屋予以毁坏，使得农民彻底失去了住所。这次掠夺使得苏格兰地区的克兰首领利用这一机会强占了本应由全体克兰人员所有的土地，成为大土地所有者。克兰首领的这一掠夺行为得到了英格兰统治者的支持。克兰成员受到首领的压迫被迫离开其居住的土地逃离到荒凉的山区和海边，同时英格兰统治者还规定克兰成员禁止迁居国外，进而确保他们留在苏格兰为资本主义工业的发展提供充足的劳动力。但即使克兰成员逃亡到荒凉的山区和海边仍然不能摆脱悲惨的命运。荒凉的山区再次被统治者盯上。在狩猎风靡的当时，统治者认为将荒凉的山区作为狩猎场会获得收入，由此导致逃亡到山区的克兰成员再次成为被驱逐的对象。同时，逃亡到海边以捕鱼为生的克兰成员亦没能幸免，其所占有的海边荒凉的土地亦被统治者盯上了。他们将这一地区租赁给了伦敦的大鱼商，在此地区定居的克兰成员再次无家可归。③ 这种通过掠夺获得土地的方式使得小的土地所有者（主要为自耕农）彻底地失去了土地这一生产资料。这一掠夺由此产生了两方面后果：一是资产阶级通过掠夺的方式获得土地这一重要的生产资料，为大规模的资本主义生产奠定了基础；二是通过土地的掠夺，以土地作为生产资料的劳动者就此丧失了这一生产资料，除了自身劳动力外，再无其他可以出卖的东西。可以说，资产阶级通过土地掠夺这一手段获得了资本主义发展所需要的生产资料（土地）以及劳动力这两项必要的条件。封建主转化为资本主义土地私有制下的土地所有者，丧失土地的农民成为雇佣工人。土地所有

---

① 参见《资本论》第 1 卷，第 832 页。
② 参见《资本论》第 1 卷，第 833 页。
③ 参见《资本论》第 1 卷，第 836—840 页。

者阶级以及雇佣工人阶级就此形成。

就农业生产而言，资本主义生产关系下，围绕着土地所形成的具体的生产关系已经发生了实质变化。生产关系的主体由封建土地所有者——农奴或农民这一架构演变为土地所有权人——资本主义租地农场主——雇佣工人。土地所有者这一阶级的形成的主要动力是资本主义生产方式的确立。如上所述，这一生产关系的确立首先表现在封建主转化为土地所有者，丧失土地的农民成为雇佣工人。租地农场主这一阶级在资本主义生产关系的作用下亦逐渐形成。以英国为例，租地农场主的最初形态是封建农业生产关系中的农奴管事。从14世纪下半叶开始，农奴管事由地主提供种子、生产工具的租地农民所替代。他就此有了剥削雇佣劳动的权力，不久便具有了分成制佃农的身份，此时其已经具备了半租地农场主身份。他筹集农业资本的一部分，其他部分由地主提供，双方按照合同约定的比例分配土地出产的总产品。不过随着资本主义生产关系的确立和发展，以分成制佃农为表现形式的半租地农场主很快被真正的租地农场主所取代。真正的租地农场主的特点在于完全以剥削农场雇佣工人的方式获得资本增殖，把剩余产品的一部分以货币或实物形式交给土地所有者。此时的货币或实物已经不再是土地所有者分成所得而是其依凭土地所有者的身份而获得的地租。① 资本主义生产关系促使农业发展，租地农场主投入土地的资本增殖亦随之增加。同时，租地农场主通过掠夺手段获得了本应由农民所有的公共土地，使得其土地数量和牲畜数量大为增加。

到了16世纪，租地农场主致富的速度进一步加快，主要原因在于：一是货币价值不断下降，进而导致工人工资相对降低；二是一切农产品价格不断上涨，使得租地农场主利润率不断提高；三是租地农场主与土地所有权人签订的租约时间延长，在租约约定的期间，地租仍然停留在初始约定水平不会上涨。② 租地农场主的地位在资本主义农业生产关系中得以确立。至此，资本主义农业生产关系中的三方主体：土地所有权人——租地农场主——雇佣工人就此形成。由三方主体构成的资本主义农业

---

① 参见《资本论》第1卷，第852页。
② 参见《资本论》第1卷，第853页。

生产关系，随着资本主义生产力的发展使得资本主义农业生产呈现出新的面貌：资本主义生产关系统制下，资本主义生产关系不仅仅在商品生产的主阵地——工业生产部门体现，这一生产关系还迅速地渗透入农业生产部门之中。农民这一旧的生产关系中的角色被新的生产关系中的角色——农业雇佣工人所取代。资本主义生产关系渗透入不同的生产部门，由此形成的资本集中使得以商品生产为主的城市与农业生产为主的农村地区的差别逐渐形成。资本聚集带来了城市人口的集中，一方面集聚了社会历史的发展动力，另一方面破坏了人与土地的物质交还，人以衣食形式消费掉的土地的组成部分不能回归土地，从而破坏了土地持久肥力的永恒的自然条件。① "资本主义农业的任何进步，都不仅是掠夺劳动者的技巧的进步，而且是掠夺土地的技巧的进步，在一定时期内提高土地肥力的任何进步，同时也是破坏土地肥力持久源泉的进步。"② 这一破坏最为直接的后果便是加剧劳动者与土地这一生产资料的分离，资本家通过无偿占有与土地相分离并转化为雇佣工人的劳动者的剩余价值，用于农业生产的劳动力被工业化的商品生产所占有，农业生产就此亦卷入资本主义生产方式，农业生产一定程度上从属于工业生产。

此外，这一新面貌的呈现归结为：土地所有权关系的变革带来了耕作方法的改进、生产资料的集聚、协作方式的转变，耕地的数量虽然减少但是耕作出产的农产品数量并没有因此减少，甚至比以前还有所增加。雇佣工人的劳动强度亦随着资本主义生产关系的确立而加强。③ 随着资本主义生产关系的改变，一方面，土地的利用效率在新的生产关系确立下得以提高；另一方面，雇佣工人在农业生产关系中的处境更加悲惨，与其在封建制生产关系中的小生产资料所有者身份相比，其只有依靠出卖劳动力维持其基本生活，但是随着资本主义社会生产力的发展，资本家对于其剥削的程度会由此不断加剧。

资本主义生产关系统制下农业生产实质上极易造成对土地资源的浪费和破坏：一方面，土地所有者在无法获得利润（地租）的情况下，不

---

① 参见《资本论》第 1 卷，第 579 页。
② 《资本论》第 1 卷，第 579—580 页。
③ 参见《资本论》第 1 卷，第 855 页。

会对土地追加投资,亦不会雇佣工人,导致作为农业生产资料的土地资源的浪费;另一方面,租地农场主为了在租赁期间收回投入土地的资本并获得利润必然会尽力掠夺土地的肥力,造成土地的贫瘠化。[1]

四 生产资料的全国性集中

(一) 词源学考证

在《论土地国有化》中,马克思对于土地国有化实现后其所产生的积极效果进行了阐述。其认为,土地的国有化的直接积极效果便是实现生产资料的集中,成为自由平等的劳动者所组成的各个联合体的社会的全国性基础。生产资料的全国性集中这一概念英文表述为"Nationwide concentration of means of production",德文表述为"Nationale Konzentration der Produktionsmittel"。其所表达的含义是土地这一生产资料由全体劳动人民占有,由无产阶级代表全体劳动人民对于生产资料进行支配,进而实行生产资料的统一利用和管理,克服资本主义生产资料私有制的现实弊端。生产资料的全国性集中是生产资料公有制的一种表现形式,具有生产资料公有制的含义。

生产资料公有制是与生产资料私有制相对的概念,这一概念的形成是在对资本主义进行批判与反思的基础上逐渐形成的。在马克思和恩格斯看来,私有制的确立事实上使得生产资料为资本家个人占有成为可能。资本家通过对生产资料的垄断在经济上获得支配自由劳动力的权力,通过剥削自由劳动力获得剩余价值,进而确保自己可以在不通过劳动的情况下获得收入。[2] 资本家为了确保有足够的劳动力进入工厂为其工作,通过运用政治权力的手段剥夺农民的土地,利用资本优势致使小手工业者破产,从而成为自由劳动力以供其剥削。在这一过程中,劳动者丧失主

---

[1] 参见许建文、赵洋、王刚毅《论马克思恩格斯的资本主义和社会主义农业思想》,《马克思主义研究》2010 年第 8 期。

[2] 参见白雪秋、周钧《〈资本论〉一卷的私有制批判及其当代启示》,《学术界》2017 年第 11 期。

体性，异化为生产工具。① 为了不断满足资本的逐利性的需求，资本家通过各种手段不断扩大生产规模，拓展产品销售市场。整个社会卷入资本的运行秩序之中。资本主义经济的发展摧毁了封建社会孤立、封闭的自给自足的生产方式，以商品生产为主要表现形式的社会化大生产逐渐兴起。生产的社会化大大提高了社会生产力的发展，改变了整个人类社会。② 但同时亦使得资本主义社会基本矛盾（社会化的大生产与生产资料的私有制之间的矛盾）随之形成。③ 在资本主义生产关系统制之下，土地所有权人是土地所有权的人格化，其基于土地而享有的权利为对于土地出产的产品享有一定的份额。不是土地取得其产品并将该产品用于恢复和提高其自身的劳动生产率，而是土地所有者取得了土地产品的一部分，并将其高价出售和挥霍浪费。④ 土地所有权限制平均利润形成，并把剩余价值的一部分转移到土地所有者这一不劳而获而又不直接剥削工人的人的手中。⑤

（二）用法说明

私有制作为财产制度的前提是资本主义社会法律制度的必然选择。依据马克思主义的基本观点，一方面法律属于上层建筑，其产生与发展是由社会生产这一物质基础所决定的。资本主义社会的生产方式决定了私有制作为其财产制度的前提，否则其将因为无法与社会生产相适应而被扼杀；另一方面法律制度的本质是统治阶级的意志的体现。在资本主义社会，资产阶级掌握国家政权，其作为统治阶级的法律必然体现其意志，该意志的内容自然为资产阶级服务，维护资产阶级利益。而确认生产资料的私人所有的合法性，建立并维护私有制是法律的基本任务。⑥ 因

---

① 参见王斌、高莉娟《〈德意志意识形态〉中资本主义私有制社会的解构理路》，《学术探索》2017 年第 10 期。
② 马克思对于资本主义制度中的大工业予以高度评价："它首次开创了世界历史，因为它使每个文明国家以及这些国家中的每个人的需要的满足都依赖于整个世界，因为它消灭了各国以往自然形成的闭关自守的状态。"参见《马克思恩格斯选集》第 1 卷，第 194 页。
③ 参见《资本论》第 1 卷，第 872—874 页。
④ 参见《资本论》第 3 卷，第 934 页。
⑤ 参见《资本论》第 3 卷，第 939—940 页。
⑥ 参见吕世伦、叶传星《马克思恩格斯法律思想研究》，第 12 页。

此，在资本主义社会私有制作为财产制度的基础具有必然性。然而，资本主义私有制无法有效克服资本主义社会的基本矛盾。反对私有制即意味着对于以确保个人享有和行使财产权为中心的财产制度的否定。公有制理论的提出，为新的财产权制度的建立提供了理论支持。

因此，马克思主张克服资本主义私有制弊端的有效方式便是建立公有制，即生产资料由全体社会成员（劳动者）占有。唯有生产资料由全体社会成员占有，生产社会化与生产资料私有制的矛盾才能克服。生产资料由全体社会成员占有，使得社会生产的全民性得以显现，全体社会成员成为社会生产资料的主人进而摆脱了被剥削的地位。[1] 社会化的大生产不再由生产资料的独占者——资本家来决定，而是由代表全民利益的无产阶级政党及其相关组织来决定。社会生产不再是盲目的行为，而是依据社会的现实需求以及社会生产力发展的现实状况来进行。社会化大生产与生产资料资本家个人占有之间的矛盾才能得以消除。生产资料的全国性集中正是土地国有化实现后的积极效果，是生产资料公有制实现的具体体现。

（三）内涵辨析

生产资料的全国性集中是公有制的必然结果，亦是土地国有化后的积极效应。公有制作为财产制度的基础，在法律制度层面首先表现为财产的归属主体与使用主体不再局限于个人，而是国家、集体、国有化或集体化的法人等具有典型公有制性质的主体。这类主体在法律上处于对生产资料的垄断地位。同时，这些生产资料往往被剥夺以私有制为基础的财产制度中的商品的资格，不允许作为交易对象，即使能够作为交易对象亦受到相应的限制。[2] 从法律性质的角度出发，以私有制为前提的财产制度以调整私人之间的财产关系为主要内容，这一法律的性质被定性为私法。以公有制为前提的财产制度，国家、集体、国有化或集体化的

---

[1] 参见《马克思恩格斯选集》第1卷，第413—422页。
[2] 例如，依据苏联相关法律规定，归国家所有的土地、河流、矿藏、森林等重要的生产资料，不得转让给其他法律主体。参见［苏］B. T. 斯米尔诺夫等《苏联民法》，黄良平、丁文琪译，中国人民大学出版社1987年版，第263页。

法人等具有典型公有制性质的主体成为财产法律关系的主体，其主要调整上述主体与其他主体之间的法律关系。上述公有制主体是具有公权力的主体，其在享用法律赋予自身的财产权时，往往运用的是具有公法性质的权力，而非私法意义上的权利。由此决定，具有公权力属性的公有制主体进入法律制度中，其对于财产的支配和使用是基于法律赋予的公权力，以公有制为前提的财产制度具有公法属性。①

以公有制为前提的财产制度之所以具有公法属性，原因在于公有制的目标决定了其必须具备公法属性。按照马克思主义关于公有制的基本构想，公有制实施的核心目标在于以生产资料的社会成员占有与社会化生产之间实现有效协调，进而克服生产资料资本家占有与社会化大生产之间的矛盾。在马克思看来，两者之间的矛盾是资本主义社会的基本矛盾，这一矛盾表现为资本家为了获得利润盲目地扩大再生产，生产与消费之间出现严重的脱节，商品滞销使资本无法有效地运转并增殖，进而引发经济危机。生产资料公有制的确立，意味着全体社会成员成为生产资料的占有者，每个人基于自己的劳动获得报酬，资本主义剥削制度的生产关系基础得以被摧毁。生产不再由个别的资本决定，而是由生产资料占有者的代表机关来决定。这一决定必须依据社会生产力发展的现实需求有计划地进行，实现社会生产与社会需求之间的有效契合，避免生产过剩现象的产生。因此，计划经济体制与公有制之间具有天然的关联性，计划经济体制是维护和确保公有制有效运行的重要手段。财产的享有和分配依靠计划执行，排除了个人依据自由意志决定财产享有和分配的空间，财产的享有和分配成为国家干预与管制的对象。财产的享有和分配需要具备一定权力的组织予以实施。如此一来，这一计划才能得到贯彻并得到有效的实施。具备公权力的所有制主体自然成为制订并实施经济计划的首选主体。以公有制为前提的财产制度成为贯彻公有制的一种制度实现方式。以公有制为前提的财产制度具有两大特征：一是财产

---

① 以公有制为前提建立财产制度的代表性国家为苏联，在苏联立法者看来，国家所有权并非由单一的部门规范所组成而是涉及其他部门法。苏联民法将国家确定为一种民事主体。国家的意志以及管理权力的行使直接决定了国家所有权的内容，因而，财产制度必然具有一定公法色彩。参见［苏］B. T. 斯米尔诺夫等《苏联民法》，黄良平、丁文琪译，第258—259页。

制度具有明显的公法属性；二是财产制度中所确认的财产权主体与公有制主体之间具有密切的联系，甚至两者之间具有明显的一一对应关系。

从生产资料的管理和运行机制而言，生产资料公有制下的生产资料的支配和利用具有高度的计划性，生产资料的支配和利用要服从国家计划。个人、单位以及其他组织在利用生产资料的过程中不得违反国家计划。同时，生产资料的全国性集中在生产资料公有制层面是一种大的公有制，即以国家代表全体劳动者对生产资料进行占有。土地作为一种极其重要的生产资料，在马克思看来，其应当成为大的公有制的对象，应当由国家代表全体劳动人民享有占有和支配的权利。因此，土地国有化是生产资料全国性集中（生产资料公有制）的一种具体表现和实现方式。

五　地租

（一）词源学考证

在《论土地国有化》中，马克思指出资产阶级在资本主义生产关系统制之下不可能真正实施土地国有化。其将出租给个人或是合作社只会使他们之间相互竞争，促进地租的上涨，为土地占有者能够就此获得便利条件让生产者养活自己。[1] 这里的地租是指土地所有权人依凭其所有者身份无偿取得的劳动者的剩余价值的一部分，其英文表述为"land rent"，德文表述为"Grundstücksvermietung"。

（二）用法说明

地租理论是马克思土地理论的重要组成部分。地租理论为土地国有化理论的形成提供了必要的分析工具。在马克思看来，地租是土地在资本主义生产关系中的本质表现。地租的产生是以资本主义土地私有制的形成为前提基础，脱离了资本主义生产关系，地租便失去了形成的土壤。在资本主义生产关系统制之下，土地自身成为资本化的对象。同时，土地为除其自身以外的资本提供了发挥作用的场域，这一场域的提供使得资本自身具有一定的伸缩性，其为其他资本具备弹性提供了必要条件，

---

[1] 参见《马克思恩格斯选集》第3卷，第177页。

进而使其他资本具备这样一种特征：资本的作用能力并不完全由其自身的量所决定和限制，而是依赖土地这一场域超越其量的限制发挥相应的作用。①

概括而言，资本一旦合并形成了财富所需要的两项要素之一——土地，资本便具有了受其数量限制发挥作用的能力这一神奇的作用。② 因此，马克思认为，资本主义实现了生产技术和劳动力的机密结合，只是这一效应的产生是以破坏一切财富的源泉——土地和工人为代价。③ 土地对于资本主义生产关系的形成具有如此重要的作用，但并不意味着越是拥有肥沃土地的地区越适合于资本主义生产关系的形成和发展，原因在于肥沃土地地区的人们过于依赖土地，而没有使自身发展成为一种自然必然性，相反，在土壤不是绝对肥沃的温带地区，基于气候所形成的差异性以及土地产品的多样性形成了社会分工的自然基础，并促使人们基于其需求、能力的劳动方式的多样化，提高土地生产率。④ 由此推定，资本主义生产关系决定了土地经济表现形式及其利用形式，前者决定后者，而并非由后者决定前者。在《论土地国有化》中，地租是在资本主义生产关系统制之下，土地所有权人基于其土地所有权人的身份获得的土地利用者向其缴纳的一种贡赋。

（三）内涵辨析

在资本主义生产关系作用下，产业资本家向其他资本家（主要是手中有闲置土地和资金的资本家）借用土地和资本，为此要把应当由其获得的剩余价值的一部分以地租、利息的形式支付给他们。此时，土地成为获得剩余价值的条件。如果产业资本家不采取这一方式，即把剩余价值的另一半亦留给自己，那他不是变富了，而是更穷了。⑤ 这意味着在资本主义生产关系统制之下，产业资本家与土地所有者分享剩余价值是剩余价值产生的条件，没有这一条件产业资本家将无法获得剩余价值。受

---

① 参见《资本论》第1卷，第703页。
② 参见《资本论》第1卷，第697页。
③ 参见《资本论》第1卷，第580页。
④ 参见《资本论》第1卷，第587页。
⑤ 参见《资本论》第2卷，第546页。

资本主义生产关系支配的土地，其本身便成为一种资本。土地在执行这一职能的过程中表现为不可移动性，这种不可移动性使得土地资本的流通转化为土地所有权的流通。① 在资本主义生产关系中，土地资本化的表现形式为土地所有权，而基于资本增殖获取剩余价值的本性，其以增殖方式获得的剩余价值即为地租。地租本身再次作为资本进入资本流通领域。土地价值即表现为资本化的地租。②

土地是一种没有价值的使用价值，③ 地租是土地私有制下土地所有权人分享剩余价值获取利润的经济表现形式。地租的本质表现为价值，进而具有一定的价格表现形式。④ 地租具有一定的交换价值的表现形式。⑤ 在土地私有制之下，地租由私人所垄断。在资本主义生产关系中，地租是土地所有权的资本化的表现形式。从产权理论角度出发，土地是土地所有权的收益权能的表现。地租是收益权能实现的主要方式。⑥ 马克思认为，在资本主义生产中，作为商品的土地价格实质上不是土地自身的价格。原因在于土地本身并非劳动产品，其中并不包含任何的价值，因而土地自身没有相应的价格。土地价格仅仅是土地能够提供地租的购买价格。⑦ 按照马克思主义政治经济学一般原理，人类劳动是价值产生的唯一基础。没有人类劳动融入其中，任何物品便没有价值。其亦不能够将价值传递给其他物或商品。这类物仅仅是充当了使用价值的要素，并没有具备作为交换价值的要素。

在马克思看来，一切未经人类协助（人类劳动参与形成）的生产资料均为如此。⑧ 土地即属于此类生产资料。土地作为生产资料并不含有人

---

① 参见《资本论》第2卷，第182页。
② 参见葛扬《马克思土地资本化理论的现代分析》，《南京社会科学》2007年第3期。
③ 参见《资本论》第3卷，第925页。
④ 参见《资本论》第3卷，第924页。
⑤ 参见《资本论》第3卷，第925页。
⑥ 参见梁姝娜、金兆怀《论所有制范式的产权理论——马克思主义产权理论研究》，《经济纵横》2006年第4期。
⑦ 参见《资本论》第3卷，第703页。
⑧ 马克思认为，土地之所以没有价值原因在于"它只是充当使用价值的形成要素，而不是充当交换价值的形成要素""一切未经人的协助就天然存在的生产资料，如土地、风、水、矿脉中的铁、原始森林中的树木等等，都是这样。"参见《资本论》第1卷，第237页。

类劳动,因而没有价值。因此,土地的价格不可能是其价值的反映,土地价格没有其价值基础。土地价格的表现仅仅是其地租的表现。地租决定土地价格。因此,资本的利息成为构成地租的因素。

同时,地租的构成要素还包括投入土地的资本的利息、平均利润的扣除、工资的扣除或是平均利润和工资两者的扣除。原因在于,土地所有权人对于其所拥有土地进行资本投入的目的在于获得收益,这一收益的经济表现形式为投入资本的利息,而资本利息在土地所有权人将土地转让给他人使用的过程中必然要有所体现,其表现形式即地租。此外,平均利润和工资的扣除部分不再归属于产业资本家和工人所有,而是由土地所有权人获得,是土地所有权在经济上的表现方式。同时,平均利润和工资对于土地的价格亦起到决定性作用。① 受竞争、传统等因素的影响,小的资本家被迫向土地进行投资,并被迫接受利用土地所进行的商品生产,仅仅能够取得平均利润以下的利润。两者的差额实质上被土地所有者取得。工资构成地租的部分意味着产业资本家为了满足向土地所有者缴纳地租的要求,不得不压低工人工资,致使工人受剥削的程度进一步加深。② 这一部分被压缩的工人工资用以满足向土地所有权人缴纳地租,因而成为地租的组成部分。由此导致的结果便是土地价格增长与劳动力的贬值呈正向关系,土地价格越高,劳动力价格越低。③

可以说,一切地租是以某些个人对于某些地块享有所有权为前提。地租是土地所有权人独占土地一部分的法律拟制在经济上的实现。④ 这种法律上的拟制使土地所有权的这种经济表现获得正当性,这种法律拟制实质上掩盖了土地所有权人掠夺他人的阴暗面,使人们觉得土地所有权的流转是土地所有权人天然享有的正当的权利,实则不然。

地租的本质特征可以概括为以下几点。一是土地所有权在经济上的实现形式。土地所有权在资本主义生产关系中不再仅仅表现为客观的、现实的生产资料,而成为一种参与到资本主义生产关系中并反映特定经

---

① 参见《资本论》第3卷,第705页。
② 参见《资本论》第3卷,第707—708页。
③ 参见《资本论》第3卷,第709页。
④ 参见《资本论》第3卷,第715页。

济关系的外在表现；二是地租的产生并不是由土地所有权人参与和决定的，而是由与他无关、他没有参与的社会劳动所决定的。地租产生的条件为资本主义生产关系的确立。这一生产关系的确立意味着资本执行榨取一切剩余劳动并榨取一切剩余价值的职能得以发挥时，现代意义上的地租才会产生。① 这里所谓的现代地租是指以超额利润为其表现形式的地租。以超额利润为表现形式的地租可以分为两种类型：绝对地租和级差地租。从产权角度出发，地租表现为在从土地所有权中分离出相关权利后的权利，土地所有权人让渡完整的土地所有权或是让渡部分所有权的权能使之成为一种独立权利的经济补偿。从另一角度观察，这一过程可以被描述为土地使用人需要补偿其不具有的权利（所有权）而达到产权的平衡。②

绝对地租的产生实质上与资本主义土地私有制有着密切关系。③ 资本主义土地私有制的根本特征在于少数人垄断土地资源，多数劳动者并不享有土地所有权。土地由单纯的生产资料转变为资本，基于土地的资本属性，其集中性的特征亦随之显现。④ 这种集中性表现为：一是土地所有权的集中；二是土地使用人通过大量租种土地实现土地的规模化的经营。事实上，两种方式均表现出对于土地资源的垄断。但是后者的形成是以前者为基础，前者是土地资源集中的最根本表现。绝对地租表现为土地所有权人依凭其对土地的垄断而享有的地租。这一地租的产生与土地自身的肥力、所处的位置无关。土地所有权本身不会创造地租，但是只要资本主义法律所认可的土地所有权存在，土地所有权人就会对特定土地资源形成垄断。这意味着在资本主义生产关系统制之下未经土地所有权人的允许，其他人不能随意使用该土地。原因在于，基于法律上的土地所有权具有排他性。在资本主义生产关系中，资本与土地所有权的分离是这一生产关系确立的前提，这种在农业生产领域的土地利用方式亦排

---

① 参见《资本论》第3卷，第885页。
② 参见石莹、赵昊鲁《从马克思主义土地所有权分离理论看中国农村土地产权之争——对土地"公有"还是"私有"的经济史分析》，《经济评论》2007年第2期。
③ 参见马迅、魏鹏娟《从马克思地租理论看新时期国有土地出让制度的完善》，《当代世界与社会主义》2010年第1期。
④ 参见胡贤鑫、胡舒扬《略论马克思的土地所有权理论》，《江汉论坛》2014年第8期。

除了土地所有者自己对土地的经营。① 由此引发的后果便是土地所有权人能够掌控土地的供给量。土地所有权人基于其所有权人身份一定会将土地的供给量保持在能为其提供地租的范围内。只有满足这一条件，土地所有者才会将其进行出租。② 同时，土地所有权具有限制投资的职能，其能够起到限制资本在土地上任意增殖的作用。这种职能在土地所有权人将土地出租给土地使用人前起到绝对的限制作用，但是当土地使用人基于租地契约取得土地使用权，土地使用人对于土地的投资事实已经不受绝对限制。此时这种限制只是相对的，即土地使用人对土地的投资最终会归属于土地所有权人，这种情况下，土地使用人会充分考虑这一情形，他会将对土地的投资限定在其租赁期限内能够收回这部分投资并能够获得相应的利润的限度。③ 可以说，在资本主义生产关系统制之下，资本投入土地而不付地租则意味着土地所有权的废除，土地所有权的废除即使不是法律上的废除，也是事实上的废除。即使存在资本投入土地而不付地租的情形，这一情形的存在亦是极为偶然的。④ 不交租的土地所有者就不能够在未开垦的或未耕种的土地上进行投资。⑤ 土地所有权的存在使得农产品的市场价格上涨，进而使农产品的生产价格低于市场价格，两者之间的差额就构成了地租。⑥ 土地所有权本身就能够产生地租。⑦ 这一地租即为绝对地租。

级差地租是由于土地的肥力和位置的不同而产生的地租。对于级差地租的分析，马克思首先从明确这一地租产生的条件入手。他认为级差地租是基于这样一种情形：它是以土地生产的农产品为表现形式的剩余价值的一部分，因而其总价格的一部分转化为地租。⑧ 此时，级差地租的产生是基于利用土地进行商品生产的生产者按照由社会必要劳动时间所决定的产品的价格出售商品，而其个体化商品生产价格（生产成本和平

---

① 参见《资本论》第 3 卷，第 850 页。
② 参见《资本论》第 3 卷，第 856—857 页。
③ 参见《资本论》第 3 卷，第 865 页。
④ 参见《资本论》第 3 卷，第 849 页。
⑤ 参见《资本论》第 3 卷，第 849 页。
⑥ 参见《资本论》第 3 卷，第 862 页。
⑦ 参见《资本论》第 3 卷，第 854 页。
⑧ 参见《资本论》第 3 卷，第 721 页。

均利润）低于由社会必要劳动时间所决定的产品的价格所产生的差额形成地租。[①] 而基于对特定土地的垄断性占有而对这一土地上所独有的自然力的垄断性（例如对土地上瀑布所产生的水能的垄断性占有）所产生的个别的生产价格（生产成本和利润）要低于由社会必要劳动时间所决定的一般生产价格，原因在于土地上所蕴含的这种垄断性的自然力是其独有的，其他土地之上并不一定存在。[②] 由此决定这一自然力加入商品生产过程中必然要降低可变资本的使用量，由这一土地之上产出的商品的价值量就相对较低。同时，由于这一特殊的自然力的占有，这一自然的利用在一定程度上可以替代不变资本参与生产，土地所有者在生产该商品的过程中投入的不变资本的数量亦相对减少。如此一来，在该土地上产出的商品的成本价格就此降低，商品的生产价格亦随之降低。这一价格就低于生产该商品的一般价格，低于一般生产价格的后果便是其获得利润的增加，增加的这一部分利润是多于一般生产价格构成中的利润，因此这一部分被视为超额利润。[③]

但不可否认的是，在商品生产的一般过程中，超额利润的产生是资本作用的结果。商品生产者在利益的驱使下不断地提高自身的生产率，进而使得个别生产者获得超额利润只是成为暂时现象。但是基于对土地的垄断性占有进而能够对特定的自然力的垄断性占有所取得的超额利润与上述单纯的资本运行所产生的超额利润之间存在区别：一是这一自然力的享有始终具有排他性的特征，也就是说，这一自然力不像蒸汽机技术一样具有可推广性，其不能被一切资本所支配。这一自然力始终与特定土地结合在一起。这种自然力既不是相关生产部门的一般条件，也不是该生产部门能够创造的。这就意味着这种超额利润不是资本本身所创造的，其生产条件恰恰是资本与这种被特定的土地所有权人所垄断的自然力结合的结果。这种自然力的垄断可以和土地所有者自身所拥有的资本相结合，亦可以与其他主体的资本相结合（土地租赁人）。但无论哪种情况，这部分超额利润始终归属于土地所有者。这部分超额利润并非为

---

① 参见《资本论》第 3 卷，第 727 页。
② 参见《资本论》第 3 卷，第 725 页。
③ 参见《资本论》第 3 卷，第 726—727 页。

利用土地的资本家所获得而是落入了土地所有者的手中。① 这种地租被称为级差地租的原因有以下几点。

其一，因为它并不作为决定要素加入商品的一般生产价格，也就是说，这种地租的取得不是基于一般性的资本利用便可以取得的，其取得的条件是对特定的自然力的垄断，基于这种自然力的垄断而取得的个别的生产价格与一般性生产价格之间的差额。②

其二，这种地租产生的原因并非基于资本的绝对提高或资本所支配的劳动力的绝对提高。这种地租的产生基于这样一种事实，即特定的垄断这一自然力的资本家与其他的未能对于该自然力进行垄断的资本家相比，其生产效率相对较高。但值得注意的是，自然力并不是级差地租的实质表现——超额利润的源泉，它只是超额利润产生的自然基础。依附于土地存的自然力（例如瀑布）与剩余价值的创造之间没有任何联系。事实上，垄断自然力这一自然力的土地所有权人取得的级差地租（超额利润）是从土地使用人口袋中掏出来而装进自己口袋中而形成的。垄断自然力的土地所有权并没有创造这一超额利润，只是其转化为地租的原因，即这一部分超额利润或商品价格被垄断自然力的土地所有权人占有的原因。土地所有者将其土地出卖或将其出租给他人利用，土地所有权的新主体以及土地的承租人取得瀑布这一自然力的成本实际上加入了土地出产的商品的个别生产价格中，即成为生产成本中的一部分，但是并不影响同类产品的一般生产价格。此时，这一自然力的价格产生并非基于价值，因为自然力内部并不含有对象化的劳动，不具有任何价值。因此，这种土地的价格仅仅是级差地租的资本化。③

级差地租存在的第一种表现形式为相同数量的资本投入面积相等的土地之上产生不同的结果；不同数量的资本投入面积相等的土地之上以及不同数量资本中的每一份投在面积相等的土地之上所产生的结果不同，亦被视为此种级差地租的表现形式。上述结果的差异由两种一般性的因

---

① 参见《资本论》第3卷，第726—727页。
② 参见《资本论》第3卷，第728页。
③ 参见《资本论》第3卷，第729页。

素所导致：一是土地肥力，二是土地位置。① 土地肥力和土地位置在农业生产中对于土地的开垦起到一定的作用。在农业生产中，土地开垦优先考虑土地的肥力，原因在于肥力强的土地更有利于农业生产。但是由于土地不具有可移动性，因此土地的位置对于土地开垦亦会产生重要影响。② 例如，一块土地虽然肥力不及另一块土地，但是这块土地临近河边便于农作物的灌溉。因此，在农业生产中人们开垦土地会综合考虑土地的肥力和土地的地理位置。土地的开垦顺序一般为先开垦肥力较强的土地，但是在某一块或某一些土地具备特定的地理优势但肥力较差的情况下亦会得到优先开采。同时，土地的位置优势亦会随着经济社会的发展而不断发生变化。例如，随着城市规模的不断扩大，原来不具有位置优势的土地现在可能地处城市中心进而具有了位置优势。土地位置的差别亦会随着经济社会的发展而更加显著。③

就土地的肥力而言，不同肥力的土地在其用于生产农业产品过程中产生的直接影响便是：具有相同价值的资本和劳动投入土地之中，由于土地肥力的差异，进而会生产出不同数量的农产品，由此导致不同产品的个别价值存在差异。④ 但土地的肥力只是其具备潜在生产能力的自然条件。土地肥力的作用真正能够发挥出来还取决于相应的外在条件。这一外在条件便是化学技术以及机械技术的推广和应用。也就是说，土地肥力究竟能够被利用到什么程度一方面与农业生产所能利用的化学技术有关，另一方面则与农业生产所能利用的机械水平有关。⑤ 由此导致的结果便是，一块土地可能其自然肥力较差但是由于农业生产所能够利用的化学技术和机械技术的持续进步，较差肥力的土地亦可以被开垦用于农业生产，也会具备较高的生产能力。在农业生产中化学技术以及机械技术的应用水平较低时，用于农业生产的土地的开垦顺序为由肥力较高的土地到肥力较低的土地，当农业生产中化学技术以及机械技术的应用水平

---

① 参见《资本论》第3卷，第732页。
② 参见《资本论》第3卷，第733页。
③ 参见《资本论》第3卷，第732—733页。
④ 参见《资本论》第3卷，第922—923页。
⑤ 参见《资本论》第3卷，第733页。

随之提高后，用于农业生产的土地的开垦顺序则不再受到限制。① 土地的开垦顺序既可以是从肥力较高的土地到肥力较低的土地，亦可以是从肥力较低的土地到肥力较高的土地。由此可见，农业生产中的化学技术以及机械技术的应用能力亦成为自然肥力的要素。级差地租的产生受到不同级别的土地生产相同的农产品的一般性的生产价格的影响。

在土地从肥力较高到肥力较低的顺序进行开垦的情况下，肥力最差的土地被开垦用于农业生产，其不产生地租。原因在于，此时土地使用人获得的利润为农业生产部门的平均利润而没有超额利润的形成，而超额利润是级差地租的构成和本质。而先被开垦的肥力较强的土地获得的超额利润最多，其他各级肥力较差的土地获得的级差地租与之相比较而言则会少一些。② 这一情况的出现是以相应的农产品的价格上涨并达到一定程度后引起的后果。原因在于，只有在特定的农产品由一般性价格上涨到一定程度时，肥力最差土地出产的该类农产品的生产价格（成本价格）低于一般性的价格时，两者之间才能够形成差额，而这个差额仅仅构成一般性利润。原因在于其土地肥力最差，其他土地肥力均要强于这一土地，其出产的农产品的生产价格（成本价格）与其相比较而言会更低。因此，只有在不同肥力土地上出产的农产品的价格上涨到一定程度，相比较而言肥力最差的土地开垦后能够获得一般性的利润时，其他与之相比而言肥力较强的土地才能确保获得级差地租。③ 此时，级差地租表现为超过肥力最差土地获得利润的部分的超额利润。

如果按照相反的顺序开垦土地，即由肥力最差的土地开始开垦，其必须要满足的条件是这一土地上生产的农产品的价格已经超过了这一土地能够获得一般性利润的农产品的价格。但是由于最差土地的肥力决定了其生产能力有限其不能满足农产品的需求总量，基于农产品需求总量的限定，比肥力最差的土地的肥力高一个等级的土地亦需要被开垦用以耕种并提供相应的农产品。由于其提供的农产品的数量比最差肥力的土地提供的农产品的数量相对较多。农产品数量的增加促使该农产品的价

---

① 参见《资本论》第3卷，第733—734页。
② 参见《资本论》第3卷，第735—737页。
③ 参见《资本论》第3卷，第735—736页。

格再次下降到仅仅能够为肥力最差的土地提供一般性利润的水平。此时，比肥力最差的土地的肥力高一个等级的土地仍然能够获得一定量的级差地租，以此类推，比其肥力更强的土地亦能够获得相应的地租。如果对于农产品的需求量的增长超过了肥力最差的土地提供的农产品的需求量继而在后来又超过最差肥力土地以及比其高一等级肥力土地所提供的农产品的数量，土地开垦的顺序并非按照土地既有肥力逐级开垦，而只是为了扩大耕地面积进行一般性的开垦。此时，较为肥沃的土地的开垦仅仅成为偶然现象。① 在第一种情况下，农产品价格的升高，级差地租会增加，利润率则会降低。第二种情况下，以价格不变为预设条件，所投入资本的利润率不变，利润量会表现为较小量的谷物。与其他商品相比较，谷物的相对价格已经上涨。在利润增加的情况下，利润的增加额不是流入经营产业的租地农场主手中，而是与利润相分离，流入了土地所有者手中。因此，在价格不变与价格增加的情况下，土地开垦的顺序是由肥力较强的土地到肥力较差的土地还是由肥力较差的土地到肥力较强的土地，级差地租总是相应变化的。②

概括而言，级差地租具有以下特征：

首先，对级差地租起调节作用的是肥力最差的土地出产的农产品的生产价格。其次，级差地租的产生条件为肥力好的土地数量，资本必须投在等量资本提供不等量产品的不同的各级土地之上。再次，级差地租的产生和发展不受土地开垦顺序的影响，既可以由肥力最差的土地到肥力最强的土地，亦可以由肥力最强的土地到肥力最差的土地，亦可以是交替进行。复次，级差地租在农产品价格上涨、下降以及不变的情况下都可以产生。最后，土地总肥力的提高不会消除这种等级的不同，而是使它或者扩大，或者不变，或者缩小。③

从级差地租的整体发展趋势来看，对于一个国家而言，只要土地耕种面积的扩大不限于质量最差的土地，级差地租的总额会随着土地耕种面积的扩大而增加。如果扩大面积的土地是质量最好的土地，则土地出

---

① 参见《资本论》第3卷，第736—737页。
② 参见《资本论》第3卷，第737页。
③ 参见《资本论》第3卷，第742—743页。

产农产品数量会迅速增加,级差地租的总额亦会随之增加。如果扩大耕种面积的土地为质量最差的土地或是与该类土地相近质量的土地,级差地租总额就不会相应增加。可以说,不同质量等级的土地的构成比例对于平均地租率和地租总额形成一定的影响。①

值得注意的是,在资本主义生产关系确立后,一旦土地、投资和人口达到一定程度,一块未开垦的土地的价格就等于已经开垦的与其质量、位置相同的土地的价格。该块土地还没有开垦,其价格只是其未来被开垦后取得地租的资本化。由此产生的效果便是未开垦的土地亦可以被视为商品出售,土地炒作现象便应运而生。同时,随着社会生产的发展以及人口的增加,土地需求数量会随之增加,质量最差的土地亦会被不断地开垦。但是这种土地的开垦往往以其所处的位置优劣为条件。利用肥力最差的土地耕种可以通过不断扩大耕种面积的方式弥补获取地租的不足,但是这种生产方式得以维持的前提是土地利用者利用该土地进行生产的费用较低。②

除了等量资本投入相同面积的土地上这种情况外,级差地租还有一种可能产生的形式,即生产率不同的资本投入同一块土地或投入质量不同的土地之上。这里的地租仍然表现为超额利润。这和等量资本投入等量面积土地之上所产生的级差地租之间没有本质区别。不同的资本所能产生的超额利率不同,这一情况下,超额利润转化为地租则面临一定困难。同时,带来不同结果的等量资本投在同一块土地上形成级差地租的规律不变,但是此时超额利润的转化将在一个更为狭小的范围内进行,这种转化更不稳定。如果土地使用人对土地的改良比较持久,土地由于人工改良增进的肥力与土地既有的自然肥力合而为一。从历史发展的进程来看,在资本主义生产关系确立的前期,这种地租还没有产生。原因在于,在资本主义生产关系确立的早期,利用土地进行农业生产多数情况下是一种粗放式的农业生产经营方式,在一块土地或多块土地上进行投资的情况比较少见。

因此,在一块土地之上或多块土地之上的资本集中的现象还没有产

---

① 参见《资本论》第3卷,第749页。
② 参见《资本论》第3卷,第757—758页。

生。在这种级差地租的形式上，除了土地的肥力差别以外，还存在着资本在租地农场主之间的分配的差别。原因在于，在资本主义生产关系确立后，在工业生产部门中，一个生产者要进入这一生产部门需要满足最低资本额的要求，不满足这一基本要求，个体经营者很难在这一工业生产部门进行单独的生产活动。拥有这一资本的生产者能够获得平均利润，但是拥有高于这一资本量的资本家能够获得高于平均利润的超额利润。但是这一生产规律在资本主义生产关系确立时仅仅发生在工业生产领域，而并非发生在农业生产领域。但是随着资本主义生产方式在农业生产中的确立，这一规律亦进入了农业生产领域。在农产品的生产价格不变、下降或上涨时级差地租会呈现出不同的表现形式。①

地租是在资本主义生产关系确立后形成的。但从历史唯物主义理论观点出发，资本主义生产关系统制下形成的地租并非空中楼阁，其形成是一个历史发展的过程，其建立是以前资本主义社会存在的地租形态为基础的。这些历史上的地租形态是以社会生产力以及生产关系的发展为根本动力进而不断变化和发展的。可以说，资本主义地租是历史发展的结果。马克思将这一过程概括为资本主义地租的起源。

以社会生产力以及生产关系的发展为线索，地租的最初的、原始的形态是劳动地租。这一地租表现为土地所有权人对特定资源予以垄断。土地的使用人为土地所有权人进行劳动，土地使用人将其劳动作为地租支付给土地所有权人。地租表现为土地所有权人无偿占有土地使用人的剩余劳动。② 随着社会生产力的发展，地租的形态发展为产品地租。这一地租的表现形式为土地的使用人以向土地的所有权人提供农产品的方式实现地租的上交。这种地租形式的转变使得地租的上交不再直接表现为土地所有者的暴力索取，而是通过法律规定作为其表现形式。③ 这一地租形式事实上赋予农民更多生产上的自主权，其可以自由支配生产劳动时间，农民的生产积极性得以大幅提高。④ 随着社会生产力的发展，货币地

---

① 参见《资本论》第3卷，第760—761页。
② 参见《资本论》第3卷，第892页。
③ 参见《资本论》第3卷，第898页。
④ 参见葛扬《马克思土地资本化理论的现代分析》，《南京社会科学》2007年第3期。

租代替产品地租应运而生。这种地租是建立在资本主义生产关系之上的。只有在资本主义生产关系确立后，劳动产品转化为商品才能成为这一生产关系的普遍命令。农产品转化为商品，其价值主要通过货币这一一般等价物予以表现。① 货币地租这一形式更加能够促进农业生产效率的提高：农民不仅对于其农业生产的时间享有完全的支配权，同时农民可以依据市场行情安排自己的农业生产，其在农业生产中的自主权进一步扩大。② 货币地租的进步性显而易见。但是不论哪种形式的地租，其本质均是土地所有权人依凭其土地所有权人对他人剩余劳动或剩余价值的无偿占有。无论地租的表现形式如何，其共同属性均是土地所有权在特定的生产关系统制之下的经济实现方式，即一部分人独占一部分土地借助法律拟制获得利益的手段。③

在马克思看来，私人对地租的垄断是造成社会劳动产品分配不公的重要原因。地租收入应当收归国有，国家对于地租进行控制进而使全体劳动人民能够就此获益。而地租国有化的实现依赖于全体劳动人民对于土地的占有，使这一生产资料能够为劳动人民的利益服务。地租理论在马克思土地理论中的主要作用是分析土地所有者如何分享剩余价值，但是地租理论隐含的作用体现在其对于土地国有化理论的形成起到了一定奠基作用。没有以地租概念为核心对于资本主义土地私有制下土地所有权人对于地租的垄断进而形成对无产阶级的剥削的分析，就没有土地国有化理论提出的必要性。土地国有化能够有效克服资本主义土地私有制的弊端，土地国有化的实施是替代资本主义土地私有制的有效方案。

---

① 参见《资本论》第3卷，第901—903页。
② 参见葛扬《马克思土地资本化理论的现代分析》，《南京社会科学》2007年第3期。
③ 参见《资本论》第3卷，第715页。

第 五 章

《论土地国有化》重要论断通释

《论土地国有化》针对资本主义土地私有制的批判、怎样实现土地国有化、实现土地国有化所要注意的问题以及土地国有化实现的效果等问题提出了一系列著名的论断。

一 "天然权利"学说不能掩盖资本主义土地私有制的剥削属性

（一）论断的提出语境

"天然权利"是资本主义宣扬的天赋人权理论在法律制度中的具体反映。依据这一理念，在资本主义法律体系之中，土地本视为一种财产。基于自由、平等、天赋人权的资产阶级的立法理念，每个人均平等地享有获得土地这一财产的权利，这一权利是一种自然权利，是每个人生来就享有的且非经法律确定的正当理由和程序不可剥夺的权利。土地在法律制度上成为权利的客体。依据法律制度的规定，作为权利客体的土地之上可以设立各种权利，这些权利在逻辑上形成一定的体系。

在马克思看来，孤立的个人不可能拥有土地这一财产，就如同孤立的个人不能会说话一样。[①] 在其看来，个人拥有土地并将其视为财产是值得怀疑的。原因在于，土地是人类从事生产活动的重要条件和前提，其是主体的自然的延伸。将土地视为个人的财产事实上将土地作为人类自然延伸的部分与人这一主体之间进行了硬性的分离。法律上的权利实质

[①] 参见《马克思恩格斯选集》第2卷，第737页。

是土地在经济上的表现形式，权利的运行实质上是经济元素在法律上的反映。权利人享有权利意味着其通过土地获得相应的利益的正当依据，以土地获得利益的秩序就此形成。在资本主义法律体系中，土地之上成立的各种权利中最为重要的且具有基础性的权利为土地的所有权。权利人对于这一权利的享有即意味着对于特定的土地享有完全的支配和利用的权利。从抽象意义角度出发，土地所有权人对于土地享有占有、使用、收益和处分的权利。土地所有权人自己可以利用土地获取收益，亦可以将土地出租他人获取收益或是将土地所有权转让给他人。土地所有权人对于土地的利用受到法律保护，不受他人干预。土地作为人类开展生产活动所必须具备的生产条件，其不可避免地卷入资本主义生产关系之中。同时，土地亦显现了资本竞争的属性。利用土地进行生产的劳动者只有不断提高土地的生产效率才能有效地应对竞争者所带来的压力。这种激烈的竞争状态使得人们在生产中忘记了自己是人。[1] 资本主义土地私有制掩盖了这一切。资本主义法律确认个人对于土地享有所有权其实质就是资产阶级利用国家政权维护资本主义土地私有制的手段。

土地作为权利客体在法律允许范围内可以流转，这一流转的实质是土地作为土地资本的流转。在这一过程中，土地权利人在流转过程中获取的利益是对于特定劳动部门的利润的分享，其实质是获得特定剩余价值。在马克思看来，土地权利的流转实质是土地以地租为表现形式的流转。资本主义法律制度确认土地权利的流转，实际上是资产阶级对于土地所有权人获取地租以及土地资本化的确认。在法律上，私人具有获得土地所有权的机会，其目的不是宣布各个主体之间在法律面前真正享有平等地位，而是为了土地资本获取剩余价值创造条件。

众所周知，资本主义社会建立的经济基础为商品生产。商品的本质特征为用于交换的劳动产品，其产生的目的在于交换。而商品交换需要一定的稳定载体，这一载体便是市场。没有市场作为商品交换的载体，劳动产品的交换只能是零星或是偶然的。因此，创造和维护市场的运行是商品交换得以长久而稳定形成的重要条件。因此，培育市场成为资产阶级法律重要的使命，进而为商品交换创造必要条件，巩固和发展资本

---

[1] 参见《马克思恩格斯选集》第1卷，第38页。

主义经济基础。然而，市场的培育需要特定的市场要素的形成。这些要素主要为市场主体与特定的劳动产品。这两项市场要素进入市场亦需要特定的条件，即市场主体自身具有一定的人身自由，奴隶和农奴受到他人的人身控制不可能成为市场主体。同时，市场主体能够对于自己生产的劳动产品或是从他人那里获得的劳动产品享有相应的权利，否则，进入市场的主体在出卖相应的商品过程中可能会无权处分，进而影响市场交易安全。

因此，市场的形成必须要求市场主体需要具备相应的人身自由，同时进入市场的主体必须对于特定的劳动产品享有相应的公认的权利，进而保障市场主体对于特定劳动产品具有处分权利。唯有如此，资本主义经济发展所需要的交易市场才能形成，资本主义商品交换所需要的外在条件——市场载体才能有效确立进而促进资本主义经济长期稳定地发展。因此，资产阶级在反对封建主义过程中极力主张自由、平等的天赋人权，其真正的目的并不在于为广大受压迫人民争取自由并获得相应的权利，其真正的目的在于通过宣扬自由、平等以及天赋人权这一价值观念进而为商品交易所需市场的建立奠定基础，促进资本主义经济发展，维护资产阶级利益。对于自由、平等以及天赋人权这一价值观念的宣扬首先体现在资产阶级革命中。例如，法国大革命进行过程中首先提出了象征着资产阶级价值核心的"自由、平等、天赋人权"的革命口号。在资产阶级推翻封建势力建立资产阶级国家后，对于其核心价值"自由、平等、天赋人权"的确认和维护的任务由资本主义法律制度所承担。在各个资本主义国家法律制度均体现和贯彻了上述价值观念。在这一价值观念的指引下，资产阶级将在封建社会由封建主垄断的土地视为具有一定价值的财产，基于平等、自由、天赋人权的价值理念，每个人均可以享有的权利，在获得相应的土地财产权利后每个人均可以在法律许可的范围对于其享有权利的土地予以占有、使用、收益和处分，这一权利是每个人作为人自然所具有的权利。

依照马克思主义的平等观念，资产阶级宣扬个人平等地享有取得土地权利的机会，其对于土地享有的权利受到法律保护，并将这一权利宣称为每个人生而享有的权利，具有一定的虚伪性。资产阶级宣扬的平等仅仅是一种形式的平等、一种内含维护资产阶级利益的平等。这种平等是阶级社会中的所谓的平等。① 而对于无产阶级而言，其远没有在资本主义生产关系统制之下真正获得与统治阶级——资产阶级平等的地位。在土地领域，这种不平等集中表现为资本主义生产关系统制之下的土地私有制。马克思在《论土地国有化》中指出："我不想在这里讨论那些主张土地私有的人，那些法学家、哲学家、政治经济学家所提出的全部论据，我只想首先指出，他们曾千方百计地用'天然权利'来掩盖掠夺这一原始事实。"② 在《1857—1858年经济学手稿导言》中马克思指出，法律虽然能够规定土地这一生产资料归属于家庭所有，尽管法律认可这种土地的析分状态，但是其并不能阻止现实中的土地的集中。③ 可见，法律制度对于土地利用秩序的建立只是相对的，对于土地利用秩序的形成不能起决定性作用。法律制度只是土地利用秩序在经济方面的反映。资本主义土地法律制度只是维护资本主义土地秩序的手段而已。尽管在资本主义制度确立后，资产阶级在革命过程中或是在资产阶级改良过程中接收封建势力掌握和控制的土地，在土地权利革新的过程中，资产阶级虽然宣扬个人平等地享有取得土地的权利，其对于土地享有的权利受到法律保护，并将这一权利宣称为每个人生而享有的权利，但大部分土地权利实质上掌握在代表资产阶级利益的资本家手中，广大劳动人民没有真正获得土地相应的权利。

　　资产阶级对此的解释是，获得相应的财产权（土地的权利）在法律上只是将其作为机会加以确认，至于是否能够真正获得相应的土地权利是具有不确定性的。由此可见，在资本主义法律体系之中，特定主体能否获得相应的土地权利只具有形式意义。广大劳动人民没有实质掌握国家的土地权利，土地私有制的形成使得资产阶级掌握了这一生产资料，进而加深了对于广大劳动人民的剥削。无产阶级的平等观念是要实现实质意义上的平等，这种平等不应当是表面的，不应当仅仅限于国家领域，而应当是现实的，需要在社会领域、国家领域实行。④ 在马克思看来，资

---

① 参见《马克思恩格斯选集》第3卷，第482页。
② 《马克思恩格斯选集》第3卷，第175页。
③ 参见《马克思恩格斯文集》第8卷，第22页。
④ 参见《马克思恩格斯选集》第3卷，第484页。

产阶级通过制定法律的形式来确认私人对于土地享有权利的正当性，其实质无非资产阶级凭借其统治阶级地位制定反映其阶级意志的法律进而获得土地权利并维护相应的社会秩序，而这一法律秩序维护的实质力量为统治阶级利用国家机器可以实施的暴力。①

(二) 论断的批判向度

从批判向度角度来看，资产阶级通过确立抽象的土地所有权制度维护资本主义土地私有制，抽象的土地所有权具有一定的虚伪性。土地是人类生存和发展的重要物质资源，土地既是劳动对象又是劳动资料（或者提供劳动资料），控制和支配土地就意味着掌握了人类生存和发展所必需的劳动对象和劳动资料。② 这是土地自然属性的表现，这一自然属性是土地作为自然历史过程形成的产物表现。③ 由此决定土地的自然属性并不是以人的意志为转移的。同时，土地与劳动力结合进入人类社会又具有了一定的社会属性。这一社会属性表现为土地的占有和支配主体可以获得收益。事实上，土地的这一社会属性是由其自然属性所决定的。人类通过与土地建立联系，以土地为中介建立其社会关系并赋予了土地以相应的社会属性。土地成为资本，在土地之上进行连续的投资能够带来利益，由资产阶级所垄断，同时不会使以前的投资丧失作用。土地所有权——准确地说是资本主义土地私人所有权的确立对于资本主义生产方式的确立起到了基础性的作用。④

在资本主义社会，土地以资本的身份进入人类社会后便需要服从人类社会发展的规律，即资本主义社会规律的支配，这一规律集中表现为

---

① 马克思在《论土地国有化》中明确指出："在历史的进程中，掠夺者都认为，最好是利用他们硬性规定的法律，使他们凭暴力得到的那些原始权利获得某种社会稳定性。"参见《马克思恩格斯选集》第3卷，第175页。

② 马克思认为："土地（在经济学上也包括水）最初以食物、现成的生活资料供给人类，它未经人类的协助，就作为人类劳动的一般对象而存在。""土地本身是劳动资料，但是它在农业上要起劳动资料的作用，还要以一系列其他的劳动资料和劳动力的较高的发展为前提。"《资本论》第1卷，第208—209页、第209—210页。

③ 参见《剩余价值理论》第2册，第273页。

④ 马克思指出："土地所有权的垄断是资本主义生产方式的一个历史前提，并且始终是它的基础。"参见《资本论》第3卷，第696页。

土地作为生产资料和劳动对象发挥作用的劳动生产领域。土地的资本属性显现的同时意味着其为资本家所掌握。资产阶级为了维护土地私有制，通过确立抽象意义上的土地所有权制度进而维护土地私有制这一秩序。马克思意识到资本主义所有权制度的虚伪性进而对其展开批判。在《哲学的贫困》中，马克思认为，对于所有权这一概念的认知应当从其产生的现实、具体的社会关系入手，而不应当将其作为一种静止的、永恒的、抽象的观念。① 在《资本论》中，马克思对于这一观点予以进一步阐释，土地所有权形成的前提是"一些人垄断一定量的土地，把它当做排斥其他一切人的、只服从自己私人意志的领域"②。在马克思看来，土地所有权这一形成的前提仅仅具有形式性，其形成的本质在于人类社会的经济关系。法律观念上的所有权只是能够单纯地描述土地具有可交换性。③ 在人类社会具体的经济关系中，所有权事实上已经先于人们的观念而存在，它是人类社会现实、具体的经济关系的反映，其来源于社会现实而并非人类的观念，人类的所有权观念仅仅是对所有权这一经济关系的现实反映。④

这一观点的阐述深刻揭示了所有权的真正本质。以此推论，资本主义社会土地所有权的产生并非基于抽象的、永恒的人的观念，而是基于对于土地在资本主义社会所扮演的角色而形成的人与人之间关系的客观反映。私有制是资本主义经济秩序的根本特征，所有权必然服从这一秩序，必然具有私有制的属性。土地所有权是资本主义所有权的重要种类，因此其必然具有私有制的属性。基于对资本主义土地所有权本质的认知，马克思认为资本主义土地所有权的正当性必然受到质疑，这一质疑来源于形式意义上的土地所有权的本质为维护资本主义土地私有制的工具。

---

① "在每个历史时代中所有权是以各种不同的方式、在完全不同的社会关系下而发展起来的。""要想把所有权作为一种独立的关系、一种特殊的范畴、一种抽象的和永恒的观念来下定义，这只能是形而上学或法学的幻想。"参见《马克思恩格斯选集》第 1 卷，第 258 页。

② 《资本论》第 3 卷，第 695 页。

③ 马克思指出："用这些人使用或滥用一定量土地这样一种法律权力来说明问题，是什么问题也解决不了的。土地的这种使用，完全取决于不以他们的意志为转移的经济条件。"参见《资本论》第 3 卷，第 695—696 页。

④ 马克思在《哲学的贫困》中明确指出："土地所有权总是出现在信用之前，所以蒲鲁东先生的惧怕空虚是不可能存在的。"参见《马克思恩格斯选集》第 1 卷，第 259 页。

在资本主义社会,作为生产资料以及劳动对象的土地本质不再仅仅是单纯以客观物质为外在表现形式的土地,而是进入生产关系领域,其在这一领域表现为地租。在马克思看来,地租是"占有本人再生产所必需的劳动条件的直接生产者必须向这一状态下无所不包的劳动条件即土地的所有者提供的唯一的剩余劳动或唯一的剩余产品"①。依据这一定义,首先,地租的享有者为土地的所有权人,其享有地租是依据其对于特定土地资源的垄断;其次,地租产生的原因在于土地作为生产条件的必然性,即人类任何生产活动都需要利用土地,土地成为任何生产活动的必要条件;最后,地租的本质为剩余劳动或剩余产品,其本质为剩余价值的表现。② 土地在生产领域成为资本,土地的资本化使得人们对于土地的认知彻底发生了变化,对于土地认知不能仅仅停留在外在物质形态。③ 土地所有者依凭其土地所有者的身份获得剩余价值,成为剥削者。土地所有者获得该部分报酬是来源于无产阶级劳动者的剩余劳动并非基于其自身劳动所得,因而其并不具有正当性基础。④ 因此,资本主义土地私有制下的土地所有权人依凭其所有权人身份获得地租的经济秩序应当就此废除。废除这一经济秩序的关键措施在于废除资本主义土地私有制,建立土地公有制。土地国有化是土地公有制的重要表现形式。可以说,马克思对于资本主义土地私有制下地租本质的认知揭露了资本主义土地私有制是维护土地所有权人剥削地位的经济手段,对其加以批判为土地国有化的确立奠定了重要的基础,增强了土地国有化确立的现实必要性和现实指向性。

---

① 《资本论》第 3 卷,第 898 页。

② 马克思指出:"地租的本质就在于,它是剩余价值或剩余劳动的唯一的占统治地位的和正常的形式。"参见《资本论》第 3 卷,第 897 页。

③ 马克思在《哲学的贫困》中针对蒲鲁东对于土地观念予以评价时指出:"蒲鲁东先生的土地物质,就是有界限的土地。"但在马克思看来,土地进入生产关系领域,其本质表现为资本。"按照蒲鲁东先生的说法,我们不能在土地的物质成分上添加任何东西,但是我们可以增加作为生产工具的土地。人们只要对已经变成生产资料的土地进行新的投资,就可以在不增加土地物质即土地面积的情况下增加土地资本。"参见《马克思恩格斯选集》第 1 卷,第 267 页。

④ 恩格斯在《国民经济学批判大纲》中指出:"土地占有者无论如何不能责备商人。他靠垄断土地进行掠夺。他利用人口的增长进行掠夺,因为人口的增长加强了竞争,从而抬高了他的土地的价值。他把不是通过他个人劳动得来的、完全偶然地落到他手里的东西当做他个人利益的源泉进行掠夺。"参见《马克思恩格斯选集》第 1 卷,第 30 页。

值得注意的是，小的土地所有制是前资本主义社会中土地所有制的一种典型形态。在资本主义生产关系统制之下，小的土地所有制是资产阶级获得土地过程中予以掠夺的对象，但小的土地所有制仍然存在。以资产阶级主张的"天然权利"为小的土地所有制的存在予以辩护亦是马克思所反对的观点。原因在于，小的土地所有制的存在使得土地所有权的细碎化在所难免，进而阻碍土地利用效率的提高。资本主义土地私有制使得个人能够成为土地的所有权人，进而可以保留小范围的土地作为生产资料维持生计。但是小块土地的所有权人其利用土地进行生产的方式相对落后，土地所有权人从土地之上获得的劳动产品多数情形下是供其自身消费的劳动产品而并非资本主义生产方式中的商品。在资本主义生产方式确立后，依靠土地生产的劳动产品需要转化为商品，在这一转化的过程中，小块土地的所有权人生产的劳动产品难以与大规模利用土地者所生产的劳动产品在竞争中占得优势，进而使得小块土地经营走向破产。这一过程亦被视为资产阶级剥夺小农并使之转化为无产者的重要方式和途径。从社会生产力发展的角度来看，小块土地经营难以具有进步性。① 小土地所有制必然需要进一步改造。在无产阶级取得国家政权后，对于小土地所有制的改造应当采取土地国有化的策略。因此，土地国有化是改造小土地所有制的重要举措。对于小土地所有制的批判亦为土地国有化的确立提供了现实必要条件。

（三）论断的学理内涵

对资本主义生产关系下主张私人对享有的所有权是一种"天然权利"的批判彰显了马克思对于资本主义土地私有制下土地权利本质的深刻认知，揭示了资本主义土地私有制下土地权利的虚伪性。这一论断成为马克思批判资本主义社会现实的重要组成部分。这一论断通过揭示资本主义生产关系统制之下法律制度层面土地权利制度的虚伪性来分析其产生的原因，即资本主义生产关系下的土地权利是维护资本主义土地私有制

---

① 针对小土地所有制，马克思曾经指出："小块土地所有制按其性质来说排斥社会劳动生产力的发展、劳动的社会形式、资本的社会积聚、大规模的畜牧和对科学的累进的应用。"参见《资本论》第3卷，第912页。

的工具，它的存在只是资产阶级为了维护其对无产阶级进行剥削的政治手段。马克思对资本主义生产关系统制之下法律制度层面土地权利制度的虚伪性的揭示以及原因分析，进而为无产阶级的土地权利观念——土地国有化的确立奠定了重要的前提基础。就现实意义而言，在当代中国反对以"天然权利"为借口为资本主义土地私有制辩护，就是要坚持土地公有制。而从法律制度建设和完善入手，维护土地公有制。

二 土地国有化将消除资本主义生产方式进而为社会主义生产方式奠定基础

（一）论断的提出语境

马克思在《论土地国有化》中明确指出，土地的国有化将最终消灭资本主义剥削的现实基础。这意味着土地国有化使得土地这一人类生存和再生产最为重要的生产资料将归属于全体劳动人民。全体劳动人民成为土地这一生产资料的主人，土地生产的产品以及由土地产生的利益将由全体劳动人民享有，资本主义生产方式建立的基础：劳动者与劳动条件相分离的基础将就此不复存在。[①] 以土地公有制为实质表现的社会主义生产方式得以建立。这一生产方式因此能够取代资本主义生产方式。

（二）论断的批判向度

以土地国有化方式确立社会主义生产方式这一论断不仅以资本主义土地私有制为批判对象，而且对于小土地所有制亦进行了必要的检视。

小的土地所有制不符合社会生产力发展的根本趋势，社会主义生产关系的确立无法保留小的土地所有制。封建土地所有制是以大的封建主占有土地并将其土地交给自由农民或农奴耕种的土地所有制。在资本主义反对封建主义过程中，资产阶级提倡建立资本主义土地私有制（主要为农民土地私有）。资本主义土地私有制在促进和提高社会生产力以及促进资本主义经济发展过程中发挥了重要作用。在历史发展进程中，以农民土地所有制为主要表现形式的土地私有制具有一定的进步性。因此，

---

① 参见《剩余价值理论》第1册，第56页。

马克思曾经指出："变封建所有制为农民所有制曾经是一种社会必然性。"[①] 但是随着资本主义经济的发展，这一土地所有制受到了大土地所有制的排挤。小土地所有者获得的农产品的生产成本较高，无法与大土地所有者竞争。从经济发展的现实条件来看，小土地所有制建立的前提是大多数人生活在农村，社会化的劳动还未普及，占统治地位的还是孤立的劳动。这种情况下，财富和再生产的发展所需要的物质条件和精神条件都是不可能的，因此合理的耕种条件还不具备。[②]

（三）论断的学理内涵

土地国有化是土地公有制的一种实现方式。土地国有化对于消灭资本主义私有制具有相当重要的作用。土地是人类进行生产活动的前提基础，是人类进行生产活动的必要条件，是人类从事生产的必要生产资料。土地私有制的产生为资本主义生产关系的确立创造了必要条件，即生产资料和劳动者的分离。资产阶级通过掠夺小的土地所有者的土地，同时利用资本主义生产的优势使得小的土地所有者在商品出售的自由竞争中破产进而兼并其土地。资产阶级逐渐对土地这一生产资料形成垄断，土地所有者依凭其土地所有者的身份便可以从产业资本家手中获得本应当由其享有的雇佣工人的剩余价值。土地国有化使得土地归属于国家所有，这一所有的实质表现为全体劳动人民占有土地。土地作为生产资料的这一占有的转变实现了生产者与劳动资料的重新结合，资本主义生产关系确立的条件与基础——生产资料与劳动者相分离从此消失。此时，劳动者成为土地这一生产资料的主人，掌握了生产资料的劳动者无须再以出卖自己的劳动力为生存的条件，进而能够摆脱资本家的剥削。同时，土地国有化意味着资本主义土地私有制的瓦解，土地所有者不再拥有土地，进而无法依凭土地所有者的身份对雇佣进行剥削。因此，在资本生产关系中，作为对雇佣工人的剥削者——土地所有者与产业资本家均丧失了对于雇佣工人进行剥削的机会。雇佣工人被剥削的命运将彻底改变。可以说，土地国有化为破除资本主义生产关系中存在的雇佣工人受到剥削

---

① 《马克思恩格斯全集》第16卷，第648页。
② 参见《资本论》第3卷，第918页。

的经济基础创造了条件。资本主义生产关系赖以存在的基础便就此动摇并消失。资产阶级剥削工人的现实基础便从此消失。土地这一生产资料的占有转变为扼住了资本主义生产关系存续的咽喉。消灭资本主义生产关系并不意味着人类社会生产关系的终结,而是以此为起点建立更为高级的、符合人类社会发展规律的生产关系。这一生产关系便是以公有制为基础的社会主义生产关系,这一生产关系的建立是以土地公有制的建立为基础,其中土地国有化是土地公有制实现的一种重要方式。同时,土地的国有化为社会主义生产关系的巩固起到一定的积极作用,这一巩固表现为土地国有化意味着土地作为生产资料的收益由全体劳动者享有,全体劳动者因为获得土地收益而更加拥护土地国有化。由此可见,土地国有化将消除资本主义生产方式进而为社会主义生产方式奠定基础的论断具有深刻的理论依据。

但值得注意的是,在资本主义社会中保留的小土地所有制兼有原始社会的一切粗野性和文明国家贫困的痛苦,同时创造了一个半处于社会未开化的阶级。[①] 小土地所有制在资本主义生产关系普遍建立的情况下,难以适应资本主义生产关系的发展,进而制约了社会生产力的发展。但是这种土地所有制在资本主义社会并不会消灭,它与大土地所有制在资本主义生产关系中仍然并存。[②] 在推行土地国有化过程中,消除资本主义土地私有制是其应有之义。资本主义大土地所有制(大规模的土地、矿山、森林)要归属国家,但是对于小的土地所有制即农民土地所有制是否属于土地国有化的范畴则在无产阶级内部存在一定争议。马克思在1869年7月6日总委员会会议上讨论巴塞尔代表大会议程时针对一小部分拥护土地私有制的人(会议代表工人米尔纳)以私人对于土地所有权的享有为天然的权利这一论点展开批判,强调土地的国有化才是无产阶级取得国家政权应当推行的正确的土地政策。

无产阶级在取得国家政权后应当坚决实施土地国有化政策,这一政策的实施要反对两种所有制:一种私有制为资本主义土地私有制;另一种所有制为小的土地私有制,而并非仅仅反对前者。

---

① 参见《资本论》第3卷,第919页。
② 参见《资本论》第3卷,第919页。

三 土地国有化是社会发展的必然结果

（一）论断的提出语境

无产阶级取得国家政权后必然要实施土地国有化。这一结论的得出基于下述情形：资本主义土地私有制成为维护资产阶级对于无产阶级剥削的重要制度基础，无产阶级革命必然包括土地革命。土地革命开展的依据为社会发展的需求。只有消灭资本主义土地私有制，资产阶级对于无产阶级进行剥削的物质基础才能被打破。土地国有化是资本主义土地私有制的有效替代方案。

（二）论断的批判向度

在资本主义土地私有制中，一种观点认为，私人对于土地的占有和支配亦并非完全能够作为剥削者存在，反而成为资本家的剥削对象。[①] 在无产阶级土地革命的过程中，小的土地所有制应当被保留。具有较大价值的土地附着物——矿井、森林变为公共财产并不存在异议，但是对于小农所拥有的小块土地，即小所有制存在的必要性在无产阶级内部则存在一定争论。[②] 还有观点认为，无产阶级在取得国家政权后可以实施农民联合占有土地的政策亦可以实施土地国有化的政策。无产阶级在取得国家政权后实施什么样的土地政策，在无产阶级内部亦存在不同主张。

针对第一种观点，马克思认为，小的土地所有制在反对封建土地所有制过程中具有一定的必然性和历史进步性，但是在资本主义社会，小的土地所有制存在的理由是基于抽象的土地权利主张，而这种抽象的权利主张实质是在维护资本主义土地私有制剥削的基本秩序。抽象的土地所有权的主张忽视了社会化生产背景下社会生产合作化的发展趋势，土地作为社会生产资料在社会生产方式发生变革后其作用亦随之发生变化，

[①] 恩格斯在《〈德国农民战争〉序言》中指出："还有的农民是在自己的小块土地上进行经营。他们大都承受着抵押借款造成的沉重压力，因而就像佃农依附地主那样依附高利贷者。他们只能获取很少一点劳动报酬，而且这种劳动报酬由于年成的好坏不同而极不稳定。"参见《马克思恩格斯选集》第3卷，第29—30页。

[②] 参见《马克思恩格斯全集》第16卷，第648页。

抽象的土地权利应当蜕变为具有社会属性的土地权利。[①] 因此，马克思认为，小的土地所有制已经不能适应生产社会化的发展，其难以具有时代进步性，能够适应社会化大生产的土地所有制才是应当值得提倡的。针对第二种观点，明确指出土地国有化才是无产阶级取得国家政权后应当实施的正确的土地政策，理由在于土地国有化意味着国家成为土地所有权的主体，无产阶级统一进行土地的经营管理，土地的利用与国家统一进行的社会化生产之间能够有效协调，进而消除生产社会化与生产资料私有制之间的矛盾。因此，土地国有化更加符合社会发展的现实需求。

（三）论断的学理内涵

这一论断的提出事实上是马克思历史唯物主义观点在解决土地问题中的具体应用。依据马克思历史唯物主义观点，人类社会是一个历史发展的过程。在这一过程中，人类社会的形成、发展并非偶然，而是受到一定客观现实规律的支配，即人类社会的形成、发展受到特定历史时期社会生产力的支配，社会生产关系必须适应社会生产力的发展。这一规律是现实存在的，而并非由人的意识所决定。由此决定，人类对于社会生产力对社会形成、发展的作用的了解必须从社会现实出发，而不能仅仅从意识出发。

依循这一规律，就土地问题而言，土地作为一种重要的生产资料，人类在利用其进行生产活动过程中应当使其能够有效促进社会生产力的发展，否则，土地的利用可能对人类社会的发展产生负效应。这一目标的实现，需要人类在利用土地的过程中关注社会现实，进而掌握并摸清社会生产力在现实中的作用，使围绕着土地所建立的具体的社会生产关系能够适应社会生产力的发展。而土地国有化的实施能够适应生产社会化的现实需求（通过土地规模化的经营提高农业生产效率），促进社会生产力的发展，代表未来社会发展的趋势。因此，土地国有化是社会发展的现实需求。

---

① 参见《马克思恩格斯全集》第 16 卷，第 648 页。

四 根据本国的实际情况灵活推进土地国有化

(一) 论断的提出语境

在《论土地国有化》中,马克思认为,在实现土地国有化的过程中,土地国有化的推行需要一定的现实条件。这意味着无产阶级在取得国家政权后应当依据实际情况判断是否具备实现土地国有化的条件。马克思认为,在不具备实施土地国有化的情况下,引导农民由土地所有制向集体土地所有制过渡是极为必要的。

(二) 论断的批判向度

这一论断针对的是如何实现土地国有化,即土地国有化的实现策略。在马克思看来,土地国有化的实现要根据本国的实际国情,不能采取"一刀切"的策略。针对不同的国情采取不同的策略才能保证土地国有化政策的实现。在《论土地国有化》中,马克思分析了法国土地所有制的现状,其认为法国土地所有制是一种小农的土地所有制,这种土地所有制的现实存在使得土地国有化不具备现实基础,有力地驳斥了将土地国有化神圣化、理想化的观点。同时,马克思在《给维·伊·查苏利奇的复信(初稿)》中认为,俄国土地具有地势平坦的优势,适合大规模土地耕种,加之俄国的农业生产保留公社所有制,俄国农民具有进行合作化农业生产劳动的习惯。其认为,俄国可以不通过资本主义制度而将资本主义制度中农业生产的积极成果吸收到公社中来,通过对于俄国公社土地所有制的改造,即保留其土地公有制的性质同时消灭其中包含的土地私有制的因素,进而成为适应现代社会发展的新的土地公有制形式。[①]

可见,在马克思看来,俄国这一农业发展水平相对落后的资本主义国家反而更加具备实现土地国有化的现实条件。这一观点有力地驳斥了推行土地国有化坚持教条主义的观点。同时,马克思认为,土地国有化的推行要尊重农民的意志,不能采取强迫农民、剥夺农民的方法,有力地驳斥了土地国有化中脱离群众的观点。可以说,这一论断是针对土地

---

① 参见《马克思恩格斯选集》第3卷,第825、826页。

国有化的神圣化、理想化观点，推行土地国有化教条主义观点以及土地国有化脱离群众的观点而提出。

（三）论断的学理内涵

这一论断实际上是马克思历史唯物主义观点在实施土地国有化政策中的具体体现。从实际出发，实事求是是实现土地国有化的必要条件。这就要求在推行土地国有化过程中尊重客观实际，不能忽略客观存在的经济社会现实条件对于土地国有化政策推行的制约。如果忽视客观条件的制约，则土地国有化政策将无法推行。同时，在土地国有化政策的推行过程中要尊重农民意愿，即应当坚持群众观点。不能违反农民意愿强制推行土地国有化。

马克思在《论土地国有化》中对于保留小的土地所有制是农民应当享有的一种天然的权利的主张予以了反驳。主张土地私人所有制（主要为农民的土地所有制）不应当予以保留。[①] 因此，无产阶级在夺取国家政权后实施的土地国有化应当为彻底的土地国有化，即不保留农民的小的土地所有制，进而防止以私有制为基础的资本主义生产关系的复辟。

土地国有化的确立意味着资产阶级经济学家所标榜的资本主义生产关系是人类永恒的、具有正当性的社会生产方式成为不攻自破的谎言。就土地而言，资本主义土地私有制是这一生产方式确立的必要条件。但是资本主义土地私有制的存在是极其荒谬的。在经济上，这一土地所有制使得劳动者与其生存与再生产密切相关的土地相分离，成为被剥削的对象。同时，这一土地所有制使得土地所有权人能够不付出任何劳动仅仅依凭其土地所有权人的身份就能够获得收入，加重了对于雇佣工人的剥削。本应存在的土地的其他属性完全被其经济属性所取代和掩盖。因此，资本主义土地私有制并非人类社会理想的土地所有制亦并非人类社会必然、永恒存在的土地所有制。

---

① 《马克思恩格斯全集》第16卷，第823页。

第 六 章

《论土地国有化》基本原理通释

马克思在《论土地国有化》中主要解决了为什么要实现土地国有化、怎样实现土地国有化、实现土地国有化所要注意的问题以及土地国有化实现的效果等问题。在针对上述问题的论述过程中，马克思揭示了有关土地国有化的一系列原理，进而为土地国有化思想的形成提供了有效支撑。

一 土地是人类赖以生存与发展的最为重要的物质基础之一

（一）原理的提出目的

在《论土地国有化》中，马克思指明了土地问题的重要性，即事关无产阶级未来发展。土地问题之所以重要，其中暗含的基本原理即土地是人类赖以生存与发展的最为重要的物质基础之一。这一基本原理提出的目的在于以下两方面。

一是教导无产阶级树立正确的土地观念。土地问题具有重要性这一结论的依据是马克思历史唯物主义理论。由此可见，人类的生存、发展对土地具有物质依赖性。在马克思看来，土地首先是一种物质，这一物质形态的存在是人类赖以生存与发展的最为重要的物质基础。土地是客观物质世界的构成部分。没有土地，人类的任何活动都无法开展。土地对于人类来说具有极端重要性，其重要性集中体现在其为人类从事生产活动所必须具备的生产资料。

二是以正确的土地观念为指导，将土地国有化纳入无产阶级革命的范畴。既然土地是人类赖以生存与发展的最为重要的物质基础之一，是整个社会成员生存和发展所依赖的共同物质基础，这一生产资料就不能以私人垄断为前提成为买卖的对象与劳动者相分离，资本主义土地私有制使得土地成为商品不具有正当性。① 土地应当成为全体劳动者共同占有的生产资料而并非应当由私人垄断同时作为买卖对象。

（二）原理的思想史关联

唯物主义观点贯穿于马克思分析土地问题之中。土地首先表现为客观的物质形态，这一形态使得土地能够为人类所利用，人类能够从利用土地的过程中获得相应的物质资源，土地成为人类的劳动对象和必要的劳动条件，这体现了唯物论的观点。从这一观点出发得出的结论便是土地资源对于人类的生存和发展具有极端重要性，由此延伸的相关问题便是由谁支配土地资源、如何支配土地资源，以此为线索对人类占有和利用土地的历史予以梳理，为马克思主义土地理论的形成奠定坚实基础。

在马克思看来，土地归属问题不能单纯以某一具体社会形态为出发点，而应当将其放置于整个人类历史发展过程中予以分析。换言之，马克思关注的土地归属问题并非某一具体形态社会中的某块或某些土地归谁所有，而关注的是土地在不同的人类发展历史阶段由哪一个群体或阶级掌握、控制，某一群体或阶级掌握、控制土地的人类社会现象称为土地所有制，即"一些人垄断一定量的土地，把它当做排斥其他一切人的、只服从自己私人意志的领域"②。马克思从历史唯物主义角度出发，分析了人类社会历史上曾经存在过的土地所有制形态有如下几种：亚细亚土地所有制、古代土地所有制、日耳曼土地所有制、资本主义土地私有制。

（三）原理的逻辑演绎

从唯物主义角度出发，土地是一种客观物质，这种物质是人类生存发展的基础。世界是物质的，"物、物质无非是各种物的总和"③，土地作

---

① 参见《马克思恩格斯选集》第1卷，第31页。
② 《资本论》第3卷，第695页。
③ 《马克思恩格斯选集》第3卷，第939页。

为一种具体的物质形态应当归类于物质这一抽象概念之中。土地属于一种物质性的自然资源，是客观物质世界的组成部分。土地是客观存在的，是客观物质世界的组成部分，这是土地的自然属性。土地的客观性决定了人们对土地的认知，而不是人们的观念决定对土地的认知。

就人与土地的关系而言，土地是重要的生产资料，亦是人们获得生活资料的不可或缺的自然基础，但是人类同时又能够对土地进行积极的利用和改造。可以说，土地在人们的生产、生活中扮演了极为重要的角色。正如马克思所言："土地是一个大试验场，是一个武库，既提供劳动资料，又提供劳动材料，还提供共同体居住的地方，即共同体的基础。"[①]"土地（在经济学上也包括水）最初以食物，现成的生活资料供给人类，它未经人的协助，就作为人类劳动的一般对象而存在。"[②] 无论面临多大的障碍，人类都会努力克服这一障碍，占有土地使其成为人类生活和工作的场所。在某种意义上，土地成为人类有机体的自然延伸。[③]

（四）原理解决的理论问题

土地是人类赖以生存与发展的最为重要的物质基础之一。这一原理的揭示解决了无产阶级如何认识土地的自然属性问题，为更好地利用土地以及将土地革命纳入无产阶级革命范畴奠定了基础。

首先，对土地的自然属性的认知决定了无产阶级在利用土地的过程中应当使自身利用土地的行为符合自然规律，不能违背这一规律，进而实现人对土地的合理利用。在近代资本主义迅速发展的时期，由于资本家对于剩余价值的追求，其对土地的利用恰恰忽略了这一点，进而使得地力损耗，自然环境遭到破坏。[④] 对土地的掠夺式利用在农业生产领域表现得尤为明显。马克思认为，农业生产对于土地耕作如果是自发地进行而不加以有意识的控制，会导致土地的荒芜。与之相反，对土地的耕种有意识地加以控制，禁止用掠夺方式进行农业生产，防止土地的荒芜是

---

① 《马克思恩格斯选集》第2卷，第726页。
② 《资本论》第1卷，第208—209页。
③ 参见《马克思恩格斯选集》第2卷，第728页。
④ 参见《马克思恩格斯选集》第4卷，第628页。

一种社会主义倾向。① 恩格斯则对俄国的土地耕种情况进行考察后认为，由于人们采取掠夺式的农业生产方式，对森林进行大面积砍伐，忽略了对土地利用的合规律性，进而导致俄国许多最肥沃的土地的地下水位下降，致使庄稼无法获得充分的水分，进而导致农业生产的灾难。② 因此，恩格斯在《自然辩证法》中提出警告，人类不能过于陶醉于征服自然的胜利中，而是应当从客观规律出发合理地利用土地进行农业生产，否则将遭到自然界无情的报复。③

其次，土地革命应当成为无产阶级革命的一部分。由于土地是人类赖以生存与发展的最为重要的物质基础之一。无产阶级在进行革命过程中必须要解决土地问题。对于土地问题重视和解决是由其作为物质条件的极端重要性所决定的。同时，土地是人类赖以生存与发展的最为重要的物质基础之一这一基本原理的确立意味着无产阶级土地革命的任务为实现全体社会成员的占有，使土地成为全体社会成员的公有物质财富，使土地自然属性能够充分释放。

二 土地具有作为生产资料的社会属性

（一）原理的提出目的

马克思在《论土地国有化》中对土地国有化实现的效果进行了描述，土地国有化实现的重要的效果之一便是生产资料的全国性集中，将为全国范围内的平等、自由的生产者联合创造重要的物质基础。在这一表述中暗示了土地在人类社会之中具有生产资料属性，这一属性是土地在公有制社会中属性的集中体现。这一原理阐释了土地在社会主义或共产主义公有制社会中的属性，进而明确土地国有化的正当性。

（二）原理的思想史关联

土地在人类社会发展的不同历史时期，其具有不同的社会属性，而

---

① 参见《马克思恩格斯选集》第4卷，第471页。
② 参见《马克思恩格斯全集》第29卷，人民出版社2020年版，第485页。
③ 参见《马克思恩格斯选集》第3卷，第998页。

其社会属性具有不同的表现形式。

在原始社会，这一形态的社会表现为"家庭的组建、扩大以及家庭之间通过姻亲关系的联合成为组织规模更大的部落得以建立的自然基础"[1]，这时的社会是由上述共同体组成。这种共同体是亚细亚土地所有制建立的前提，这一前提的形成是自然条件作用的结果。这种共同体的表现形式不尽相同，一般的表现形式为，各个小共同体是事实上的土地所有者，在各个小共同体之上存在一种总合共同体，这种总合共同体可以是唯一的土地所有者，亦可以在保留小共同体土地所有权的情况下，成为更高一级的土地所有者。就共同体中的成员个体而言，单个人则同自己的家庭一起，独立地在分配给他的份地上进行劳动，其事实上失去了财产，获得占有的土地不过是共同体为中介而获得的赐予，其在土地上劳动所获得的剩余劳动产品最终归属于最高级别的共同体（公社），但是这种劳动具有统一性。对于通过劳动而占有的共同条件（如公共道路、灌溉渠道），则是通过各个家庭的家长、小的部落的首领作为代表与其他家庭或部落相互联系、协商后予以共同使用和占有。此时，土地与共同体成员紧密结合，共同体成员通过利用土地满足其基本生存需要，土地在这一历史时期呈现为生产资料属性。

在奴隶制社会，土地所有制仍然是以共同体为基础，但是与亚细亚所有制不同的是，共同体的实体化属性遭到破坏，个体与共同体之间的实质性关系逐渐淡化，个体是以城市作为个体的居住地和耕作的空间领域。[2] 土地一部分处于公有状态，一部分则被分割成为私人所有的土地。这一土地所有制与亚细亚土地所有制相同之处在于，个人的成员身份仍然是其占有，甚至作为私有土地所有者的前提，这种主体与特定的身份相结合成为共同体存在的基础和前提。正如马克思所言，共同体成员身份与共同体允许其成员占有小块土地成为两个显著的要素，既是公社得以维系的基础，亦是公社成员基于身份而获得一定自由的必要条件。[3] 同时，土地私有还处于萌芽阶段，这种土地私有还需要依附于共同体，这

---

[1] 参见《马克思恩格斯选集》第 2 卷，第 725 页。
[2] 参见《马克思恩格斯选集》第 2 卷，第 727—728 页。
[3] 参见《马克思恩格斯选集》第 2 卷，第 729 页。

种依附关系表现为共同体成员只有具备成员身份,其作为私有土地所有者的身份才能得到认可和维持。由此决定这种土地私有不能使得私有者发家致富,而只能将自己作为公社成员再生产出来。这种土地私有的生产水平只能到达使得所有者处于自给自足的状态。土地的生产资料属性仍然占主导地位。但是由于此时人类社会进入了阶级社会,奴隶主阶级对于土地资源占有和支配的权力逐渐形成,对土地的占有和支配的权力成为奴隶主阶级对奴隶进行统治的重要手段,此时土地的统治职能逐渐显现。

在封建社会,以乡村农业生产生活为特定的历史条件所产生的土地所有制逐渐形成。作为乡村土地所有者的公社不再是一种实体化的存在,而是成为一种联合的形式,而并非一种联合体。[①] 这种联合实质上是个人私有财产联合的一种形式。此时,土地中的一部分仍然属于公社所有,不过这种公共土地只是在被需要时作为狩猎场、牧场、采樵场所。这种公共土地作为一种财产只是个人土地财产的补充。"在这里,公社土地财产与个人土地财产之间存在一种微妙的关系,即个人土地财产既不是公社财产的中介亦不会与其形成对立关系,公社仅仅存在于拥有个人土地财产成员的相互联系之中。"[②] 这种具有浓郁的乡村气息的土地占有形式,具有孤立性的特征,通过对小块土地的占有,单个家庭就可以构成一个经济体,农业生产是这些家庭成员的主业,以纺织为代表的初级、小规模的手工业成为家庭成员的副业。但值得注意的是,在城市,这一土地所有制实质上表现为欧洲中世纪的封建土地所有制。由于这一时期,统一的民族国家尚未建立,各个封建领主占领特定的区域后将其变为领地,领地范围内的人成为其分封的臣属或被管辖的平民。从这一现象得出的结论便是人成了土地的附属物。此时的共同体是以封建领主建立的城市为基础。不过这一共同体内部的等级分化更为明显,封建领主是其统辖范围之内土地的最终共同体的所有者的代表,封建领主将其所管辖的领地分封给下级共同体代表的封建主,由此逐级分封,最终由个体农奴实际占有特定土地并对其予以耕种,这种被称为农奴份地。上级封建主对

---

① 参见《马克思恩格斯选集》第2卷,第734页。
② 参见《马克思恩格斯选集》第2卷,第735页。

下级封建主进行土地分封不是无条件的，下级封建主需要服从上级封建主的命令、缴纳贡赋，当战争发生时，还要承担保卫上级封建主的任务。同样，获得土地的臣民亦要为赐予其土地的封建领主缴纳税赋并承担服从其命令、保卫封建领主等义务。① 这种土地占有的形式又可以称为庄园制。此时，这种共同体的土地形成多层次的占有，出现了土地占有者与土地的实际占有相分离的现象。此时，共同体土地的公共性成分已经逐渐减少，私有土地的现象已经出现并与公共土地相分离。这一现实状况的出现为封建主无偿占有农奴的剩余劳动奠定了基础，创造了特定的条件。同时，在中世纪，日耳曼土地所有制与封建庄园土地所有制同时并存，事实上为后期人类社会发展过程中形成的乡村和城市的对立起到了客观上的促进作用。这一时期，人身关系与土地紧密结合，封建主获得土地的目的是为了实现对特定主体的统治，土地的统治职能属性较为明显。

　　在资本主义社会，土地所有制与上述土地所有制最大的区别之处在于，在生产过程中，人和土地的关系发生了根本性变化。在上述土地所有制背景下的生产过程中，人与土地结合程度更高，土地被视为生产的前提基础和客观条件，是人的有机体的自然延伸。土地在生产过程中的作用仅仅表现为满足生产者的基本生活需求。土地并没有被人们视为一种财富，作为创造价值的重要物质资源。与之相反，土地常常被视为统治的工具。而资本主义土地所有制是以土地的资本化为根本特征的土地所有制。这一土地所有制是受到资本主义生产方式影响，从封建土地所有制转化而来的新的土地所有制。② 它使得土地不再仅仅作为政治统治的工具而处于从属状态，而是具有了更多的物质生产资料的属性。同时，土地所有者与土地相分离的现象进一步加剧，对于土地所有者来说，土地仅仅代表一种货币价值，从租地农场主那里征收来的土地税。在这一土地所有制中，资本家成为土地承租人，其通过支付一定的地租取得土地的使用权并在取得使用权的土地上投入资本、雇佣劳动力进行生产。这一生产模式的确立实质上使得社会成员的总体结构发生了变化，大体

---

　　① 参见何勤华、魏琼主编《西方民法史》，北京大学出版社2006年版，第155页。
　　② 参见《资本论》第3卷，第694页。

形成了产业资本家、雇佣工人、土地所有者三个阶层。此时，土地被卷入资本主义生产关系之中，土地纯化为资本，土地的社会属性表现为资本。

（三）原理的逻辑演绎

土地的自然物质属性（客观物质性）决定了人类对于土地的认知应当以其客观物质性为出发点。土地这一客观物质属性决定了土地具有实际效用，这一实际效用表现为土地是生产资料和生产条件。人类通过实践活动与具有客观物质性的土地建立了联系。以实践活动为中介，土地进入人类活动领域，同时土地亦成为人类主体的延伸。这一延伸以人类对于土地的占有和利用为表现形式，这一占有和利用意味着以实践活动为中介，主体与客体实现了在生产关系领域的相互结合，形成一个有机整体。[①] 人类对于土地的有效利用使得土地与生产主体相结合，以土地为中介而形成的关系表现为以土地的占有、支配和利用为中心形成的人与人之间的关系。

在这一领域，土地的本质又多了一重属性，这一属性事实上依附于特定的以生产力为基础的生产关系，这一生产关系决定其在人类社会的这一属性。在无产阶级取得国家政权后，土地附着于公有制生产关系，其社会属性表现为由全体劳动人民占有的生产资料。这一土地社会属性的确立符合社会生产关系的要求，进而能够最大限度地实现土地的有效利用。

（四）原理解决的理论问题

这一原理所要解决的问题是揭示资本主义生产关系统制之下的土地的社会属性表现为资本，这一社会属性的呈现预示着土地成为剥削工具，土地的社会属性遭到异化和扭曲，进而为土地国有化、促使土地社会属

[①] 马克思在《政治经济学批判（1857—1858年手稿）》中指出："劳动者把自己劳动的客观条件当做自己的财产；这是劳动同劳动的物质前提的天然统一。"从这一表述可以看出，土地以人类实践活动为中介成为人类身体的延伸，两者统一于生产关系中，即生产主体与劳动资料、劳动条件相结合。参见《马克思恩格斯选集》第2卷，第724页。

性变化的正当性奠定理论基础。

在资本主义社会，土地私有制下的土地的资本属性成为其本质表现。但是土地私有制下的土地资本化使得广大劳动人民（不享有土地所有权的主体）成为被剥削的对象，土地私有制下的土地资本化成为剥削制度存在的基础。因此，消灭剥削制度必然需要消灭土地私有制。但由此引发的问题是，消灭土地私有制后无产阶级实施怎样的土地所有制？马克思给出的答案便是土地国有化。土地国有化实现了土地的全体劳动人民占有，避免了土地收益由少数土地所有权人垄断，土地国有化的正当性得以显现。此时，土地的本质并非土地私有制下的资本，而是由全体劳动人民占有的生产资料。土地的社会属性由资本再次向生产资料回归，不过这一回归不是单纯地、机械地回归至前资本主义社会形态中的土地的生产资料属性，而是在新的社会形态（社会主义社会或共产主义社会）下的土地的生产资料属性的回归。

三 人类社会生产力发展的需求决定土地所有制的变革

（一）原理的提出目的

按照马克思有关生产力与生产关系的经典论述，生产力决定生产关系，生产关系对生产力具有反作用。土地国有化作为一种决定土地整体归属的制度，属于生产关系范畴。由此决定，国有土地的确立和发展，必须与生产力的实际状况相适应。①随着社会生产力的发展，生产社会化已经成为必然趋势。土地国有化是社会生产力发展的现实需求，是解决生产社会化与生产资料私人占有之间矛盾的重要措施。土地国有化的落实实现了全体劳动人民对土地的占有，这种占有能够实现对国有土地的统一管理和经营，先进的机械化耕种以及生产技术可以大规模推广，小农生产封闭、保守的弊端得以克服。但是这种土地占有的推广必须要与当时、当地的社会生产力相适应。忽略了生产力因素，生产力就要发生

---

① 参见陶林《中国共产党关于农村土地制度变迁的历史演进与启示》，《兰州学刊》2008年第9期。

"暴动",土地国有化就会遭到严重破坏。反之,适应生产力发展的现实,土地国有化的优势才能得以显现。

马克思在《论土地国有化》中对于土地国有化的比较优势进行了论述。他认为,实现土地国有化的一项重要的比较优势在于能够通过土地的规模化经营实现农业生产效率的提高。这一论述表明,土地国有化能够促进社会生产力的发展。这一原理的提出在于揭示社会生产力与土地所有制之间的关系以及土地国有化实现的根本动力。

(二) 原理的思想史关联

从人类社会历史发展进程来看,亚细亚土地所有制、古代土地所有制以及日耳曼土地所有制中都包含了公有因素,但是随着社会生产力的发展,公有制制约了生产的发展,公有的因素逐渐式微,由最初的具有绝对的统治地位(亚细亚土地所有制)到被私有所取代(资本主义土地所有制)。

资本主义社会,土地不仅仅局限于为人类提供物质资料,而是被卷入资本主义生产方式的旋涡之中。在土地与劳动者相结合的作用方面表现为从事农业生产的人数减少了,但是土地出产的劳动产品数量与以前一样多甚至比以前还要多。这一效果产生的原因便是土地所有权关系的变革带来的土地耕作方式的改进以及协作的扩大、生产资料的集聚等。这一变化产生的不容忽视的另一个条件便是农业实际生产者身份的转变,即由农民转变为农业雇佣工人。农业雇佣工人的劳动强度日益增加,其为自身生产(以获取其生存所必需的物质资料进行的劳动)的范围进一步变得狭窄。[①] 资本主义土地私有制在特定的历史时期促进了社会生产力的发展,但是随着社会生产力的发展,其历史局限性亦逐渐凸显。

(三) 原理的逻辑演绎

在马克思看来,在资本主义社会,土地的本质表现为资本。这一本质属性事实上是由其所处的人类社会的生产力所决定的。资本主义生产关系的确立是资本主义社会生产力发展的反映。资本主义生产方式的优

---

① 参见《资本论》第1卷,第855页。

势集中表现为社会化生产。这一生产方式打破了封建社会秩序之下孤立的、封闭的生产方式，生产资料在不同主体之间形成了有效流通，实现了资源的有效配置，生产效率进而得到了有效提升。资本的形成、聚集以及流动成为资本主义经济秩序得以维持和发展的动力。土地作为人类生存和发展所需要的最为重要的生产资料和生产条件，被赋予资本属性，参与到资本主义社会生产之中。此时，土地具有了新的本质属性——资本。[1] 可以说，人类社会生产力的发展促进了新的生产方式的形成，进而赋予了土地以新的本质。

依据历史唯物主义原理，人类土地所有制形成与发展是依循了一定人类社会发展的规律，即人类社会土地所有制的形成与发展并非杂乱无章、充满偶然性的。这一规律能够为人类所认识和掌握。这一规律便是社会生产力对于土地所有制的形成与发展起到了决定性的作用。社会生产力是客观的物质性基础，土地所有制实质上属于生产关系的组成部分，其形成与发展应当由生产力所决定。资本主义生产关系统制之下，生产的社会化与土地这一生产资料私人占有之间的矛盾决定了资本主义土地私有制必然由社会主义或共产主义土地公有制所取代。由此，恩格斯预言，人类土地所有制的发展展现出这样一条规律，即以最初的原始公有制为起点，随着社会生产力的发展，这种公有制形式与之不相适应而逐渐衰落，最终由土地私有制所取代。当土地私有制不能适用生产力发展的要求时，公有制发展重新成为一种需求。不过，这种新的公有制与原始土地公有制相比具有更高级、更发达的形式。[2] 这种更高级的形式便是在社会主义或共产主义生产关系作用之下的土地国有化。因此，土地国有化能够适应社会生产力发展的现实需求。

---

[1] 马克思指出："土地作为劳动的原始活动场所，作为自然力的王国，作为一切劳动对象的现成的武库在一般生产过程中所起的那份作用，以及生产出来的生产资料（工具、原料等等）在一般生产过程中所起的那份作用，似乎必然表现在它们作为资本和土地所有权各自应得的份额上，也就是表现在它们的社会代表在利润（利息）和地租的形式上应得的份额上。"参见《资本论》第3卷，第935页。

[2] 参见《马克思恩格斯选集》第3卷，第516—517页。

（四）原理解决的理论问题

这一原理解决的理论问题是历史唯物主义理论与土地国有化理论有效的结合，唯物主义理论为土地国有化的确立的正当性提供了必要的理论基础。

历史唯物主义原理是将人类社会形成和发展看作一个历史发展的过程，这一过程的本源及起点是人类为了生存，首先必须通过劳动从自然界获取相应的物质资源。[①] 人类从事劳动的目的在于获得物质资源满足其基本生存的需要。没有物质资源的获取，人的生存将无法满足，人类社会的形成和发展更无从谈起。这是由人是客观存在的生命体这一唯物主义理论为判断依据得出的结论。人类通过劳动从无机世界获取物质资料的同时，人的意识能够对于无机自然界存在的客观的物质进行能动的反应，这一反应表现为人的意识将客观事物作为意识能动的反应对象。在马克思看来，人类与无机世界的上述两种关联关系构成了人的普遍性。[②]

人类基于其自身意识的能动反应就具有了对于无机世界进行改造的可能性，这种活动不再仅仅局限于机械地从自然界获取物质资源进而满足生存的需要，而是能够依据自身意识的判断对于无机自然界进行改造。这是人类有意识的活动，被称为人类的类特性。这类活动不再称为劳动而是人类的生产活动。[③] 一方面，人类从自然界获取物质资源表明人类的存在是客观的、物质性的存在；另一方面，人类并非被动地受自然界摆布，而是可以依据自己的意识认识和改造自然界，人类的意识活动对于自然界产生重要影响。受制于特定历史时期的物质条件，人类基于生产活动的意识改造自然界的能力即为生产力。

生产力决定生产关系，生产关系对于生产力具有反作用是历史唯物主义的基本原理。人类通过生产活动使得社会生产力不断发展，即认识自然、改造自然以及从自然中获取生存需要的物质资源的能力不断增强。

[①] 马克思在《德意志意识形态》中指出："全部人类历史的第一个前提无疑是有生命的个人的存在。因此，第一个需要确认的事实就是这些个人的肉体组织以及由此产生的个人对其他自然的关系。"参见《马克思恩格斯选集》第1卷，第146页。

[②] 参见《马克思恩格斯选集》第1卷，第55页。

[③] 参见《马克思恩格斯选集》第1卷，第56—57页。

随着社会生产力的发展，人类生产活动的社会化的程度越来越高，土地作为重要的生产资料，其必然亦需要符合生产社会化这一发展趋势。可以说，土地公有制能够有效适应社会生产力的发展并能够对社会生产力的发展起到促进作用。土地国有化是实现土地公有制的重要方式，因而土地国有化成为社会生产力发展的必然趋势。土地的本质必然不能为资本，而是表现为国家所有的由全体劳动者所占有的生产资料。国家享有土地所有权的本质为无产阶级代表全体劳动人民对于土地进行占有和支配，土地作为生产资料与全体劳动人民相结合。

第七章

《论土地国有化》的当代意义

马克思在《论土地国有化》中集中阐述了土地国有化思想。这一思想的形成以批判资本主义土地私有制为逻辑起点，以解决无产阶级在取得国家政权后实施怎样的土地政策这一问题为核心，集中论述了实施土地国有化的必要性和现实可行性以及实施土地国有化所要具备的现实条件、土地国有化所要达到的理想效果等内容。这部著作在批判资本主义土地私有制、促进土地国有化在世界范围内的开展以及对新时期马克思主义理论的发展具有重要而现实的意义。

一 当代资本主义批判意义

（一）绝对化的土地私有制的修正

就土地制度而言，资本主义土地所有制建立在对封建土地制度的反抗与批判的基础之上，自文艺复兴以来，欧洲大陆国家普遍继受罗马法。在罗马早期，要式物曾为家族共同体所有。家族群体的解体从很早起就使罗马所有权成为个人的，但个人的所有权仍必须由独立共同体（如罗马家庭）的首领掌握，这是出于同国家和市民法相对应的需要。真正的个人所有权在法律上产生于这一时期：那些原始群体的进程又在古典家庭中重演，并且该家庭的单个成员在财产方面成为独立的主体。[①] 可见，罗马法上的所有权已经具备较为浓厚的个人主义色彩。进入中世纪后，

---

① 参见［意］彼德罗·彭梵得《罗马法教科书》，黄风译，中国政法大学出版社2005年版，第150页。

封建制度在欧洲大陆确立。封建关系的要素在于个人的维系,[1] 财产权利更多体现在人身依附关系之中。世俗封建法庭办案都十分缓慢,而且恣意作为,其做出的裁判对社会下层不公正。耕种者在这样的环境中生活,要受制于一连串轮转不停的封建义务。[2] 新兴的资产阶级成为反抗封建与宗教专制的主力军。借助文艺复兴、宗教改革和罗马法复兴三大运动,个人主义思潮逐渐发达,天赋人权说甚嚣尘上。罗马法的所有权观念与制度再现,并一跃成为欧陆法律的关注焦点。1789 年法国"人权宣言"第 17 条规定:"所有权为不可侵犯的神圣权利,非经合理证明确为公共需要并履行正当补偿,不得被剥夺。"15 年之后的 1804 年,法国公布其民法典时,进一步重申了这一规定。该法第 544 条明确规定:"所有权为以最绝对的方法,收益、处分物的权利。"[3] 以私人权利神圣不可侵犯为理念的资本主义土地所有制在法律制度上予以确认。

与其他不动产相比,土地资源是不可再生资源,其具有相当的稀缺性。地球上土地资源并非可再生资源,其数量不会随着人类需求的增加而增加。随着科学技术的发展,土地资源可利用性空间不断扩展。围海造田、地下勘探等土地利用方式逐渐兴起,但是新兴土地利用方式仍然需要以既有土地资源的存续为前提,其进步与发展仍然受到既有土地资源稀缺性与不可再生性的限制。但人类对土地资源的稀缺性的认识经历了一个缓慢的发展过程。在原始渔猎时期,相对于地球资源来说,人类的数量非常有限。据考证,100 万年前全球人口仅有 1 万—2 万;距今 10 万年时,也只有 2 万—3 万,千年人口增长率不足 1%,直到公元前 8000 年的新石器时代,全球人口也才缓慢增长到 750 万。[4] 这一时期由于人口数量稀少、人类所能利用的土地资源极为有限,地球上的很多地方人类还并未涉足。相对来说,土地资源的数量是无限的。因此,土地资源的稀缺性并未显现。人类进入农业社会后,由于农耕文明的发展,人类改变了渔猎的生活进而以种植农作物、饲养牲畜的方式获得生产和生活资

---

[1] 参见〔美〕迈克尔·E. 泰格《法律与资本主义兴起》,纪琨译,上海辞书出版社 2014 年版,第 21 页。

[2] 参见〔美〕迈克尔·E. 泰格《法律与资本主义兴起》,纪琨译,第 24 页。

[3] 参见梁慧星、陈华彬《物权法》,法律出版社 2010 年版,第 122 页。

[4] 参见刘俊《土地所有权国家独占研究》,法律出版社 2008 年版,第 36 页。

料。与渔猎相比，农耕使人类能够获得更加稳定的生活来源，因而这一时期的人口数量开始有了较为明显的增长。到了1650年，世界人口已达到5.6亿。人口的增加和宜农耕土地的有限，使得土地（尤其是肥沃的可耕地）成为人们争相垂涎和向往的东西。① 土地资源的稀缺性与人口快速增长之间的矛盾逐渐显现。英国经济学家马尔萨斯就英国土地与人口增长问题曾经尖锐地指出："假如仅仅在我国1688年革命以来已过去的一个短时期内，地球上的人口以未受到抑制的自然增长率增加，假设那时总人口仅为8亿，那么，世界上一切地方（包括沙漠、森林、岩石和湖泊）的人口平均数会和目前英格兰和威尔士一样稠密。这一点只要人口加倍或者一百二十五年就能达到；而人口再多一两倍，或者在比詹姆斯一世王朝开始以来已过去的时间短一些的时间之后，就会产生与某些国家居民过多所造成的结果相同，在那些国家，由于耕作的进一步发展，土地已无法生产出在数量上与人口的无节制增长相适应的粮食。"② 近代以来随着人口急速膨胀，土地资源的稀缺性已甚为明显。美国国家资源管理局在1934年的一份报告中指出："我们已经没有可供浪费的土地了，我们必须妥善保护和利用每一英亩土地。愚昧无知、漫不经心或贪得无厌已将我国的资源糟蹋到几乎令人难以相信的地步。"③ 为了使有限的土地资源发挥最大的效用，兼顾各方利益，土地权利的绝对化的观念日趋式微，土地权利的社会化思潮为各国所认可。④ 这种矛盾的出现，促使了土地所有权由公有形态向个体形态的转化。"当人类日益增加，就有必要接受较永久的所有权的概念，不是仅仅把眼前的使用权而是要把被使用的物件的实体划拨个人所有。"⑤

但值得注意的是，个人所有权并非完美无缺，其反而极易造成私人

---

① 参见刘俊《土地所有权国家独占研究》，第36页。
② ［英］托马斯·罗伯特·马尔萨斯：《人口原理》，王惠惠译，陕西师范大学出版社2008年版，第124—125页。
③ 参见秦明周《美国的土地利用与管制》，科学出版社2004年版，第28页。
④ 土地权利的绝对化向社会化转变是对个人法益思想向社会法益思想转变的有力回应。这一转变打破了自由资本主义时代土地利益划分为的所有利益与资本利益的二分结构，进而形成所有利益、资本利益与生存利益三足鼎立的局面。法律的主要任务是实现三种利益的协调与平衡。具体论述参见刘得宽《民法诸问题与新展望》，中国政法大学出版社2002年版，第68—71页。
⑤ ［英］梅因：《古代法》，沈景一译，商务印书馆1959年版，第164页。

对有限资源垄断，进而导致有限资源的分配不公。日本学者冈村司指出："个人所有权之弊在于富力集中，贫民增加，助长贫富之悬绝。因今日所有权之取得及利用，均极自由，法律保护至厚也。夫鼓励人之私欲，俾追逐于竞争之场，强梁无耻之徒，致其全力以求富，无所不为，亦固其所。"① 极端的个人所有权过于强调竞争和自由而容易忽视在经济上处于不利地位的群体的利益，进而导致社会资源分配不公，贫富差距进一步扩大。为矫正这一弊端，所有权社会的思潮就此兴起。

在公法领域，所有权的社会化趋势率先得到宪法的认可。1919 年德国《魏玛宪法》率先规定："所有权负有义务，其行使时应同时有益于社会。"1947 年《哥伦比亚宪法》第 30 条规定，在个人权利与适用基于社会或公共利益颁布的法律相冲突时，个人利益应让位于社会利益。《委内瑞拉宪法》第 99 条规定："宪法保障所有权。鉴于其社会功能，所有权得承受法律基于公益或整体利益规定的赋税、限制和义务。"《墨西哥联邦共和国宪法》第 27 条规定："国家在任何时候有权基于公共利益或社会利益，对私人所有权进行限制，并对所有可利用自然资源的利用予以规范或调整，以促进公共财富的公平分配、资源的保护、国家的平衡发展和农村与城市居民生活条件的改善。"依据 1931 年《西班牙共和国宪法》第 44 条，一切财产的所有权人，应服从于国家经济利益，并依据宪法或法律的规定使用于公共负担，财产亦可收为公有。②

在私法领域，各国民法修正了所有权绝对的观念，使其效力限定于法律及公共利益允许范围之内。《德国民法典》第 903 条规定："物的所有权人，以不违反法律或者第三人的权利为限，可以随意处分物，并且排除他人的任何干涉。动物的所有权人在行使自己之权限时，应当遵从关于动物保护的特别规定。"该法典第 905 条规定："土地所有权人的权利，扩及于表面上的空间和表面下的地层。但所有权人不得禁止，在自己对排除干涉不具有利益的高度或者深度范围之内，进行干涉。"③《意大

---

① ［日］冈村司：《民法与社会主义》，刘仁航、张铭慈译，中国政法大学出版社 2003 年版，第 33 页。
② 参见刘俊《土地所有权国家独占研究》，第 41 页、第 180 页。
③ 杜景林、卢谌：《德国民法典评注——总则·债法·物权》，法律出版社 2011 年版，第 490—491 页。

利民法典》第832条规定:"在法律规定的范围内并且在遵守法律规定的义务的前提下,所有权人对所有物享有完全的、排他的使用和处分的权利。"①《日本民法典》第207条规定:"土地所有权在法令限制内及于其土地的上下。"②《韩国民法典》第212条规定:"土地所有权,在其正当利益范围内,及于土地的上下。"③《西班牙民法典》第350条规定:"土地的所有权人是该土地及其对应地下空间的主人,可以在其范围内建造工程、开展种植、发掘地下物、设立地役权,并遵守规定采矿和水域的相关法律和警察条例。"④《智利民法典》第582条第一款规定:"所有权(也称产权),是对有体物任意享用和处分的对物权,但其享用和处分须不违背法律或他人权利。"⑤《葡萄牙民法典》第1305条规定:"物之所有人,在法律容许之范围内及在遵守法律规定之限制下,对属其所有之物享有全面及排他之使用权、收益权及处分权。"⑥《俄罗斯联邦民法典》第261条第3款规定:"土地所有权人有权按照自己的意志使用该土地地表上方和地表下面的一切物,但矿产资源法、大气空间利用法、其他法律有不同规定的除外,并且以不侵犯他人的权利为限。"⑦正如法国学者路易·若斯兰所言:"不用精深的研究,我们就可以见到这所谓无限制的财产权,尤其在不动产权方面,有许多的障碍、阻挠、范围在压制它的行动,抗拒它的扩张。"⑧

"只要其土地利用对维持地区资源基础的生产力、价值或成本有负作用,那么,他的活动就会成为集团和公众关注的事。每当经营者的活动被视为于国家安全不利之时,或者每当社会规划为改善资源开发所必需时,就毫无疑问地应该采取促进保护的社会运行。社会控制可以用来制止毁及街道或引起积水、侵蚀、火灾、淤塞或土壤流失等问题的个人土

---

① 费安玲、丁枚、张宓译:《意大利民法典》,中国政法大学出版社2004年版,第208页。
② 渠涛译:《最新日本民法典》,法律出版社2006年版,第48页。
③ 崔吉子译:《韩国最新民法典》,北京大学出版社2010年版,第161页。
④ 潘灯、马琴译:《西班牙民法典》,中国政法大学出版社2013年版,第131页。
⑤ 徐涤宇译:《智利民法典》,北京大学出版社2014年版,第95页。
⑥ 唐晓晴、黄锦俊、邓志强等译:《葡萄牙民法典》,北京大学出版社2009年版,第222页。
⑦ 黄道秀译:《俄罗斯联邦民法典》,北京大学出版社2007年版,第129页。
⑧ [法]路易·若斯兰:《权利相对论》,王伯琦译,中国法制出版社2006年版,第3页。

地利用。"① 个体化的所有权在权利行使方面受到法律及公共利益的限制，个体所有权的绝对性特征俨然消逝。土地所有权社会化的发展趋势事实上将土地所有权本身塑造为一种介于共有与个体之间的一种新的形态的所有权。

这一权利的特征表现为政府利用行政权力对土地资源实施分区规划管理，土地权利人不再对土地用途变更及土地使用强度享有绝对权利。土地利用分区最初起源于德国，后来被引入美国，第一个综合性的土地使用分区条例产生于1916年的纽约。该条例中建立了两种规范，一是用分区来隔开不同类型的土地使用，二是限制建筑物的高度、容积率及面积。② 事实上，土地资源固有的稀缺性，与伴随经济、人口增长而来的日益多元和膨胀的土地需求间的矛盾是推动土地所有权社会化的根本原因。③ 由此在英美法系产生一种与土地相关的权利为土地发展权。土地发展权是因限制土地发展而形成的，若无限制，则无发展权一说。④ 这一权利在农业社会时不太明显，而随着社会经济发展，土地需求压力的增加，国家对土地利用的控制也进一步增强，这一权利的现实必要性和价值逐步体现出来，其逐渐为各利益主体和社会所认识。⑤ 同样，大陆法系各国对土地使用予以明确的限制性规定，土地所有人或利用人必须在法定限度内使用土地。同时，土地之上的房屋所有权与建筑物权区分所有权亦同样适用此原则，物权社会化思想逐渐深入人心。⑥ 土地发展权产生的制度背景与物权社会化思想在本质上均是对"国家和法律只服务于个人主

---

① 参见[美]雷利·巴洛维《土地资源经济学——不动产经济学》，谷树忠等译，北京农业大学出版社1989年版，第161页。

② 参见屠帆、卫龙宝、张佳《易地代保和土地开发权转移比较》，《中国土地科学》2008年第2期。

③ 参见杨惠《土地用途管制法律制度研究》，法律出版社2010年版，第46页。

④ 参见黄祖辉、汪晖《非公共利益性质的征地行为与土地发展权补偿》，《经济研究》2002年第5期。有关英美法系土地发展权的详细论述，参见姜楠《英美法系土地发展权制度的经验与启示》，《法治现代化研究》2020年第4期。

⑤ 参见臧俊梅、王万茂《从土地权利变迁谈我国农地发展权的归属》，《国土资源》2006年第6期。

⑥ 参见[德]曼弗雷德·沃尔夫《物权法》，吴越、李大雪译，法律出版社2002年版，第48页。

义终极目标的工具"① 法律理念的回应与反叛，而致力于服务于社会整体福利和秩序。

（二）绝对化的土地私有制修正的反思

由此可见，资产阶级在取得国家政权后确认了土地所有人对于其享有所有权的土地拥有绝对的权利。国家以及他人对于其占有的土地的使用和利用不得加以干预，这一现象被称为土地所有权的绝对化。例如，资本主义国家的法律确认，土地所有权人对于其享有所有权的土地享有上至天空下达地心的权利。法律制度对于这一权利确认的范围十分广泛。但是随着人口数量的增加和科技的发展，土地所有权绝对化已经难以适应经济社会发展的需求。例如，如果法律仍然确认土地所有权人对于其土地享有上至天空下达地心的权利，当国家或他人所拥有的飞机飞越其土地上空时必然需要经过土地所有权人的同意，否则将构成对土地所有权人土地所有权的侵犯。一架飞机飞越千里万里，要经过不计其数的土地所有权人所拥有的土地的上空，飞机起飞前要经过这些土地所有人的同意显然不具有可行性，即使具有可行性其执行成本亦会极高。由此可见，土地所有权的绝对化在现代社会必然需要改变。人们对于土地这一有限资源的利用方式趋向于共享和多维。在资本主义国家，土地所有权的绝对化受到限制，土地所有权的社会化日益受到国家的重视。同时，资产阶级内部对于土地私有制的弊端亦进行了反思，其中的代表人物为亨利·乔治。亨利·乔治认为，无产阶级受到资产阶级剥削的原因在于土地的私有制。土地的私人化成为造成贫困的唯一原因。土地私有制使得土地产生的利益被私人垄断。因此，亨利·乔治认为，土地利益受私人垄断的局面应当有所改变。这一改变的方式应当实现土地利益的全社会占有。这一观点主张与马克思的土地国有化思想中土地利益的国有化具有相似之处。但是亨利·乔治只是主张土地利益归社会享有，没有触及资本主义土地私有制。而马克思基于土地国有化的思想认为，资产阶级能够对无产阶级进行剥削的原因在于资本主义生产资料私有制，资产

---

① ［德］拉德布鲁赫：《法学导论》（修订译本），米健译，商务印书馆2013年版，第26页。

阶级对于无产阶级剥削的经济基础在于生产资料的资本主义私有制。生产资料的概念的范围不仅仅限于土地。彻底改变资产阶级对于无产阶级剥削的状态，应当实现生产资料由全体劳动者占有，消灭生产资料私有制。① 亨利·乔治主张土地利益由全社会占有没有触及资本主义土地私有制，仍然主张保留资本主义生产方式，其观点仍然属于资产阶级经济学家的极端观点，并不能作为彻底改变雇佣工人被剥削命运的科学的指导理论。由此断定，虽然土地所有权的社会化在一定程度上能够对于资本主义国家解决土地资源利用的现实矛盾起到一定的积极作用，但是不能从根本上解决资本主义私有制的弊端。

首先，资本主义社会的土地所有权的社会化仍然是以资本主义土地私有制为基础。资本主义土地私有制与古代社会（主要为奴隶制社会和封建社会）的土地私有制同属于土地私有制，但是两种私有制之间却存在着明显区别。古代（主要为奴隶制社会和封建社会）土地私有制是一种小的、孤立的私有制，这种私有制表现为劳动和生产资料的紧密结合，生产资料的所有者与利用生产资料进行劳动的劳动者的身份是重合的。而资本主义土地私有制则表现为土地这一生产资料的所有者并非直接利用生产资料进行劳动的劳动者，而是单纯的生产资料的垄断者。资本主义土地私有制存在的表现形式为生产资料与劳动之间的分离。② 古代（主要为奴隶制社会和封建社会）土地私有制以生产资料与劳动者相结合的表现形式使得劳动生产本身成为生产者的目的，原因在于生产者依凭对生产资料的占有通过生产劳动使得自身生存和发展得以保障。而资本主义生产关系统制之下，土地这一生产资料与劳动者相分离，劳动者并非生产资料的所有者，生产资料并非具有保障其生存和发展的功能，利用该生产资料进行生产的目的仅仅在于生产，而并非为保障人（劳动者）的生存和发展为目的。古代的土地私有制的存在是以人为根本，而资本主义土地私有制存在是以财富为目的。③ 所以，资本主义土地私有制使得人空虚和异化，一方面，土地所有者脱离了劳动，单纯地为获得土地收

---

① 参见《马克思恩格斯选集》第 4 卷，第 273—274 页。
② 参见胡贤鑫、胡舒扬《略论马克思的土地所有权理论》，《江汉论坛》2014 年第 8 期。
③ 参见胡贤鑫、胡舒扬《略论马克思的土地所有权理论》，《江汉论坛》2014 年第 8 期。

益（地租）而占有土地，其丧失了基于劳动所能够获得全面发展的空间，其满足于以资本获取剩余价值方式获得土地收益的生存状态，其生存的全部意义和目的淹没于资本的对象过程中。另一方面，在资本主义生产关系统制之下，劳动者成为资本增殖的来源，利用土地进行劳动的劳动者利用土地仅仅为了获得必要的生活资料，其生产固化为通过重复性劳动获得生活资料，劳动者的再生产被这一规定性所限制，而丧失了更多的可能性，人的全面发展亦同时丧失了可能性。在资本主义生产关系统制之下，两者均成为资本对象化的牺牲品。在古代（主要为奴隶制社会和封建社会）土地私有制中，土地作为生产资料，其生产的目的是使用价值，即土地与劳动者结合生产出的劳动产品主要供给劳动者使用；在资本主义生产关系统制之下，资本主义土地私有制中的土地与劳动者结合生产出的劳动产品是以交换为目的，土地作为生产资料存在的目的是生产交换价值。[①] 其他生产资料日益具有社会公共属性的表现背后是资本主义生产关系支配下的资本日益集中，进而剥夺小的私有制的必要条件。[②] 这是资本主义土地私有制具有社会化倾向的真正目的。即使资产阶级赋予资本主义土地私有制以社会化倾向，作为缓解资本主义土地私有制的弊端的重要手段，土地所有权的社会化只是对于土地私有制的有限改良，只要资本主义土地私有制存在，资产阶级仍然掌握着土地这一重要的生产资料，资产阶级仍然会利用其生产资料所有人的地位对广大劳动人民进行剥削。同时，资本主义土地私有制维护的资本家对于土地享有的所有权，资本家利用其对特定土地享有的所有权追逐利益最大化，各个分散的所有权无法有效地协调，难以适应社会化大生产。资本主义社会的根本矛盾没有能够在土地这一生产资料利用领域得到彻底解决。

其次，资本主义社会的土地所有权的社会化趋势对于土地利用矛盾的缓和仅仅具有暂时性，不能从根本上解决资本主义社会土地利用的现实矛盾。资本主义土地私有制意味着资本家对于土地享有所有权，依凭其土地所有者身份，其通过土地的现实利用可以获得土地收益，这一收益实质上由享有土地所有权的资本家所垄断，土地收益无法由社会成员

---

① 参见胡贤鑫、胡舒扬《略论马克思的土地所有权理论》，《江汉论坛》2014 年第 8 期。
② 参见《资本论》第 1 卷，第 873 页。

共同分享。土地所有权人可以依凭其土地所有权人的身份不参与劳动而获得收入，土地的食利阶层就此形成。土地作为私人资本获得的利益由个人垄断。土地所有者以其对于土地享有的所有权获得大量财富，其与非土地所有人之间形成贫富差距。资本主义土地私有制的弊端的显露使得一些资本主义国家开始寻求土地所有制的变革，一些资本主义国家宣称其实施土地公有制。例如，北欧的一些国家。还有一些资本主义国家对绝对化的资本主义土地私有制予以了改造。①

　　土地私有制的弊端随着资本主义经济的发展亦逐渐显露。尽管在资本主义社会，土地所有权出现了社会化的趋势，但是土地私有制的本质仍然没有发生根本改变，上述由土地私有制所产生的问题无法根本解决。因此，马克思认为，要想从根本上解决上述问题，措施在于消灭土地私有制，建立土地公有制。这一目标与社会主义的中心任务：实现生产资料的生产者的公共占有。② 针对资本主义土地私有制的弊端对其进行现实批判，资本主义土地私有制的弊端如何解决是值得关注的问题。从1869年国际工人协会巴塞尔代表大会到1872年国际工人协会曼彻斯特支部会议，土地问题成为上述会议的重要议题。在马克思的主张和倡导下，土地国有化成为无产阶级确立的土地纲领。在这一现实背景下，为了更好地阐述土地国有化的理论、明确这一土地纲领确立的依据，马克思创作了《论土地国有化》这一经典著作。③

　　土地国有化思想的提出是建立在对资本主义土地私有制批判的基础之上的。土地国有化实施的根本目的在于消灭资产阶级剥削劳动人民的物质基础。在马克思所处的时代，资本主义土地私有制使得土地所有者能够凭借其土地所有者身份无偿获得报酬。这一报酬并不基于其劳动所获得，而是成为获得剩余价值的一种方式。土地所有权成为剥削的工具。资本主义土地私有制的剥削性、土地利用公益性弱化，土地权利分散，

---

　　① 参见王维洛《1982年一场无声无息的土地"革命"——中国的私有土地是如何国有化的》（上），《国土资源》2014年第10期。

　　② 恩格斯在《法德农民问题》中指出："社会主义的任务，不如说仅仅在于把生产资料转交给生产者公共占有。"参见《马克思恩格斯选集》第4卷，第363页。

　　③ 参见孙乐强《农民土地问题与中国道路选择的历史逻辑——透视中国共产党百年奋斗历程的一个重要维度》，《中国社会科学》2021年第6期。

难以统一集中利用。

二 世界历史意义

土地国有化为土地公有制在世界范围内的实现起到了理论指导作用。土地国有化作为土地公有制的一种实现方式在世界范围内产生重要的影响。社会主义国家以马克思的土地国有化理论为指导对土地国有化进行了有益的尝试，为土地国有化实践模式的确立与探索积累了宝贵的经验，使得马克思的土地国有化理论走进了现实世界。各个社会主义国家依据本国实际推行土地国有化政策，比较具有代表性的土地国有化模式为苏联模式和中国模式。

（一）苏联的土地国有化模式

苏联是世界上第一个社会主义国家。苏维埃政权建立前，以列宁为首的共产党人就关注到土地问题并对其进行了深入研究和分析。

在十月革命以前，俄国土地所有制处于封建土地所有制阶段。土地资源主要掌握在封建地主手中，封建地主通过雇佣农奴耕种土地，封建农奴制就此建立起来。在农村地区，农村公社这一原始的农业生产劳动组织仍然得以保留，农村地区亦残留着原始的公社土地所有制，农民对于公社的土地享有特定的份额。但是由于封建主势力的渗透，这种原始的公社土地所有制亦是建立在封建主对土地的最终控制权（土地所有权）基础上的。即农民享有的土地份额并非其真正享有的土地份额，仅仅具有形式上的意义。随着资本主义生产方式的发展，封建农奴所有制日益受到人们的反抗。迫于外在的政治和经济压力，封建统治者对封建农奴制进行了改革。

1861年，亚历山大政府实施封建农奴制改革。推行这一改革的主要手段为解放农奴。为了不触犯封建土地所有者的根本利益，这一改革采取的主要方式为农民通过向封建土地所有者支付赎金获得自由农民的身份。同时，政府要求一部分地主将土地出让给农民或主动放弃部分土地。这部分土地归属于农民公社，土地采取以农民公社支配和管理土地为主要表现形式的土地公有制。但是，由于农民没有能力支付赎金，亚历山大政府采取的方式是让农民放弃自己此前所占有的一部分土地用以抵偿部分赎金。这时，农民所占有的较好的土地往往作为抵偿赎金的土地归地主所有，农民剩下的土地往往是生产力比较低下的贫瘠土地。同时，政府出面干预赎金的支付，其通过为地主支付债券的方式用以抵销农民的赎金。不过，农民需向政府偿还由其向地主支付债券的费用。① 这一改革表面上实现了农民的解放，实质上加剧了农民的贫困。

一方面，农民原来占有的土地实质上被地主阶级再次掠夺，其所赖以生存的生产资料被再次剥夺；另一方面，国家实质上对于农民的解放垫付了资金，农民必须要偿还这部分资金则意味着农民在经济上受到国家的控制，农民的经济负担陡然增加。此外，此前农民基于公社成员的身份通过公社对地主的土地享有一定的权利，例如进入其土地获取柴火的权利，经过改革后，农民的这一权利亦受到剥夺。其如果想获得这一权利，必须与地主再次进行谈判。② 这种土地制度改革的措施与德国推行的土地制度改革有着极为相似之处。由此可见，亚历山大的改革是站在封建统治阶级的立场对土地制度进行了相应的改良。这一改良不可能触及封建土地制度的根本，实现对农民的真正解放。因此，这一改革注定以失败而告终。对农民解放的任务必然落到无产阶级肩上。

列宁在《社会民主党在 1905—1907 年俄国第一次革命中的土地纲领》中强调，土地问题是俄国资产阶级革命的根本问题。俄国土地革命的目标是消灭地主对于土地的垄断进而废除俄国现实存在的封建农奴制度。在当时的俄国，全国的土地资源主要由封建地主垄断。这些土地采取的是工役制，这种经营模式以剥削农奴为基础。然而，随着俄国资本主义经济的发展，以农奴制为基础的土地经营模式已经难以适应经济发展的现实需要。因此，改变俄国土地所有制现状，建立新的土地秩序极具现实必要性。列宁认为，建立俄国土地新秩序的方式应当为暴力革命。③ 在现实中，资产阶级国家消灭农奴制主要有两种方式。一是农奴主（农场主）转变为容克—资产阶级农场主，同时农奴转变为工业雇佣农业

---

① 参见《马克思恩格斯全集》第 25 卷，第 181—182 页。
② 参见《马克思恩格斯全集》第 25 卷，第 182 页。
③ 参见《列宁选集》第 1 卷，人民出版社 2012 年版，第 779—780 页。

工人或雇农。这一道路又称为普鲁士的发展道路。大农场主依靠暴力对于雇佣农业工人或雇农保持剥削，使其处于生活的贫困状态。同时，这种分化亦会波及农民群体，这一群体内部分化出一部分富农。资产阶级鼓励农民中分化出来的富农利用资本主义生产方式再去掠夺农民群众，同时摧毁既有的封建土地所有制，同时鼓励资本家任意洗劫俄国农村。① 二是美国式的发展道路。这一发展道路同样需要资产阶级通过暴力的方式摧毁现实的、旧的土地占有制，建立以资本主义生产方式为基础的农场生产方式。这种通过暴力摧毁旧的土地占有秩序的方式而建立新的农场的土地利用方式是可能有利于俄国资本主义发展以及俄国农民群众的。原因在于俄国土地的自然状况适合通过建立农场为表现形式的土地规模化经营。②

在列宁看来，俄国土地革命的任务在于消灭封建土地所有制，使得土地能够自由交换、农民能够自由迁徙，赋予农民相应的农业生产自由，建立自由的合作社来代替旧的村社组织，为农业的自由发展创造必要条件。③ 而这一目标的实现就是要实现土地的国有化废除土地私有制。土地国有化在俄国的推行能够得到农民的拥护的原因在于，土地国有化能够使他们摆脱俄国现实存在的封建土地所有制的束缚，建立一种资产阶级式的小农生产方式，这种小农生产方式亦能够使其摆脱现实的封建的土地所有制的束缚。④ 但是在列宁看来，资产阶级提倡的农民土地所有制并不能彻底实现农民的解放，农民仍然受到资产阶级的压迫。因此，其主张唯有土地国有化才能够彻底消灭俄国现实存在的封建土地所有制。土地国有化将农民土地纳入其范畴是列宁领导的共产党对马克思土地国有化理论创新的一种尝试。⑤ 土地国有化亦是俄国无产阶级领导的资产阶级革命所应当采取的最好的土地制度。⑥ 同时，列宁注意到土地国有化的实

---

① 参见《列宁选集》第 1 卷，第 780 页。

② 参见《列宁选集》第 1 卷，第 781—782 页。

③ 参见秦晖《土地改革 = 民主革命？集体化 = 社会主义？——马克思主义农民理论的演变与发展》，《学术界》2002 年第 6 期。

④ 参见《列宁选集》第 1 卷，第 782—783 页。

⑤ 参见薛汉伟《土地国有化、农业集体化、全面国有化——四论马克思恩格斯的国有制理论与现实》，《北京大学学报》（哲学社会科学版）2002 年第 5 期。

⑥ 参见《列宁选集》第 1 卷，第 784 页。

施应当以本国的实际情况是否适合推行土地国有化为立场。①

在《全俄工兵代表苏维埃第二次代表大会文献——关于土地问题的报告》中，列宁对于共产党土地国有化的政策予以详细的阐述。列宁认为，俄国土地革命的宗旨和中心任务是将土地交给农民。这一目标的实现是通过革命方式没收封建的大土地占有者的土地，实现农民对土地的占有，农民获得这部分土地不用支付赎金。具体而言，地主的田庄以及一切寺院、教会的土地连同农业生产所必需的工具以及农业建筑及相关附属物交由乡土地委员会和县农民代表苏维埃支配，直到召开立宪会议为止。上述没收财产属于全民所有财产，任何毁坏这一财产的行为都应当受到革命法庭的审判并予以严惩。县农民代表苏维埃应当采取一切必要措施确保对上述土地的没收遵循一定的秩序并应当明确大土地占有者占有的多大面积的土地应当予以没收，即明确没收土地的标准，编制没收财产的清单，采取一切必要措施保护一切没收已经转化为全民所有的土地、农业生产工具以及建筑等财产。②

值得注意的是，在列宁看来，无产阶级领导的俄国土地革命实现农民对土地的占有并不是土地私有制下的农民对特定的土地享有占有和支配的权利，而是通过没收封建地主阶级所占有的土地以实现全民所有的方式实现农民对土地的占有。通过无产阶级领导的由农民（无土地的贫农）所组成的地方政权实现农民对土地的占有和支配。可以说，这种土地的占有和支配是一种组织化的占有和支配。同时，农民对土地的占有和支配事实上成为农民对全民财产的占有和支配。农民对土地的占有与土地国有化（土地成为全民所有财产）实现了有效的融合。

在农民的土地问题委托书这一部分内容中，列宁指出，土地问题是

---

① 针对这一观点，列宁以德国为例进行了说明："德国社会民主党人没有采纳马克思要求实行土地国有化的一切旧纲领，这本来是一件很自然的事，因为德国已经彻底成为一个容克－资产阶级的国家，那里在资产阶级制度基础上产生的一切运动都已经成为过去，那里没有而且也不可能有什么拥护国有化的人民运动。由于容克－资产阶级分子占优势，国有化计划实际上变成了一种玩物，甚至变成了容克掠夺群众的工具。德国人拒绝谈论什么国有化，这是对的，但是把这个结论搬到俄国来（其实，我国那些看不出地方公有化思想同马斯洛夫修改马克思理论有什么联系的孟什维克正是这样做的），那就是不善于思考各个具体的社会民主党在其历史发展的特殊时期的任务。"参见《列宁选集》第1卷，第785页。

② 参见《列宁选集》第3卷，人民出版社2012年版，第348—349页。

一个建立全民所有制（土地国有化）的问题，这一问题的解决应当交由全民立宪会议讨论并制定相关法律及政策加以解决。解决这一问题的最公正的办法是：永远废除土地私有制，禁止买卖、出租、抵押等任何土地转让形式。一切土地均需以无偿转让的方式交由一切耕种土地的劳动者使用。所有地下资源（煤炭、石油、矿产等）以及具有全国意义的森林和水流，归国家专用。一切小的河流、湖泊和森林等交给村社利用，但是需要由地方自治机关管理。对于已经具有一定规模且具备一定经营水平的农场、庄园、果园等，其所占有的土地不得予以分割且应当作为示范性的农业生产单位，依据其规模和作用，收归国家或村社专用。城市和乡村的由个人占有的宅基地、小面积的果园和菜园仍然归其使用，其保留的面积和应当纳税的标准由法律来规定。养马场、官办和民营的种蓄场和禽场等，一律没收，变为全民财产并依据其规模和作用归国家和村社专用，赎金的支付由立宪会议决定。附属于被没收土地的农具耕畜，视其大小和用途，无偿转归国家或村社专用。占有小面积土地的农民的耕畜和农具不在没收之列。凡是具有耕种意愿，愿意用自己劳动，依靠家庭帮助或组织协作社从事耕种的一切俄国公民（无性别限制），均可以获得相应的土地使用权，但这一使用权的享有以申请耕地者具备耕种土地的能力为条件。申请者在这一期限内享有土地的使用权。申请者获得使用权后禁止雇佣他人进行耕种土地。申请土地使用权者在其年老或具有身体残障无法继续耕种土地时，丧失土地的使用权，但其可以向国家领取赡养费。土地应当依据份额平均分配给劳动者使用。土地利用方式（按户、独立农庄、村社、劳动组合等）由村社自行决定。一切土地转让后归全民所有，土地的分配由地方和中心自治机关负责。土地应当依据人口增加、农业生产需要等情况的变化定期分配。土地使用人离开居住的村社时，应当将其使用的土地交还村社，但是其指定的人或近亲属有取得这一土地的优先权。土地使用权人在使用土地期间对土地进行施肥等改良措施的，如果在土地交还时尚能体现，其对土地的改良投入应当得到补偿。特定区域的土地不能满足当地人们使用的现实需要时，无法分得土地的人们应当迁往他处以便获得土地。移民迁徙费用及其农具供应等相关费用由国家负责。移民迁徙办理的顺序为：自愿迁徙的无地农民、品行不良的社员以及逃兵等,最后采取抽签或协商的办法。①

可见,在苏联建立前,以列宁为首的俄国共产党人已经意识到了土地革命的必要性。针对俄国土地利用的现实状况,他们意识到消灭俄国现存的以农奴制为集中表现形式的封建土地所有制的必要性。但是从这一革命任务的性质来看,推翻封建土地所有制是资产阶级革命的任务,但是这一任务是由无产阶级来领导,其最终的发展方向为建立社会主义或共产主义的土地秩序。为了防止这一土地革命最终朝向建立资本主义土地私有制方向发展,以列宁为首的俄国共产党人提出了土地国有化政策。提出这一土地政策的理论依据为马克思的土地国有化的思想。

可以说,以列宁为首的俄国共产党人将马克思的土地国有化理论运用到了俄国革命实践之中。列宁在马克思的土地国有化理论应用过程中对于其土地国有化理论作了进一步的阐述。一是提出了土地国有化是彻底地推翻封建土地所有制的、唯一的正确的土地革命的道路,强调了土地国有化政策的革命的彻底性。② 这一特征是列宁对于马克思土地国有化优势的新的概括。二是肯定了土地国有化是无产阶级在领导完成资产阶级革命任务中应当坚持的正确的土地革命道路。可以说,土地国有化不仅仅在无产阶级领导建立社会主义社会或共产主义社会的革命中具有实用性,而且在无产阶级领导的完成资产阶级革命任务的过程中亦能发挥应有的作用。土地国有化理论在无产阶级领导的革命中具有较为广泛的适应性。在此基础上,列宁对于土地国有化的具体政策予以详细阐述。一是土地国有化的表现形式为全民对于土地的占有和支配(土地转变为全民所有财产),全民所有土地主要由封建土地占有者、寺院土地占有者以及反动政府所控制和占有的土地转化而来。这一转化的方式为没收。二是明确禁止土地的有偿转让,防止土地所有者利用这一机会获利,防

---

① 参见《列宁选集》第 3 卷,第 349—351 页。
② 列宁在《土地问题提纲初稿(为共产国际第二次代表大会草拟)》中对于这一问题进行了详细的论述。他指出:"只有共产党所领导的城市工业无产阶级,才能使农村劳动群众摆脱资本和大地主土地占有制的压迫,摆脱破产,摆脱在资本主义制度存在时必然会一再发生的帝国主义战争。农村劳动群众只有同共产主义无产阶级结成联盟,奋勇地援助无产阶级为推翻地主(大土地占有者)和资产阶级的压迫而进行的革命斗争,此外别无出路。"参见《列宁选集》第 4 卷,人民出版社 2012 年版,第 223 页。

止土地私有制的复辟。三是以土地利用类型、土地占有者占有土地的面积为标准，对于各类土地的国有化的具体政策予以明确。四是明确土地分配原则、村社土地的收回、无地农民的安置，以及农民因无劳动能力返还土地后国家对其进行赡养的政策。这些政策的提出使得土地国有化理论得以进一步落实。同时，从这些政策的内容中可以反映出以列宁为首的俄国共产党人在土地国有化的推动过程中坚持了实事求是的原则。例如，土地国有化实施以没收封建主的土地、寺院土地以及反动政府的土地为主要方式，个体农民占有和控制的土地不予以没收。针对不同的主体占有和支配的土地实施了不同的国有化政策：反革命的反动势力占有和支配的土地国有化采取没收的方式，对于个体农民占有和支配的土地则不能采取这一政策。同时，上述政策内容亦确立了土地国有化政策在土地使用分配方面的基本原则：一是全体具有使用土地意向的俄国公民均可以申请土地，确立了土地国有化政策下的公民平等使用土地的原则；二是确立土地国有化政策下土地无偿转让原则；三是土地国有化政策下的土地使用的可循环原则，即申请土地使用者在丧失劳动能力情况下，其使用的土地应当交还给村社，由村社对土地再次进行分配；四是明确了土地国有化政策下的土地改良补偿机制。土地使用人在使用土地期间对于土地改良做出贡献且其土地改良的效果依然存在的，该土地使用人将其使用的土地交还给村社时应当获得补偿，凸显了土地国有化政策下土地利用的公平性。这些政策内容所体现出的精神是马克思土地国有化思想中全体劳动者占有土地这一生产资料价值理念的具体体现，其政策内容将马克思的土地国有化理论予以了进一步充实，实现了对马克思土地国有化理论的进一步发展。

在《无产阶级在我国革命中的任务（无产阶级政党的行动纲领草案）》中，列宁对于土地问题再次进行了分析并阐述无产阶级应当采取的正确的土地政策。他强调，土地政策的推行首先需要无产阶级对于俄国农民阶级分化的现实状况有所了解，这一问题的解决需要依靠经验。无产阶级应当坚持的正确的土地政策是土地的国有化。[①] 在这部著作中，列宁提出了土地国有化的内涵和具体措施，即土地国有化是把全国的一切

---

① 参见《列宁选集》第3卷，第50—51页。

土地收归中央政权所有。国家政权机关应当对于国有化的土地相关事项做出规定，这些具体事项包括确定供给移民的用地数量，制定森林、改良土壤的法律，严禁土地流转的中介行为（主要为土地转租），国家政权机关对于国有土地相关政策及法律的制定具有一定的职权。但是地方政权对于占有和支配土地的条件应当完全由各区域和各个地方的农民代表苏维埃掌握，而不应当操纵在官僚、官吏手中。[1] 为了推行优化的粮食生产方案进而增加粮食产量，土地国有化应当鼓励和实施土地的规模化经营。没收来的地主田庄应当改建为大规模的示范农场，但是对于土地规模化的经营应当由雇农代表苏维埃负责监督。[2] 土地控制和支配权力应当掌握在雇农代表苏维埃这一政权手中。列宁突出强调了雇农代表苏维埃组织应当由雇农（贫农）组成，防止富农渗透这一组织之中，进而使得这一组织为资产阶级代言，破坏和阻碍农民土地革命的实施以及土地国有化相关政策的推行。[3]

在这部著作中，列宁对于土地国有化政策的实施提出了具体方案。这一方案在国家政权层面，国家政权应当制定相关的政策以及法律，为土地国有化提供支持。但是土地的具体支配和利用是由区域性的、地方性的农民代表苏维埃掌握并对土地的规模化经营进行必要的监督。土地国有化的中央—地方权限的配置得以形成。同时，在该著中，列宁再次强调了雇农主导的土地革命的重要性，同时指出没收封建主土地后应当对这部分土地采取规模化经营。由此可见，土地规模化经营是土地国有化后主要采取的经营模式。可以说，在这部著作中，列宁创造性地提出了土地国有化后中央政权以及地方政权对于国有化土地的管理职责，对于地方性政权中对土地予以掌握、控制并予以监督的政权组织予以了界定。

在《土地问题提纲初稿（为共产国际第二次代表大会草拟）》中，列宁将拥有土地的多少作为在农民内部划分不同阶级的标准。同时，列宁对于无产阶级在取得国家政权后如何进行土地国有化的经营进行了详细

---

[1]　参见《列宁选集》第3卷，第51页。
[2]　参见《列宁选集》第3卷，第51页。
[3]　参见《列宁选集》第3卷，第51—52页。

的阐述。列宁认为，取得国家政权后的无产阶级对于被没收的大土地占有者的土地，应当从本国农业经济发展的实际状况出发确定其适合的土地经营模式。就俄国的农业经济发展的实际状况而言，无产阶级不具备相应的经济条件和相应的管理经验对没收的土地进行规模化经营。苏联共产党采取的策略是将没收来的大土地占有者的土地分给农民，只有在很少的情况下将没收来的大土地占有者的土地用于兴办国营农场。在这一农场中，原有大土地占有者所雇佣的农民转变为在国有农场中执行国家委托工作的人员以及管理国家的苏维埃成员。但是对于农业经济发展比较好具有较好经济基础的国家来说，无产阶级在取得国家政权后，在推行土地国有化过程中可以保留大农业企业的经营方式。但值得注意的是，对于没收所得的大土地占有者的土地不得无偿分给小农或中农。无产阶级对于大农场的经营应当采取谨慎的态度，在选择大农场经营者方面，受过较好的政治以及组织训练和拥有较高的政治觉悟的农业无产者或产业工人是这一国有化大农场的首选经营者。在不具备上述经营者的情况下，无产阶级不应当急于经营这一类大农场，以防经营不善进而导致无产阶级信誉受到破坏。① 没收封建的大土地占有者所形成的大农场经营，可以从封建的大土地占有者中挑选出具有经营大农场经验、知识和组织能力的人用来建立社会主义的大农场，但是其建立国有大农场行为应当受到最可靠的共产党员的监督。② 同时，在这部著作中，列宁对于农地实现国有化的条件予以了暗示，即只有在无产阶级取得国家政权且这一政权最终平定一切剥削者的反抗、得到彻底的巩固时，才会为落后的、分散的农村提供技术和服务创造必要条件，进而为农业生产率的提高打下坚实的物质基础。这一示范作用促使小农为了自身利益转而拥护集体化的、机械化的大农业生产模式。③ 在列宁看来，只有满足上述条件农村土地的国有化（农民的集体劳动以及土地的规模化经营）才能得以实现。

在列宁的领导下，俄国的土地国有化呈现为新的特征，即两步走战略。列宁意识到农民在俄国无产阶级革命中发挥了重要作用，为了争取

---

① 参见《列宁选集》第 4 卷，第 229—230 页。
② 参见《列宁选集》第 4 卷，第 231 页。
③ 参见《列宁选集》第 4 卷，第 231 页。

农民对于革命的支持，在解决俄国的土地问题方面，无产阶级政党应当首先摧毁封建土地所有制，将封建主的土地分给农民，激发农民参与革命的积极性。在此基础上，通过建立集体农庄实现农民土地的国有化。这一土地所有制变革的战略构想是俄国土地彻底国有化的体现。①

苏联成立后，马克思列宁主义的土地国有化理论成为苏联土地制度确立的指导理论。马克思关于土地国有化学说是苏联土地法得以确立的理论基础。土地有广义与狭义之分，依据马克思历史唯物主义的观点，广义上的土地是承载了原初的、未经人类改造的一切劳动对象。因此，苏联土地法规制的对象不仅仅是土地本身，还包括地表以及地下一切非人类创造的、自然存在的劳动对象。狭义上的土地是指地表以及地表上的一定空间。苏联土地法实质上包括了土地法、矿山法、森林法和水流法。这一法律的调整对象在作为国家专有权客体的这些自然资源方面，以及在利用这些资源并对其进行法律保护方面形成了社会意志关系，而这些意志关系的实质内容又表现为经济关系。② 国家规定土地的共同占有和土地的共同使用就是苏联土地法两部分核心内容，其基本原则是国家对于土地、森林、矿产以及水流享有专有权，这意味着国家享有土地、森林、矿产以及水流的管理权。国家虽然享有对上述资源的管理权，但可以将这一权利授予上述自然资源的使用主体。上述自然资源管理权是通过国家授予相应的国家机关行使这一权力的方式加以实现的。此时，对于上述自然资源的管理是该国家机关的一项职权，其有效保护以及自然资源的公共利用亦成为苏联土地法的重要原则。③

苏联土地法上的所有权表现为国家对于土地、矿产、森林、水流的国家所有权。这一所有权是国家土地所有制在法律上的表现形式。在无产阶级取得国家政权后，上述自然资源应当掌握在人民手中。这些自然资源应当造福整个苏联社会，这些财富应当归属于全体苏联人民和苏联

---

① 参见薛汉伟《土地国有化、农业集体化、全面国有化——四论马克思恩格斯的国有制理论与现实》，《北京大学学报》（哲学社会科学版）2002 年第 5 期。

② 参见［苏］B. B. 叶罗费耶夫、［苏］H. и. 克拉斯诺夫、［苏］H. A. 瑟罗多耶夫合编《苏联土地法》，梁启明译，中国人民大学出版社 1987 年版，第 24 页。

③ 参见［苏］B. B. 叶罗费耶夫、［苏］H. и. 克拉斯诺夫、［苏］H. A. 瑟罗多耶夫合编《苏联土地法》，梁启明译，第 34—35 页。

社会。这一所有制进而转化为所有权。这一所有权的主体为国家（苏维埃社会主义联盟），全体苏联人民以及整个苏联社会的利益由苏维埃社会主义联盟这一社会主义国家代表，国家机关并非上述自然资源的所有权主体，其仅仅代表国家行使上述自然资源的所有权。[1]

可见，从法律制度层面出发，苏联土地法将以土地为中心的自然资源的所有权主体确定为国家，国家代表全体苏联人民行使以土地为中心的自然资源的所有权，国家机关代表国家行使国家所有权，进而形成双层代表制。就土地所有权的行使而言，国家享有以土地为中心的自然资源的所有权，但是国家是抽象性的政治主体，不能自行使用土地，必须交由具体的单位、组织和个人利用土地。因此，相应的单位、组织和个人对于土地的利用在法律制度层面表现为对其利用的土地享有一定的权利，这一权利表现为土地使用权。土地使用权是从土地所有权中分离出来的，这一权利受到土地所有权的支配。土地使用权人是土地的实际占有人，但是土地所有权人仍然是土地的占有人，这种占有是一种抽象的占有。具体的单位、组织和个人利用土地并不使得土地所有权人丧失对于土地的占有。土地使用权是依附并派生于土地所有权的。[2] 从土地所有权与土地使用权的关系角度来看，土地所有权是基础性的权利，土地使用权是土地所有权行使的一种方式。从权能角度来看，苏联的土地所有权更具有一定抽象意义上的管理权的性质，土地使用权是落实土地所有权的具体方式，土地的具体利用通过土地使用权的享有和行使加以实现。可以说，在法律制度层面，苏联的土地权利的结构表现为"所有权—使用权"的双层结构。依据土地用途的具体类型，土地使用权可以划分为农业土地使用权、居民点土地使用权（农村居民与城市居民以居住为目的取得的土地使用权）、城市建筑土地使用权等各种具体的土地使用权类型。

概括而言，十月革命胜利后，苏联共产党在全国范围实施土地国有

---

[1] 参见［苏］B.B.叶罗费耶夫、［苏］H.и.克拉斯诺夫、［苏］H.A.瑟罗多耶夫合编《苏联土地法》，梁启明译，第34—35页。

[2] 参见［苏］B.B.叶罗费耶夫、［苏］H.и.克拉斯诺夫、［苏］H.A.瑟罗多耶夫合编《苏联土地法》，梁启明译，第95—96页。

化，但是在如何实现土地国有化方面采取如下方式。首先，宣布城市和农村土地为国有，土地国有的现实表现为全体苏联人民所有，即全民所有。国有土地的支配与利用的权利由苏维埃代表全体苏联人民行使。各级苏维埃代表本级或本特定区域的人民行使本级或本特定区域土地的支配与利用的权利。也就是说，土地国有化意味着土地整体归国家所有（全民所有），但是特定区域的土地所有权由无产阶级领导的特定政权组织享有，其成为具体的所有权主体，对于特定国有土地享有法律意义上的占有、使用、收益、处分的权利。可以说，土地国有是所有制的表现形式，而各级无产阶级政权组织享有的土地所有权则是土地国有化的实质表现。各级无产阶级政权组织是代表全体苏联人民行使土地权利的组织。其次，在农村地区，土地的所有权由集体农庄享有，集体农庄就是代表国家（全体苏维埃人民）行使所有权的组织。最后，在城市地区，土地所有权由城市地区的各级苏维埃组织行使。城市与农村地区的各级苏维埃组织行使土地的所有权必须服从土地国有化的基本原则。例如，各级苏维埃组织享有的土地所有权不能转让，个人和组织不能成为土地所有权的主体。个人和组织仅仅对土地享有使用权，且这一使用权必须服从国家对于土地的管理与调配。

从苏联的土地法律制度规定内容来看，其贯彻了马克思的土地国有化思想，土地的所有权归属于国家，由国家机关代表国家行使这一权力。土地所有权的行使是通过创立土地使用权的制度，使得土地所有权的行使方式得以明确。可以说，苏联土地法律制度的确立将马克思土地国有化思想付诸实践，实现了马克思主义土地国有化思想从理论到实践的飞跃，具有巨大的现实意义。苏联土地法中的土地国家所有权制度、国有土地由国家机关代表国家行使所有权理论、国家所有权——单位、组织和个人的使用权的土地制度双层结构成为土地国有化标志性的制度设计和理论。可以说，苏联的土地国有化模式为其他社会主义国家建立土地国有化制度提供了有益经验。

（二）中国的土地国有化模式

纵观中国革命和社会主义建设的发展历程，土地问题的解决关乎唯物史观原理转化为具体历史道路问题。① 所有制决定土地制度，土地制度是落实所有制的方式。土地作为一种重要的生产资料反映在法律制度上即为一种财产权，归属于财产制度体系。因此，以什么样的土地所有制为基础确立相应的财产制度成为解决中国土地问题的关键。

近代中国社会的性质为半殖民地半封建社会，中国的主权和领土完整受到严重损害。为了挽救民族危亡，中国开始进行艰难的探索。救亡图存道路探索的主线为向西方学习。在思想领域，中国的有识之士主张学习西方先进的思想，开启中国近代以来的第一次思想解放运动。"西学东渐"成为近代中国引进西方思想的主要方式。在法律领域，西方法律相关著作被翻译成中文引进中国。此时，西方法律中的财产制度的相关内容亦随着西方相关书籍的翻译介绍到中国，开启了中国引进西方财产制度的序幕。

19 世纪中期，"财产"一词开始频频出现于西学书籍之中，其含义被确定为所有物的总称。例如1856年出版的《大英国志》中有："法制咸定，上不能虐其民。君之威权自在，下之裨益无穷。财产身家得以自保矣。"② 19 世纪末，《求是报》（1897 年 9 月至 1898 年 3 月）用五册（分别为第四、第五、第六、第七、第十一册）的篇幅连载了陈季同（笔名为"三乘槎客"）翻译的一部《拿布仑齐家律》。这部所谓的"齐家律"，经核对是《法国民法典》第一卷的部分条文。其第 138 款（该条现已废止）的译文为："不知去向或外出者，永远不知踪迹，则接受财产之人，即永远得此财产之权利。"可以肯定的是，在《法国民法典》第 138 条中，这个表示"财产权"的实际含义为"果实""利息"的意思，将其翻译成财产权并不准确。然而，法国民法学中"财产"一词含义宽泛，将利息包括进"财产"却是没有问题的。可见，法国财产法中的"财产"观念，对汉语"财产权"一词的形成，曾经发挥过重要的作用。虽然中国财产权这一法律概念的引入得益于法国民法，但是近代中国财产制度

---

① 参见孙乐强《农民土地问题与中国道路选择的历史逻辑——透视中国共产党百年奋斗历程的一个重要维度》，《中国社会科学》2021 年第 6 期。
② 参见《大英国志》卷四"北蓝大日奈朝"，江苏松江上海墨海书院 1856 年版，第 15 页，转引自俞江《近代中国民法学中的私权理论》，北京大学出版社 2003 年版，第 201 页。

的建构，没有接受法国民法的财产权理论。

20世纪初，中国开始从日本这一渠道引入大陆法系民法理论，而此时的日本民法学经过移植法国法后，认为法国民法理论脱离日本社会现实，因而放弃了移植法国法的计划，进而开始借鉴、移植德国法。中国在文化传统、语言方面与日本存在相近之处，进而采取了取道日本获取现代法学知识的策略。中国在法律移植方面亦随日本转向了移植、借鉴德国法。因此，法国民法上的财产权理论未能体现在近代中国财产制度之中。[①] 与法国法不同，规定财产权最主要的法律——《德国民法典》则没有以财产权这一概念为中心构建其财产制度，而是以具体的制度——物权法将其替代。

中国近代史上第一次民法编纂运动之成果——《大清民律草案》条文稿共分总则、债权、物权、亲属、继承五编，计1569条。其中，总则、债权、物权三编由松冈义正等人仿照德、日民法典的体例和内容草拟而成，吸收了大量西方资产阶级民法的理论、制度和原则。而亲属、继承两编则由修订法律馆和礼学馆起草，其制度、风格带有浓厚的封建色彩，保留了许多封建法律精神，仍没有超出"中学为体、西学为用"的思想格局。这一草案关于财产权内容部分的编纂没有以财产权这一概念为中心，而是将其以物权相替代。这一体例安排与德日民法典的结构保持一致。师效德日民法，《大清民律草案》自然以私有制作为财产权制度（物权）的基础。[②] 该草案之所以将私有制作为财产权制度（物权与债权）的基础，有其特定的历史背景。

《大清民律草案》编纂始于1902年，完成于1910年。在此之前，中国经历了1895年的中日甲午战争以及1900年的八国联军侵华战争，两场战争的失败使中国彻底沦为半殖民地半封建社会。在这一过程中，代表民族资产阶级利益的有识之士反思中华民族危亡进一步加深的原因：近代中国在探索救亡图存道路的过程中，仅仅将学习西方局限在器物、技术的效仿，而没有真正意识到西方国家自近代以来能够强大的真正原因在于其制度的先进性。而中国在学习西方的过程中仅仅看到了其坚船利

[①] 参见俞江《近代中国民法学中的私权理论》，第203—205页。
[②] 参见张生《〈大清民律草案〉披遗》，《法学研究》2004年第3期。

炮而忽视了使其真正强大的背后原因。因此，民族资产阶级提出开辟中国救亡图存的新道路：学习西方先进的制度。以此主张，民族资产阶级登上近代中国的政治舞台。在这一时代背景之下，《大清民律草案》的编纂得以有效地推进，其成为民族资产阶级改良运动中的产物。该草案自然体现了民族资产阶级的主张，保障和维护了民族资产阶级的利益，因而在财产制度确立方面坚持以私有制为前提。而这一制定法典的主张与德日既有民法典相一致，借鉴其既有成功经验便成为水到渠成之事。

1911年，辛亥革命爆发，清朝覆灭，中华民国得以建立。中华民国是由资产阶级主导建立的共和国。1919年，中国作为第一次世界大战的战胜国提出收回德国在山东的领事裁判权，但是其他西方国家以中国法律制度不健全为由拒绝了中国的正当请求。为了回应西方国家对中国法律制度不健全的质疑，民国政府于1925—1926年制定了《民国民律草案》，这一草案以《大清民律草案》为蓝本。就财产制度而言，《民国民律草案》保持了《大清民律草案》既有结构。私有制仍为财产制度的前提。财产权制度以物权为基本构成。1929年，南京国民政府成立民法起草委员会，旋即开始起草《中华民国民法典》。以清末《大清民律草案》和北洋政府的《中华民国民律草案》为基础，参照西方资本主义国家（主要是采用大陆法系国家）的民法原则和条文制定出这部民法，1931年5月5日全面实施。该法典采取了与《民国民律草案》相同的财产制度设计方案，私有制仍为财产制度的前提。①

在这一立法背景下，土地被视为物权的客体，土地之上可以设立土地所有权以及使用权，上述权利可以自由流通，进而体现和贯彻土地商品化这一土地私有制的基本价值理念。可以说，土地私有制是近代中国土地制度构成的逻辑起点，亦成为中国式土地国有化模式确立的逻辑起点。

从中国革命独特性的角度出发，中国自1840年起便进入半殖民地半封建社会，反对帝国主义侵略以及推翻本国封建主义的统治成为中国革命的中心任务。这一革命的性质为资产阶级革命，即反帝反封建的任务。而按照经典作家的预设，无产阶级领导的革命应当为社会主义革命，即

---

① 参见柳经纬《我国民事立法的回顾与展望》，《厦门大学法律评论》2003年第2期。

无产阶级推翻资产阶级的革命。而中国国情的特殊性在于中国的资产阶级具有天然的软弱性,没有领导中国人民完成反帝反封建的任务,而这一任务需要由中国的无产阶级领导中国人民完成。由此决定,无产阶级领导的这一革命不同于完全的资产阶级革命,而是被称为新民主主义革命。这一革命之所以被称为新民主主义革命,重要的标志在于革命的领导阶级为无产阶级而并非资产阶级,但是从革命的内容来看,其与资产阶级的民主革命之间没有本质区别。但从革命的发展前途来看,这一革命目标走向的是社会主义革命。由此决定,中国革命实质上应当分为两个阶段,第一阶段是完成民主革命的任务,即完成反帝反封建任务;第二阶段是在巩固民主革命的成果的基础上实现社会主义革命的目标。

在土地改革领域,对于如何实现改革目标则有不同的思路。一种思路是既然中国革命最终的目标是社会主义革命,那么土地革命的目标可以定位为社会主义革命,将社会主义革命目标作为民主革命的目标。即将社会主义革命阶段土地革命的目标作为民主革命时期土地革命的目标。资产阶级对土地国有化并不完全持反对态度,一些激进的资产阶级学者亦主张土地国有化,但是由于土地国有化亦会触及资产阶级的利益,因而对于土地国有化没有勇气予以彻底的贯彻。[①] 因此,在民主革命时期实施土地的国有化与民主革命之间并不冲突。马克思和恩格斯亦认为无论在民主革命阶段还是在社会主义革命阶段,无产阶级都应当将土地国有化作为其土地政策的基本原则。[②] 而在社会主义革命阶段,土地革命的目标应当为实现土地的国有化。此时,土地革命目标确立的主要理论来源为马克思的《论土地国有化》。另一种思路为在民主革命阶段,土地革命的目标应当为消灭封建土地所有制,实现土地权利平均化,即主要将土地分给平民。资产阶级革命的任务需要消灭封建土地所有制,实现土地权利的平均化。事实上,马克思对于土地平均化措施予以了积极评价,其在1848年提出支持分割封建农庄的观点。马克思也曾经支持美国的小

[①] 参见何东、清庆瑞、黄文真《中国新民主主义革命中的土地所有权问题》,《教学与研究》1982年第6期。

[②] 参见孙乐强《农民土地问题与中国道路选择的历史逻辑——透视中国共产党百年奋斗历程的一个重要维度》,《中国社会科学》2021年第6期。

土地业主反对大农奴。① 究竟如何进行选择是中国革命首要解决的现实问题。

事实上,在革命初始阶段,中国共产党在土地革命问题上倾向于适用第一种思路。1921 年,中国共产党的成立是中国历史上开天辟地的大事。中国共产党是无产阶级政党,致力于中国人民乃至全世界人民的解放。党的一大通过的《中国共产党纲领》中将中国现阶段的革命性质定位为社会主义革命,提出推翻资产阶级,消灭资本主义私有制的主张。就土地而言,主张将其归社会公有。"归社会所有"的表述体现了土地公有制这一思想,由于土地国有化是土地公有制实现的一种重要方式,从这一角度出发,"归社会所有"内含了土地国有化的主张。这是中国共产党第一次提出自己的土地主张,亦是土地国有化思想的萌芽第一次在党的正式文件中提出。但是党在成立初期,由于缺乏对中国经济社会现实状况的深入分析和了解,对于中国革命的复杂性缺乏必要的认识,将中国革命的性质定位为"社会主义革命"并不符合中国经济社会发展的实际。众所周知,自 1840 年开始,中国社会的性质由封建社会进入半殖民地半封建社会。中国经济社会发展由此发生深刻变化。就土地制度而言,在农村地区,大部分土地由封建地主占有和支配,绝大多数农民并不占有和支配土地,其只能作为雇农为地主耕种土地,受封建地主的压迫和剥削;在城市地区,土地主要由外国殖民者、封建政府、封建买办以及资本家占有和支配。随着帝国主义国家加紧对中国的侵略,中国社会的半殖民地性质进一步加深。封建买办阶级对帝国主义的依附程度进一步加深,同时封建政府为了维护其统治地位不得不听命于帝国主义的摆布,成为帝国主义在中国的代言人。可以说,封建政府以及封建买办阶级占有和支配的土地实质上是由帝国主义国家占有和控制。中国的资产阶级由于受到封建势力和帝国主义势力的联合抑制,难以充分发展,其对于土地的占有和支配的数量难以与外国殖民者、封建政府、封建买办占有和控制的土地数量相提并论。这一土地占有和支配的现实状况决定了改变中国既有土地支配和占有秩序的首要任务应当是推翻封建土地所有制

---

① 参见何东、清庆瑞、黄文真《中国新民主主义革命中的土地所有权问题》,《教学与研究》1982 年第 6 期。

（针对农村地区的封建土地所有制），反对帝国主义对中国土地的占有和支配。从革命的角度出发，这一时期革命的主要任务为反帝反封建而并非消灭资本主义私有制。可以说，党的一大对于中国现实的土地问题没能够提出正确的主张。①

1922年1月，中国共产党派代表参加了在苏联莫斯科召开的共产国际远东各国共产党及民族革命团体第一次代表大会。在这次会议上，列宁在会见中国代表时指出，中国社会的性质为半殖民地半封建社会，中国共产党作为无产阶级政党应当首先进行以反帝反封建为中心任务的资产阶级革命，中国共产党应当重视组织农民的重要性，中国土地革命的中心任务应当是消灭封建土地所有制，将土地分给农民。1922年11月至12月，中国共产党派代表参加了列宁主持召开的共产国际第四次代表大会。在这次会议上，共产国际就中国的土地问题指出，中国的土地革命性质定位应当是反帝反封建的资产阶级革命，但是在这一革命过程中，应当注重无产阶级对于革命的领导权，确保这一革命的未来发展趋势是社会主义革命、共产主义革命，防止资产阶级篡夺革命果实。只有无产阶级专政政权才能确保土地革命的彻底性，资产阶级与封建势力勾结压迫农民的局面才能就此避免。

共产国际对于中国土地革命的性质以及中心任务予以了正确分析，中国共产党在共产国际的正确指引下修正了对于中国土地革命的性质以及中心任务的认识。②1922年7月，党的二大提出了反帝反封建是目前中国革命的中心任务，这一任务的性质决定了无产阶级需要与资产阶级联合。这一革命纲领称为最低纲领；在这一革命取得胜利的基础上应当进行社会主义或共产主义革命，这一纲领称为最高纲领。1922年6月15日，中共中央发表了《中国共产党对于时局的主张》，在这一政策文件中，我党首次提出打倒军阀，没收军阀官僚的财产，将田地分给贫苦农民，制定限制田租的法律以及以占有土地多少为标准对农民进行阶级划分的土地政策的主张。③可见，在中国共产党成立初期，其对于土地国有

---

① 参见赵效民主编《中国土地改革史（1921—1949）》，人民出版社1980年版，第58页。
② 参见赵效民主编《中国土地改革史（1921—1949）》，第58—59页。
③ 参见赵效民主编《中国土地改革史（1921—1949）》，第59—60页。

化的认识经历了不断深化的过程。在半殖民地半封建的中国,土地国有化的实现不具备现实条件,其实现需要以无产阶级领导的反帝反封建的土地革命的胜利为前提。从革命发展阶段来看,土地国有化并非属于反帝反封建为中心任务的资产阶级土地革命的任务,而是在反帝反封建革命任务完成后社会主义革命或共产主义革命的中心任务。通过反帝反封建的资产阶级革命废除封建土地所有制,建立农民的土地所有制是实现土地国有化的必然阶段。农民土地所有制的建立是土地国有化实现的重要前提和基础。这一结论的得出意味着中国共产党对于土地国有化政策实施的认识得以深化。

1924年,国共第一次合作的形成加速了中国以反帝反封建为中心任务的资产阶级民主革命的进程。在处理土地问题方面,孙中山先生提出了"平均地权""耕者有其田"的主张。这一主张与中国共产党提出的反帝反封建的土地政策主张相一致,进而成为国共第一次合作的重要基础。在这一时期,中国共产党针对封建势力对于农民压迫的现实状况,提出组织农民反抗封建势力的压迫。1925年,中国共产党第四次全国代表大会通过了对《农民运动的决议案》。在这一决议中,中国共产党主张,党的农民运动阶级路线为,结合中农、佃农、贫农、雇农反对大地主,农民阶级应当联合起来逼迫大地主让步,让其减租,进而减轻农民负担。同年10月,中共中央召开扩大会议,这次会议通过了《中国现时的政局与共产党的职任决议案》。在这一决议案中,中国共产党提出了组织农民发展生产、反抗地主阶级、要求减租减息的主张。土地革命的最终目标是没收封建地主、军阀的土地归农民所有。唯有如此,农民才能够拥护革命,成为工人阶级最坚强的同盟军。[①] 中国共产党土地革命政策的制定进一步完善,即从领导农民减租减息到主张没收地主阶级的土地归农民所有,为农民土地所有制的建立指明了方向,从而进一步夯实了土地国有化实现的基础。

1926年,中国国民党与中国共产党联合组成了讨伐封建军阀的北伐军开始北伐。北伐战争期间,中国共产党为了配合战争的进行,在各地继续领导农民开展反帝反封建斗争。此时,在总结既有斗争经验的基础

---

① 参见赵效民主编《中国土地改革史(1921—1949)》,第76页。

上，中国共产党采取了更加丰富的斗争形式。除了鼓励和组织农民开展减租减息斗争外，在一些地区还开展了清丈田亩、平均地权、限制地主随意解除租地契约的运动。不过这里的清丈田亩、平均地权是在保留封建地主对于土地享有所有权基础之上开展的运动，目的在于使佃农能够平均耕种土地，初步尝试土地分配的平均化。此外，中国共产党领导的农民组织还开展了没收公产、寺庙土地、祠堂土地归农民所有的革命运动。① 其中，斗争形式的丰富使得中国共产党在解决中国土地问题中积累了有益经验，平均地权思想、没收封建势力土地斗争的开展事实上为土地国有化政策推行做了有益的准备：前者成为土地国有化政策推行所遵循的价值追求，后者成为土地国有化政策推行的重要措施。

1927年4月，以蒋介石为首的国民党反动派在上海发动了反革命政变，第一次国共合作破裂，轰轰烈烈的大革命以失败而告终，中国革命进入了低谷时期。为了挽救革命，同年8月，中国共产党在汉口召开著名的"八七会议"。

在这次会议上，正式确立了土地革命总方针。这一总方针强调了党领导中国革命的主要任务是土地革命，即以通过反帝反封建的革命手段（领导农民开展武装暴动）消灭封建土地所有制，将土地革命与武装斗争结合起来。② 这是中国共产党提出的解决中国土地问题的极具创造性的观点。两者互为条件：一方面，土地革命为武装斗争的开展创造了良好的群众基础（得到广大农民的支持），没有土地革命对于武装斗争的支持，武装斗争可能处于孤立无援的状态；另一方面，武装斗争又为土地革命成果的巩固创造了必要条件，没有武装斗争创造的革命政权对于土地革命成果的认可，土地革命成果亦无法得到有效巩固，反动势力必将对土地革命进行反攻倒算，破坏土地革命已经取得的成果。武装斗争的目的在于建立无产阶级政权，土地革命目标的实现以武装斗争为条件。

由此推论，土地革命与武装斗争的结合的论断的提出，意味着在中国现实的经济社会环境下土地革命与无产阶级政权的取得、巩固有着必然的联系，无产阶级政权的取得、巩固以土地革命目标的实现为基础。

---

① 参见赵效民主编《中国土地改革史（1921—1949）》，第91—92页。
② 参见赵效民主编《中国土地改革史（1921—1949）》，第117页。

这意味着土地革命与国家政权建设之间具有重要的、密切的联系。两者的关系预示着土地问题的解决事实上与国家政权之间存在关联性。土地革命与国家政权之间的这一关联性预示着土地国有化政策的推行必然与国家政权之间存在着联系。这种关联性表现为：一方面，土地国有化的实现以无产阶级取得国家政权为前提，无产阶级取得国家政权是土地国有化推行的前提条件；另一方面，无产阶级国家政权的发展和巩固需要以土地的国有化为条件。中国共产党在这一历史时期认识到将土地革命与武装斗争相结合是中国革命发展应当坚持的原则，是对土地问题与国家政权具有关联性这一历史规律的正确把握，为土地国有化政策在未来的实施和推进奠定了重要的理论基础。

以"八七会议"确立的土地革命的路线为纲领，中国共产党开始独立探索适合中国国情、符合中国实际的土地革命道路。这一时期土地革命政策由大革命时期组织农民反抗封建地主的压迫主张减租减息为主，逐步尝试没收军阀、官僚、公地、寺庙、祠堂等封建势力的财产转变为没收地主土地分给贫苦农民的土地革命策略。在这一政策的推行过程中，党内对于如何确定没收土地的对象产生一定分歧。一种观点认为，没收土地的对象应当仅仅限定为大地主所拥有的土地，而不应当包括小地主所拥有的土地。理由在于保留小地主对于土地的占有和支配的权利有利于争取其对土地革命的支持。另一种观点认为，没收土地的对象不应当仅仅限于大地主，还应当包括小地主。原因在于，中国的现实情况为大地主占少数，而小地主占多数，仅仅没收大地主的土地很难满足农民对于土地的现实需求。因此，小地主的土地亦应当在没收范围之内。唯有如此，广大贫农对于土地的要求才能得以满足，中国绝大多数人才能够拥护中国共产党所领导的中国革命。[①] 从中国革命现实角度出发，大革命失败意味着中国反革命势力异常强大（大地主大资产阶级），中国共产党独立领导无产阶级革命迫切需要壮大自己的力量。中国共产党领导的无产阶级革命迫切需要争取中国绝大多数人——中国农民的支持，而这一目标的实现需要以满足最广大农民的现实需求（满足农民对土地的要求）为必要条件。这一客观现实条件决定了没收土地的对象应当不限于大地

---

① 参见赵效民主编《中国土地改革史（1921—1949）》，第 121—122 页。

主而应当包括小地主，使得最广大农民的需求能够得以满足，无产阶级革命的力量才能得以迅速壮大。因此，中国共产党在处理没收土地对象这一问题上采取后一种观点。

1927年9月至11月，没收土地的对象由大地主所有的土地扩大到小地主所有的土地。这一土地政策的执行使得没收土地的数量大为增加，广大农民获得土地的现实需求得到了满足，中国共产党领导的无产阶级革命得到了广大农民的支持，农民阶级成为无产阶级革命中一支重要的革命力量。但是此时，党内出现了加快土地革命进程的倾向，即主张没收一切土地归公，分得土地的农民亦仅仅享有对于该土地的使用权。这一土地革命政策的主张实质上是一种通过消灭土地私有制的方式实现土地国有化的倾向。这种倾向事实上背离了中共二大对于中国革命性质的正确认识。中国共产党所领导的无产阶级革命应当首先完成反帝反封建的资产阶级革命的任务，这一革命性质决定了中国共产党领导的土地革命应当以消灭封建土地所有制为首要任务，在这一过程中，没收地主土地分配给农民，建立农民土地所有制，允许土地私有制的存在。土地国有化是以消灭土地私有制为前提，属于社会主义或共产主义革命阶段的内容，其显然与当下的革命性质相背离。土地国有化政策主张犯了左倾冒进错误。将没收一切土地归公的错误倾向严重挫伤了农民阶级以及其他阶级参与革命的积极性，土地革命的实效大打折扣。

1928年党的六大召开。这次会议对于急于实现土地国有化的错误倾向予以了反思与总结，并予以了及时纠正，即将原有的"没收一切土地"的土地政策修改为"没收一切地主阶级的土地"。① 这一土地革命政策的修正意味着没收地主阶级的土地分给农民，建立农民土地所有制，保留除地主外（例如，民族资产阶级）其他阶级的土地所有权，这意味着土地私有制得以保留。中国共产党领导的土地革命重新回到了正确的轨道。为了贯彻党的六大关于土地改革的政策，1929年毛泽东在江西兴国县主持制定了《兴国土地法》。这一土地法的重要内容在于将《井冈山土地法》中"没收一切土地"修改为"没收公共土地及地主阶级土地"。②

---

① 参见赵效民主编《中国土地改革史（1921—1949）》，第145页。
② 参见赵效民主编《中国土地改革史（1921—1949）》，第147页。

1931年2月，中共中央起草了《中华苏维埃共和国土地法草案》，这一草案坚持了党的六大以来确立的关于没收地主阶级土地分配给无地及少地农民这一重要原则。同时，这一草案承认农民对于土地的出租以及出卖的权利。[①] 这一时期党的土地政策主要宗旨在于纠正盲目土地国有化"左"倾政策的错误倾向，进一步贯彻民主革命性质的土地革命策略。

1937年全面抗战爆发，中国共产党在各个根据地推行的土地政策亦随之发生变化：由中共六大确立的"没收地主阶级的土地分给无地、少地农民"政策转变为"停止没收地主土地""地主减租减息、农民交租交息"的政策。土地政策的这一变化的目的在于团结地主阶级拥护抗日民族统一战线的建立。土地国有化的政策暂时搁置。抗战胜利后，中国进入解放战争阶段。1946年5月4日，中共中央根据革命斗争的需要再次调整土地政策，即由抗日战争时期的"停止没收地主土地""地主减租减息、农民交租交息"的政策再次转变为没收地主土地归农民所有的政策。这一政策的转变是为了满足解放区农民对土地迫切的需要，最大限度地争取农民对中国革命的支持。可以说，这一土地政策仍然延续了民主革命时期土地革命的宗旨。

新民主主义革命时期的土地革命并不包含土地国有化政策的推行，但是这一时期土地革命的开展为土地国有化的实现奠定了一定的历史基础。

首先，土地革命与武装斗争相结合的策略，加速了中国共产党领导的无产阶级革命胜利的步伐，为土地国有化的实现创造了必要的政治条件。依照马克思主义土地国有化的理论，土地国有化的实现是以无产阶级取得国家政权且这一政权的巩固为前提条件。而这一条件的具备是以中国共产党所领导的中国革命的胜利为基础的。土地革命与武装斗争相结合的政策以土地问题的解决为中心，为无产阶级政权的建立提供了必要条件和持久的动力，进而为土地国有化的实现创造必要条件。

其次，民主革命时期土地革命的开展为土地国有化政策的推行积累了宝贵经验。民主革命时期的土地革命的中心任务为反帝反封建，消灭封建土地所有制，建立农民土地所有制，实现"耕者有其田"的目标。

---

① 参见赵效民主编《中国土地改革史（1921—1949）》，第179页。

依据马克思主义理论，在民主革命阶段的反封建并非意味着消灭土地私有制，而是针对封建土地关系对私人的束缚，进而实现人的自由和解放，这一自由和解放其中自然包括对土地享有个体性的权利。[①] 在这一革命的过程中，土地的分配、土地现实利用以及土地的租赁、买卖政策的制定等方面的问题处理均为土地国有化相关问题的解决提供了宝贵经验。可以说，民主革命时期土地革命是土地国有化的重要的预备阶段。

新中国的成立标志着中国新民主主义革命取得胜利，民族独立的革命目标既已实现。中国共产党面临的新任务便是在全国范围内恢复经济、社会的基本秩序，在全国范围内确立社会基本制度。这一历史时期又被称为新民主主义社会向社会主义社会过渡时期。在城市地区建立土地的国家所有制，在农村地区首先确立土地的农民所有制，这一土地政策推行的主要依据是新中国成立后我国的现实国情。

首先，从社会生产力发展的现实状况出发，我国还不具备全面推行土地国有化的条件。按照马克思历史唯物主义的观点，社会生产力的发展是推动人类社会进步的主要动力。社会生产力发展促使人类社会表现为不同的历史形态。人类社会形态总体划分为原始社会、奴隶制社会、封建社会、资本主义社会。这些社会历史形态是在继承前一个社会历史形态积累的物质文明的基础上发展起来的。按照历史唯物主义的观点，人类社会发展的下一个历史形态是社会主义社会或共产主义社会，这一社会的生产力是在继承资本主义社会生产力发展基础上形成的。而资本主义社会在人类社会发展历史进程中创造了空前巨大的社会物质财富，社会生产力发展的程度得到巨大提升。事实上，资本主义社会这一生产力发展的状况为人类社会进入社会主义社会以及共产主义社会做了充足的准备，其亦成为人类进入社会主义社会以及共产主义社会的必要条件。但就我国的现实状况而言，新中国成立之前，我国的社会性质是半殖民地半封建社会，受到封建势力以及帝国主义势力的压迫，资本主义经济在中国未得到充分发展。同时，封建势力以及帝国主义势力勾结使得中国社会生产力的发展受到严重的抑制。社会生产力的水平远不及发达的

[①] 参见秦晖《土地改革＝民主革命？集体化＝社会主义？——马克思主义农民理论的演变与发展》，《学术界》2002 年第 6 期。

资本主义国家的社会生产力。由此决定，我国从半殖民地半封建社会过渡到社会主义社会，社会生产力较为低下（农村地区表现得尤为明显）这一现实条件是不容忽视的，从这一现实条件出发亦成为塑造我国社会主义特点的重要因素。

这一现实状况对于我国推行土地国有化政策亦产生了重要影响。土地国有化政策的推行必须考虑我国社会生产力的现实状况。我国在推行土地国有化政策时充分考虑了城市地区与农村地区社会生产力发展的不同现实状况。新中国成立初期，国家主要的工商企业均分布在城市地区，以工商企业为核心组织形态，这一地区的生产方式的社会化、组织化程度较高，因而具有一定的先进性。而在广大的农村地区，农业生产方式还停留在封建式的、孤立的小农生产方式，封建地主阶级对于农民进行残酷剥削。与城市地区相比，农村地区的社会生产力相对落后。由此决定，在城市地区实施土地国有化具备一定可能性，而在农村地区实施土地国有化则与社会生产力的发展现实不符。

此外，城市土地实现国有化的主要目的在于防止土地所有权人利用土地作为商品并参与市场流通的属性作为投机的对象进而从房屋建筑者及其继承人那里获得地租。[①] 从实现社会主义建设的目标以及巩固新生人民政权角度来看，城市地区实施土地国有化意味着国家掌握了城市地区的土地资源，国家能够根据社会主义建设的需要对城市地区的土地进行统一调配和利用，防止土地的恶意炒作，确保土地资源的供给能够满足工商企业的发展，为实现社会工业化奠定基础。农村地区不实施土地国有化，而不实施土地国有化满足了广大农民对于土地的现实需求，获得土地的农民的生产积极性就此被调动起来，农业生产效率就此提高，农民对于新生的人民政权更加信任。可以说，推行土地归农民所有的政策不仅仅有利于农业生产率的提高亦有利于新生的人民政权的巩固。在农村地区不盲目地实施土地国有化而是首先推行土地的农民所有制更符合我国国情。但农民土地所有制与社会主义生产资料公有制的性质相背离，农民土地所有制最终通过农业集体化运动转变为集体土地所有制。因此，

---

① 参见谢地《马克思、恩格斯土地与住宅思想的现代解读——兼及中国土地与住宅问题反思》，《经济学家》2012年第10期。

中国的土地国有化主要是针对城市土地的国有化，这一土地国有化的政策是由我国的国情所决定的。可以说，土地是实行国有还是私有，是新民主主义革命解决土地问题的关键，中国共产党经过长期革命实践不断探索最终得以找到正确答案。[①]

就城市土地国有化的具体措施而言，土地国有化的推进主要依据两条主线：一是通过制定相应政策和宪法，确保城市土地国有化在国家治理体系中占据主体地位；二是通过尝试在更为广阔的领域（探索制定《民法典》以及制定专门性的具有土地管理属性的法律、行政法规）将城市土地国有化以具体的权利制度方式呈现其社会实效性。

就第一条主线而言，新中国成立初始，城市土地国有化的主要依据为政策。但是在这一政策执行过程中，政府仍然采取了比较灵活的措施。1949年4月25日，中国人民革命军事委员会主席毛泽东和中国人民解放军总司令朱德签署的《中国人民解放军布告》中明确了农村地区存在的封建土地所有制必须予以废除，但是城市地区的房屋和土地问题的解决不能与农村地区的土地问题做相同处理。在这一政策指引下，解放军在解放全国各地的城市时尊重了当时城市土地既有的所有制状态。1949年9月，中国人民政治协商会议第一次全体会议通过的《中国人民政治协商会议共同纲领》（以下简称《共同纲领》）第3条明确规定："保护工人、农民、小资产阶级和民族资产阶级的经济利益及其私有财产。"这里的私有财产应当包括私人在城市所拥有的土地。[②] 在新中国成立后，这一政策得以延续。除了没收国民党政府、帝国主义、官僚资本、战犯、反革命分子以及封建地主在城市中的土地归新成立的人民政府所有外，对于城市地区存在的私人土地予以保护并承认其正当性。政府依据土地所有权人出具的土地所有权凭证给私人土地所有者办土地所有权证，对其享有的城市土地所有权予以认可。即城市中大多数土地归属国家所有，但是私人所有的土地在城市地区仍然存在。

---

① 参见何东、清庆瑞、黄文真《中国新民主主义革命中的土地所有权问题》，《教学与研究》1982年第6期。

② 参见杨俊峰《我国城市土地国有制的演进与由来》，《甘肃行政学院学报》2011年第1期。

进入社会主义改造时期，我国将"一化三改"确定为社会主义过渡时期总路线。在城市地区，对手工业、资本主义工商业的改造成为社会主义过渡时期的中心任务。一方面，把小的个体私有制改造为具有社会主义公有制属性的集体所有制手工业企业；另一方面，将具有资本主义属性的工商业改造为具有公有制属性的国营企业。[①] 由此决定，小的私有制企业以及资本主义工商业企业占用的土地的性质亦会随之发生变化。城市中的小的私有制手工业企业经过社会主义改造后，其性质转变为集体所有制企业，其所占用的城市土地的性质亦随之转变为具有公有制属性的集体所有土地。资本主义工商业企业经过改造后转变为国营企业，其所占用的土地亦随之转变为国有土地。此时，城市地区土地的所有制结构发生了一定变化，即由原有的国有土地所有制、土地私有制转变为国有土地所有制、土地私有制以及集体土地所有制三种所有制形式。

为确保土地资源对国家建设形成有效供给，尤其确保大型国有工业企业建设对于土地的需求得到有效满足，1953年11月，政务院发布了《政务院关于国家建设征用土地办法》，该办法规定了凡是进行工厂建设、国防工程建设、厂矿建设等所需用地依据本办法进行征用。同时，该规定对于被征收土地补偿标准予以了明确，即该土地近三至五年的产量总值，特殊情况酌情变通处理。这一规定的出台为我国未来农村土地转变国有建设用地的土地征收制度的确立奠定了基础。[②] 城市土地的所有制实质上是公有制为主体，包括国有土地以及集体所有土地，但土地私有制仍然存在。1954年《宪法》与《共同纲领》相比，进一步强调了通过社会主义改造消灭私有制，逐步确立社会主义制度的重要性，但是同时仍然强调了国家依法保护手工业者以及个体非农业劳动者的生产资料以及生活资料的所有权、保护公民的合法财产以及合法收入。可以说，1954年《宪法》对于公民的私人财产予以充分的保护，这其中亦包括公民在城市中享有的土地所有权。城市土地以公有制为主体，土地私有制仍然存在的现实状态得到法律的认可，并没有因为宪法的颁布实施而彻底

[①] 参见甘藏春《土地正义——从传统土地法到现代土地法》，商务印书馆2021年版，第11页。

[②] 参见甘藏春《土地正义——从传统土地法到现代土地法》，第10页。

改变。

　　随着社会主义改造的进一步深化，国家逐步探索私房改造政策的制定和实施。1955年12月16日，中央书记处第二办公室提出并由中共中央于1956年1月18日批转的《关于目前城市私有房产基本情况及进行社会主义改造的意见》明确提出，国家将对城市地区私人所有的房屋的出租予以控制并逐步实现房屋的公有制并进一步指出私人占用的空地、街基经过特定程序后一律收归国有。这一改造的主要方式为：一是国家经租，即私人房屋交由国家出租，房屋的管理和维修义务由国家承担，国家将出租房屋获得的利润按比例分配给房屋所有权人；第二种方式为公私合营，[①] 即房屋所有权人将其房屋与大的土地占有者的房屋形成资产合并，成立房屋出租公司。这一公司成立并经营一段时间，在这期间国家参与公司经营利润的分配，房屋所有权人仍然可以分配相应的利润，房屋租赁公司与国家、房屋所有权人共同经营。经过一段时间经营后，该公司将收归国有，进而实现房屋的公有制。在城市房屋进行公有制改造过程中，私有房屋所有权人不得要求收回纳入国家经租范围内的房屋。[②] 私人所有房屋的所有权实质上已经收归国家所有。同时，私人在城市中占有的空地、街基亦需要收归国有。可以说，城市土地公有制的进一步开展是通过城市私有房屋的公有制改造加以实现的。房屋的公有制改造的直接影响便是房屋占用的土地亦随着房屋的公有制改造而具有了公有制的倾向。但是城市中仍然保留一部分私人所有的房屋，在国家政策层面尚未明确城市土地完全实现国有化。

　　城市土地大规模国有化的实施是在1967年开始的。1967年11月4日，国家房产管理局、财政部、税务总局《答复关于城镇土地国有化请示提纲的记录》中明确指出，对于《关于目前城市私有房产基本情况及进行社会主义改造的意见》明确提出的"空地、街基经过特定程序后一律收归国有"这一政策表述应当做进一步的扩大解释，即城市私人房屋

[①] 参见杨俊峰《我国城市土地国有制的演进与由来》，《甘肃行政学院学报》2011年第1期。

[②] 参见杨俊峰《我国城市土地国有制的演进与由来》，《甘肃行政学院学报》2011年第1期。

所占用的土地以及乡镇私人房屋所占用的土地亦应当收归国有，无论什么样的城市房屋都要收归国有。① 这一文件仅仅在政策上认可了土地国有化，但是在法律层面1954年《宪法》所确认的城市土地国家所有与私人所有的基本现实没有改变。1975年《宪法》亦没有确认城市土地彻底国有化政策方案的合法性，并没有完全否定城市土地归属于私人所有的正当性，其第13条明确规定国家可以在符合法律规定的条件下对于城市土地以及其他生产资料予以征购、征用或收归国有。② 依据这一规定，国家在需要对特定城市私人土地利用的情况下可以对私人土地进行征购、征用以及收归国有。如果《宪法》有彻底实现土地国有化的倾向，只需在该部宪法中宣布城市土地完全归属于国家即可，没有必要规定国家在符合法律规定的条件下征购、征用私人土地以及使特定的私人土地收归国有。

　　1982年《宪法》明确规定城市的土地归国家所有。城市土地归属国家所有在该部宪法中予以明确。在制定这部宪法的过程中，对于土地国有化的意见形成了不同的观点。一种观点认为城市土地国有化是必要的，农村土地国有化则存在超越中国经济社会发展的嫌疑；另一种观点则比较激进，认为中国的土地国有化不仅要实现城市土地的国有化还要实现农村土地的国有化。最终立法者采纳了前一种观点，认为农村土地的国有化有悖于中国共产党领导新民主主义革命使农民取得土地的承诺和初衷。同时，在现实的历史条件下将农村土地进行国有化处理并不具备现实条件。由《宪法》确认城市土地国有化的重要意义在于确保国家能够对城市土地进行有效控制，在进行大规模建设过程中防止土地私有者在征地过程中向国家主张高额补偿。③ 这是土地国有化在特定的历史条件下具有的现实意义。在该部《宪法》颁布实施后，城市土地国有化推进过程中面临的关键问题在于法律层面实现城市中的私人土地的国有化。实

---

　　① 参见杨俊峰《我国城市土地国有制的演进与由来》，《甘肃行政学院学报》2011年第1期。
　　② 参见杨俊峰《我国城市土地国有制的演进与由来》，《甘肃行政学院学报》2011年第1期。
　　③ 参见杨俊峰《我国城市土地国有制的演进与由来》，《甘肃行政学院学报》2011年第1期。

践中，地方政府的做法是城市私人土地归属于国家所有，但是其对于该土地享有土地的使用权。也就是说，城市私人土地虽然归属国家所有，但是原土地所有权人自然获得该土地的使用权，原土地所有权人没有彻底失去该土地，进而最大限度地减少土地国有化所可能引发的社会矛盾的概率。[①] 这一做法具有一定的现实可行性。1995年国家土地管理局颁布的《确定土地所有权和使用权若干规定》对这一做法予以了肯定。可以说，1982年《宪法》的颁布实施使得我国城市土地国有化的基本法律制度得以确立。

就第二条主线而言，土地国有化不应当仅仅停留在政策以及宪法规定的层面，其需要通过具体的部门法加以落实。由于土地国有化是生产资料公有制的实现方式，土地国有化通过具体的部门法加以落实成为公有制财产制度的形成和发展中的部分内容。土地国有化的制度推进与以公有制为基础的财产制度的形成和发展密切相关。

1949年新中国成立，中央政府决定在法律制度层面废除国民政府时期的法律，开始探索建立适合新中国社会发展需要的法律制度。就财产制度而言，建立以公有制为前提的财产制度是财产制度确立的主旨目标。中央政府采取的立法策略是将财产制度的相关内容纳入民法典范畴。1955年，我国开始探索制定民法典。拟定的民法典草稿包括总则、所有权、债法总则以及债法分则。作为集中规定财产内容的所有权篇共有八个草稿。[②] 上述所有权篇的草稿内容贯彻了以公有制为前提建立财产制度的思想，具体表现为以下几点。

其一，明确所有权的社会功能。法律调整所有权的目的在于促进社会主义财产的发展和巩固，保证逐步提高劳动人民的物质文化生活水平，建成繁荣幸福的社会主义社会（所有权篇初稿第1条）。[③] 公有制背景下，所有权的目的在于保障和维护公有制，促进社会主义建设目标的实现。

其二，所有权类型区分突出公有制的色彩。所有权的类型分为：国

[①] 参见杨俊峰《我国城市土地国有制的演进与由来》，《甘肃行政学院学报》2011年第1期。

[②] 参见何勤华、李秀清、陈颐主编《新中国民法典草案总览》（上卷），法律出版社2002年版，第1—2页（目录）。

[③] 参见何勤华、李秀清、陈颐主编《新中国民法典草案总览》（上卷），第50页。

家所有权、合作社所有权以及公民生活资料所有权和其他财产所有权。其中，国家所有权与合作社所有权具有典型的公有制色彩。①

其三，国家所有权与合作社所有权的内容集中反映了公有制的特点。国家对于特定的自然资源（荒地、矿产、森林、水流等）享有专属的所有权。同时，国家对于事关国家经济命脉或与国家安全相关的重大财产可以依照法律规定宣布为国家所有。专属于国家所有的财产，合作社与个人不能成为上述财产的权利主体。国家财产由国家根据法律和国民经济计划授权给国家机关和国营企业在规定的权限以内，进行经营管理和处分。②合作社财产是劳动群众集体所有的社会主义财产。合作社财产的所有人，是每个合作社组织。合作社组织有独立的财产所有权，但社章另有规定的，依其规定。合作社组织，对于它的基金、生产资料、建筑物、产品以及和它业务有关的其他财产享有所有权。农业生产合作社对于社员交给合作社公有化的土地享有所有权。合作社组织在行使所有权的时候，必须遵守国家法律、法令，服从国民经济计划和社章的规定。

20世纪50年代我国制定民法典的探索是试图建立以公有制为前提的财产制度，这一尝试是在废除国民党统治时期适用法律、国内急需新的法律用以调整不同法律主体财产关系的背景下进行的，这一尝试主要借鉴了以苏联为首的社会主义国家民事立法的经验。例如，本次制定民法典中确认的所有权的类型为国家所有权、合作社所有权以及公民个人所有权是参考了《捷克民法典》第七章、《保加利亚财产法》第2条以及《苏俄民法典》第52条的内容。

确立以公有制为前提的财产制度是一次有益的尝试，有效地推动了社会主义公有制的建立，为我国今后以制度方式确认、巩固公有制的核心地位奠定了良好基础。但是由于新中国刚刚成立，立法机关缺乏成熟的立法经验，新社会的各项制度还有待进一步的确立，制定民法典还缺乏必要的技术条件和社会基础。此次民法典制定并未促成我国民法典的出台。就土地国有化而言，在上述民法典草案中，荒地作为国家所有权的客体予以认可。在法律制度层面，土地国有化的范围较为狭窄。但这

---

① 参见何勤华、李秀清、陈颐主编《新中国民法典草案总览》（上卷），第51页。
② 参见何勤华、李秀清、陈颐主编《新中国民法典草案总览》（上卷），第51—52页。

一规定的出现拉开了我国探索土地国有制度化建设的序幕。

20世纪60年代初，随着社会主义改造以及两个五年计划的完成，社会主义制度在我国确立并处于不断完善之中。制定民法典再次被提上我国立法的议事日程。1963年，我国第二次启动了制定民法典的立法工作。同年，《中华人民共和国民法草案（初稿）》［以下简称《草案（初稿）》］制定完成。该《草案（初稿）》仍然坚持了以公有制为前提建立财产制度的总体方针，其主要体现在以下方面。一是强调公有制核心地位。例如该《草案（初稿）》第3条明确规定，本法调整的经济关系是以社会主义公有制为基础，以财产归谁所有和财产的流动转移为内容的各种经济关系；第4条明确规定，我国的生产资料所有制，在社会主义建设的现阶段，主要有全民所有制和集体所有制，它们是我国社会主义公有制的两种形态。此外，还有在社会主义经济领导下的个体劳动者所有制。全民所有制经济是国民经济中的领导力量，是国家实现社会主义革命和社会主义建设的物质基础。国家保证全民所有制经济的优先发展。二是强调计划经济体制的基础地位。例如该《草案（初稿）》第5条规定，我国社会主义经济是计划经济。国家用统一计划指导国民经济按比例高速发展。全民所有制单位和集体所有制单位的主要经济活动必须直接或间接地纳入国家计划。三是确认按劳分配原则。该《草案（初稿）》第10条规定，社会主义国家施行按劳分配原则。全民所有制单位及集体所有制单位对职工、社员的劳动报酬必须贯彻这一原则。[①] 就土地国有化而言，该《草案（初稿）》第30条规定，法律规定的土地、文物、古迹及其他财产均归国家所有。[②]

与20世纪50年代相比，本次民法典的制定在财产制度设计方面具有较为明显的变化：对以财产制度贯彻公有制提出具体的、新的要求，即将落实公有制的基本原则纳入民法典之中。例如，公有制经济的具体组成、计划经济体制、按劳分配原则，这些体现公有制精神的内容均纳入上述《草案（草稿）》之中。在立法者看来，民法典的财产制度是落实公

[①] 参见何勤华、李秀清、陈颐主编《新中国民法典草案总览》（下卷），法律出版社2002年版，第3—4页。

[②] 参见何勤华、李秀清、陈颐主编《新中国民法典草案总览》（下卷），第6页。

有制的有效方式。公有制反映在具体的法律中表现为生产资料的享有主体为国家、集体等公有制主体，财产制度的规则设计必须以此为底线和原则。就土地国有化的规制而言，其进步之处在于由原有草案仅仅承认荒地为国家所有转变为承认广义上的土地的国家所有，而不仅仅限于荒地的国家所有权，土地国有化的范围在法律制度层面进一步扩大。但是由于受到立法技术等特定的历史条件的限制，这一《草案（草稿）》没能最终转化为正式的法律文本，制定民法典的预期没能顺利完成。但此次民法典的制定工作的开展，在原有基础之上实现了以制度化的方式确认公有制的深化。

20世纪80年代，中国进入改革开放的新时期。以公有制为前提确立财产制度的实践探索被再一次唤起。1980年，我国再次启动了制定民法典的工作。与前两次制定民法典不同之处在于增加了民法典的私权内容，更加注重民法的私法属性。该民法典草案第二章对于民事主体——自然人（公民）做出了相关规定，第四章规定了法律行为，这些内容是体现民法私法属性的核心内容。这一现象标志着中国民事立法开始关注私法内容，使民法从管制法向自治法回归。

在财产制度领域，此次民法典该部分内容结合了改革开放的经验，对于公有制的认识发生了变化，公有制的运用更加强调灵活性，而并非一味地巩固其神圣不可侵犯的地位。公有制应当在促进社会经济发展过程中发挥其优势，而不是一味地以其为原则恪守平均主义。基于对公有制在我国实践中的反思，我国在这一时期对于建立以公有制为前提的财产制度有了新的方向，即以公有制为前提，但是注重公有制实现的灵活性，强调公有制如何在调整法律主体之间的财产关系的过程中发挥作用，即注重公有制的社会功能，而不是仅仅在立法层面宣示其优势地位。例如，此次民法典草案征求意见稿第85条规定了国家机关、企业、事业单位在国家授权范围内可以代表国家对国有财产进行占有、使用、处分的权利，同时应当承担保护国有财产的义务。该草案征求意见稿第96条规定，国家保护集体组织的财产所有权，集体组织有权依法独立地处理属于它的财产。上述规定事实上赋予了国有企业与集体组织的财产权，使得权利行使主体得以明确，为国有财产与集体财产的增值、保值奠定了良好基础，同时亦为国有财产以及集体财产的保护明确了责任主体。除此以外，该民法典草案对于公民个人财产权利性质、内容、范围以及权利的保护进一步做出明确规定。① 公民个人财产权的法律地位得到提升。②

虽然此次民法典的制定由于种种原因未获成功。③ 但此次民法典制定活动的意义在于实现了中国民事立法的历史转向。改革开放前的民法典的制定，其立法的主要目的在于通过该法律贯彻社会主义制度。在财产制度领域，公有制成为财产制度建构的前提。财产制度的各项制度均要以落实公有制为目标。公有制的各项基本原则，如计划经济体制、按劳分配等被纳入民法典之中。以公有制为前提建立起的财产制度实质上不具备私法属性，其功能转变为助力国家落实公有制的法律工具。此时的财产制度调整的法律关系并非私人间的民事主体关系，而是成为落实国家计划、调整执行国家计划的不同主体之间关系的法律工具。此时的财产制度并非传统意义上的具有私法属性的财产制度，而是具有典型的公法属性以及管制主义色彩。而此次民法典的制定，在反思既有财产制度功能定位的基础上，重新确立使财产制度逐渐回归私法属性的立法方向。这一方向的确定使得更多的私法属性的规范内容能够顺利进入该民法典财产制度之中。但值得注意的是，公有制仍然是我国民法财产制度确立的前提，民事立法的转向并非舍弃这一前提而另起炉灶。就土地国有化而言，该草案第84条从国家所有权的角度再次明确归属国家的土地，国家对其享有所有权。

在反复衡量我国经济社会发展以及立法技术的现实状况后，立法者认为短时期内制定民法典的条件还不成熟，但可以先制定一部具有民事基本法属性的民事法律。1986年，新中国历史上第一部民事基本法《民法通则》颁布实施。④ 在财产制度方面，《民法通则》延续了以公有制为前提建构财产制度的指导思想，在具体内容设置上吸收了经济体制改革

---

① 参见何勤华、李秀清、陈颐主编《新中国民法典草案总览》（下卷），第384—385页。
② 参见何勤华、李秀清、陈颐主编《新中国民法典草案总览》（下卷），第382页。
③ 主要原因为立法者考虑到我国彼时正处于经济体制改革的初期，社会生活处于不断变动之中，难以在短期内制定一部完善的民法典。参见房绍坤、张玉东《与改革开放同行的中国民法》，《山东大学学报》（哲学社会科学版）2018年第2期。
④ 参见杨立新《从民法通则到民法总则：中国当代民法的历史性跨越》，《中国社会科学》2018年第2期。

的最新成果并进一步加强对个人财产权利的确认和保护。《民法通则》第57条对于个人享有的财产权的客体进行了详细列举，并以"法律允许公民所有的生产资料以及其他合法财产"的表述暗示了公民财产权的客体具有相当的广泛性。此外，《民法通则》第6章对于民事责任予以明确规定，侵害国家、集体、个人财产并造成损害的民事主体应当承担民事责任（《民法通则》第106条第2款），财产权的民事保护机制得以建立。因此，《民法通则》亦被誉为中国的权利宣言。[①] 就土地国有化，《民法通则》没有列举土地的国家所有权，但是土地的国家所有权包含在抽象意义上的国家所有权之中，土地的国家所有权并没有被取消。此外，《民法通则》第56条规定："国家所有的土地可以依法由全民所有制单位使用，也可以依法确定由集体所有制单位使用，国家保护它的使用、收益的权利；使用单位有管理、保护、合理使用的义务。公民、集体依法对集体所有的或国家所有由集体使用的土地的承包经营权，受法律保护。承包双方的权利和义务，依照法律由承包合同规定。土地不得买卖、出租、抵押或者以其他形式非法转让。"这一规定在法律制度层面认可了个人、组织或特定单位对于国家土地享有使用权，使得国有土地利用纳入法律规制的范畴，拓宽了土地国有化的法律规范空间。

我国在2007年制定了《物权法》。对于物权内容做了较为详细的规定，使得我国的财产权制度更加健全，成为维护社会主义市场经济秩序、保护民事主体财产权利的制度支柱。[②] 在这部法律中，以公有制为主体、多种所有制并存的财产制度得以确立。具体表现为：其一，确立了国家所有权、集体所有权以及个人所有权的平等保护原则，充分肯定个人所有权的法律地位；其二，在明确国家所有权、集体所有权范围的基础上，扩大非公有制财产权利的范围，确认农户对集体土地承包的权利为用益物权，明确自然人、法人等非公有制主体可以享有建设用地使用权，该权利的性质亦为用益物权。就土地国有化而言，《物权法》明确了城市的土地归国家所有，法律规定属于国家所有的农村和城市郊区的土地归国家所有（《物权法》第47条）。这一规定使得土地国有化的范围得以进一

---

① 参见柳经纬《改革开放四十年民法之变迁》，《中国法律评论》2018年第5期。
② 参见王利明《回顾与展望：中国民法立法四十年》，《法学》2018年第6期。

步明确。此外,《物权法》规定了建设用地使用权,明确了个人、组织或特定单位享有的对于国有土地进行利用的权利的性质。这一权利对于个人、组织或特定单位对国家土地有效利用予以了有效保障。

2021年,《中华人民共和国民法典》开始实施,中国进入民法典时代。《民法典》是在整合各个民事单行法的基础上编纂而成。《民法典》中的物权制度仍然坚持以实现和落实公有制为指导,鼓励、支持和引导多种所有制并存的立法原则,充分确认、保护各类民事主体的合法财产权益,回应了落实全面依法治国战略对于财产权制度的现实需求,集中体现了中国智慧,彰显了制度自信,是当代中国财产制度的最新成果。① 就土地国有化而言,其继承了《物权法》的相关规定。可以说,为了落实土地国有化,我国在新中国成立初期即开始了土地国有化制度化的探索并最终形成了具有中国特色的土地国有化制度。这一制度以权利为表现形式,核心框架表现为"国家土地所有权—建设用地使用权"。在这一探索的过程中,围绕着如何更好地实现土地国有化这一问题,独具中国特色的国家土地所有权以及建设用地使用权的制度理论得以形成。土地国有化理论在这一过程中得以进一步深化和发展。

除在私法领域探索土地国有化实现的有效路径外,在土地管理法律制度领域,我国对于土地国有化的实现亦进行了有益探索。基于对土地管理的现实需求,我国于1986年颁布实施了《土地管理法》。这一法律明确了我国实施土地的社会主义公有制,我国土地的社会主义公有制主要由两种表现形式即全民所有制与劳动群众集体所有制(《土地管理法》第2条)。该法第6条明确规定,城市市区的土地归全民所有,即国家所有;城市郊区、农村地区的土地除了法律规定属于国家所有的以外,归集体所有;宅基地、自留山、自留地归集体所有。依据上述规定,社会主义土地的全民所有制即为土地国有制,具体表现为城市土地归国家所有;社会主义土地的劳动群众集体所有制主要表现为农村地区的土地集体所有制,具体表现为农村地区的土地归农民集体所有。该法第5条规定,国务院土地管理部门负责全国的土地管理工作,县级以上人民政府

---

① 参见王利明《民法典的中国特色、实践特色、时代特色》,《法治现代化研究》2020年第4期。

负责本行政区域范围内的土地管理工作。这一规定事实上明确了国有土地的管理主体。同时，该法第 7 条明确规定，国有土地可以通过法定程序由单位、个人使用。这一规定为我国国有土地所有权架构的确定奠定了必要基础，为我国国有土地法律制度的进一步发展和完善创造了必要条件。同时，该部法律的颁布出台是我国土地管理迈向法治化的重要标志，1982 年国务院颁布实施的《村镇建房用地管理条例》以及《国家建设征用土地条例》相关内容由该部法律继承并吸收，上述行政法规进而被废止。由此可见，该部法律颁布实施的又一项重要功能在于实现了对于土地管理行政法规的有效整合。

随着我国社会主义市场经济体制的不断完善，国有土地通过交由特定的单位、个人使用已经不能满足市场经济发展的现实需求，土地出让以及土地使用权的流转成为社会主义市场经济进一步发展所必须具备的条件。土地问题的焦点由土地归属转变为土地的利用以及对土地使用人对土地享有权利的保护。① 土地国有化有效贯彻了土地公有制，但是为了实现土地的有效利用，则必须要解决个人与土地的产权联系的现实问题。这是以消灭土地私有制、确立土地公有制为基础重新建立个人所有制的必然要求。对于这一问题的有效解决是中国在继承马克思主义土地国有化理论并在实践中将其中国化的集中体现。②

国有土地的出让以及国有土地使用权的流转迫切需要法律制度予以明确。1988 年《宪法》修正案明确规定土地的使用权可以依法转让。依据《宪法》修正案的相关规定，国务院于 1990 年制定并颁布了《中华人民共和国城镇国有土地使用权出让和转让暂行条例》（以下简称《暂行条例》），这一行政法规对于国有化的城市土地的出让以及土地使用权的流转予以了明确规定。这一行政法规明确了我国国有土地实行土地所有权与土地使用权相分离的原则（《暂行条例》第 2 条）。土地使用权人在取得的土地使用权期限内可以对土地使用权予以转让、出租、抵押或用于其他经营活动，其合法权益受到法律保护（《暂行条例》第 4 条）。同时

---

① 参见杨梦露《马克思土地产权理论的当代启示》，《人民论坛》2016 年第 29 期。
② 参见焦洪宝、王同起《〈1844 年经济学哲学手稿〉的土地产权思想》，《科学社会主义》2016 年第 1 期。

这一规定明确了国有土地使用权的出让为有偿出让，土地使用权人必须缴纳土地使用权出让金（《暂行条例》第 8 条），[1] 结束了我国城市土地完全无偿使用的历史。[2] 这一规定从市场主体交易的视角出发，要求国有建设用地使用权的出让人与国有建设用地使用权的受让人以签订国有建设用地使用权的出让合同作为出让该权利的法律依据（《暂行条例》第 20 条），将国有建设用地使用权的出让视为代表国家行使国有土地所有权的政府与意欲取得国有建设用地使用权的特定的单位、个人的市场交易行为。在国有建设用地使用权出让过程中，国有建设用地使用权的出让人不再是以具有公权力属性的国有土地管理者的身份出现，其身份转变为民事合同的一方当事人，其应当受到国有土地出让合同的约束，依照合同约定履行相应义务。为了防止国有土地使用权出让人不履行合同义务，该规定对国有建设用地使用权出让人的违约责任予以明确规定，即国有建设用地使用权出让人应当按照合同约定提供国有土地使用权，国有土地使用权人可以解除合同，有权请求国有建设用地使用权人支付违约金（《暂行条例》第 15 条）。同时，该规定亦对国有土地使用权人的违约责任予以明确，国有土地使用权人应当在合同签订后 60 日内支付土地出让金，未按期支付土地出让金的，国有土地使用权出让方有权解除合同并要求其承担违约责任（《暂行条例》第 14 条）。《暂行条例》对于国有建设用地使用权的出让人以及受让人违约责任的明确宣示了在国有建设用地使用权出让过程中双方具有平等的法律地位，国有土地使用权的出让和受让的市场交易属性得以呈现。

此外，该规定对于国有建设用地使用权的转让亦予以明确规定。国有建设用地使用权人在取得国有建设用地使用权后可以将该使用权予以流转，流转的方式包括出售、交换、赠与（《暂行条例》第 19 条）。国有建设用地使用权在其剩余期限内可以流转，不得超过国有建设用地使用权设定期限而流转（《暂行条例》第 22 条）。国有建设用地使用权流转

---

[1] 关于土地出让金性质以及理论争议问题的讨论，参见金栋昌、王宏波、李天姿《城镇化进程中土地出让金的属性回归与坚守——基于马克思主义地租理论的系统思考》，《社会主义研究》2016 年第 2 期。

[2] 对于国有土地有偿出让的意义的论述，参见孙宪忠《国有土地使用权财产法论》，中国社会科学出版社 1993 年版，第 19—22 页。

的，国有建设用地使用权出让合同的内容对于国有建设用地使用权转让后的受让人产生拘束力（《暂行条例》第19条）。国有土地使用人出售、交换、赠与国有土地使用权的，该土地上的建筑物随之一同转让，反之亦然（《暂行条例》第23条、第24条）。国有建设用地使用权转让的价格明显低于市场价格的，市县人民政府享有优先购买权（《暂行条例》第26条）。同时，该规定还对国有土地使用权的出租、抵押以及以划拨方式出让国有土地等内容予以明确。这一规定对于国有土地使用权出让以及流转相关内容的规定完全符合市场经济运行的规律和条件，其对于规范国有建设用地使用权出让、活跃国有建设用地使用权的流转，促进国有土地资源的优化配置，保障国有建设用地使用权人的合法权益起到了积极的促进作用。从法律制度层面来看，这一规定的重要意义在于使得国有土地使用实现了权利化。

随着我国社会主义市场经济体制的不断完善，土地的国家所有在法律制度层面主要表现为：一是国家对于土地享有所有权，这一所有权应当由法律确认并加以保护。城市土地国有化意味着国家成为土地的所有权者，但是国家是一个抽象性的政治主体，其享有的土地所有权实质上由人民政府代表国家行使该权利。二是随着经济社会的发展以及人口数量的增加，其公共性越来越凸显。在土地公有制背景下，土地作为一种重要的生产生活资料，其公共属性更加明显。由此决定，代表国家行使土地所有权的主体——人民政府需要基于全体人民利益对于土地的利用进行必要的监督和管理，防止不当破坏土地行为的发生。人民政府应当享有相应的土地管理权力。土地权利制度与土地管理制度成为以土地为规制对象的法律制度的两个重要组成部分。

随着社会主义市场经济的不断深化和发展，土地管理面临新的情况和新的挑战。1986年颁布实施的《土地管理法》急需通过修订满足社会现实对其的需求。1998年修订后的《土地管理法》颁布实施。此次《土地管理法》的修订重点在于明确土地实施规划管理、设立土地用途管制制度，并将土地用途管制纳入法律规制的范畴。各级人民政府应当根据经济社会发展的现实需要制定土地总体规划（该法第17条）。为了满足大规模工业化以及城市化建设的需求，农村集体土地转化为国有建设用地，必须通过土地征收程序，由此明确了城市国有土地范围扩大的法定手段（该法第 43 条）。人民政府土地管理部门对于土地用途予以管制（该法第 4 条）。上述规范内容使得人民政府对于城市国有土地的管理更加规范化、科学化。

进入 21 世纪，土地资源发挥的作用愈加凸显。土地资源能否实现科学、有效的管理事关经济社会的快速发展。针对新时期我国土地资源管理面临的现实问题，2019 年《土地管理法》再次予以修订。[①] 本次《土地管理法》的修订主要解决以下问题。

一是土地征收的规范化，注重对土地被征收人权益的保护。本次修订的《土地管理法》明确规定，土地征收的目的仅仅限于实现公共利益并对公共利益的内容予以了明确的列举（该法第 45 条）。土地征收限于公共利益的目的，意味着土地征收将受到严格限制，非基于公共利益的目的不得征收集体土地。这一规范内容设置的目的在于防止政府滥用土地征收权力，侵害农民以及农民集体的合法权益。同时，本次《土地管理法》的修订还对土地征收的程序予以了进一步明确。土地征收的实施机关为县级以上人民政府。土地征收在被批准之前，县级以上人民政府应当对拟征收的土地的现状进行调查，对于拟实施的土地征收可能产生的社会稳定风险进行评估，同时需要将拟征收相关的事项（拟征收土地的现状、范围、补偿标准、安置方式等）在拟被征收乡镇、村、村民小组范围内予以公告，同时听取相关利害关系人的意见。经过上述程序后，多数拟被征收利害关系人认为安置补偿方案不符合法律、行政法规规定的，县级以上人民政府应当组织听证会，依据法律、行政法规和听证情况修改拟征收方案。拟被征收土地的所有权人、使用权人应当在公告期限内办理补偿登记。县级以上人民政府应当测算并落实安置补偿费用，确保安置补偿费用足额到位。县级以上人民政府应当与土地所有权人、土地使用权人签订补偿、安置协议，个别确实难以达成协议的，应当在申请征收土地时如实说明。上述工作完成后，县级以上人民政府方可申

---

① 关于《土地管理法》修订的理由及相关背景的介绍，参见张先贵《〈土地管理法〉修改的理论争鸣与现实选择——兼论中国土地管理制度的走向》，《北方法学》2015 年第 5 期，第 109—115 页；耿卓《〈土地管理法〉修正的宏观审视与微观设计——以〈土地管理法（修正案草案）〉（第二次征求意见稿）为分析对象》，《社会科学》2018 年第 8 期。

请征收土地（2019年修订的《土地管理法》第47条）。

二是确立了集体经营性建设用地使用权制度。[①] 依据修订前的《土地管理法》第43条，用于工商业建设的土地只能是国有建设用地，集体所有的土地除了在设立乡镇企业、用于建造农民居住的房屋（作为宅基地）以及用于乡村公益事业建设外，不得用于工商业建设。这一规范设置的目的在于防止随意圈占农村土地，破坏耕地，造成农村土地资源的浪费。但是随着我国农村地区经济社会的不断发展，农村地区工商业发展迫切需要解决土地资源的供给问题。随着乡村振兴战略的实施，依据地区优势，发展农村地区工商业成为活跃乡村经济、提升乡村经济发展质量的重要手段。但是乡村工商业的发展却受到了土地资源的限制，不允许集体土地用于工商业建设用途，严重阻碍了乡村工商业的发展，因而需要修订。针对这一现实需求，2019年修订的《土地管理法》删除了原《土地管理法》第43条，取消了集体土地用于工商业建设的限制，同时增设了第63条关于集体经营性建设用地使用权的规定。集体经营性建设用地使用权成为一种新型的集体土地使用权。这一类型的集体土地使用权的客体——集体土地的用途为工商业建设。

依据2019年修订的《土地管理法》第63条，集体经营性建设用地使用权的设立需要满足以下条件：其一，该土地的用途已经由土地利用总体规划、城乡规划确定为工业、商业等经营性用途；其二，集体经营性建设用地使用权已经依法登记；其三，经本集体经济组织成员村民会议三分之二以上成员或村民代表的同意。[②] 设置上述条件的现实意义在于

[①] 对于《土地管理法》修订增加集体经营性建设用地使用权制度的理由的论述，参见王克稳《〈土地管理法〉〈城市房地产管理法〉修改与经营性建设用集体土地征收制度改革》，《苏州大学学报》（法学版）2019年第4期；姜楠《集体建设用地使用权制度的困局与突破》，《法治研究》2021年第5期；姜楠《农村集体建设用地改革的法制路径》，《人民论坛》2020年第15期。

[②] 早在2008年，党的十七届三中全会通过的《中共中央关于推进农村改革发展若干重大问题的决定》提出："逐步建立城乡统一的建设用地市场，对依法取得的农村集体经营性建设用地，必须通过统一有形的土地市场、以公开规范的方式转让土地使用权，在符合规划的前提下与国有土地享有平等权益。"2019年修订的《土地管理法》确立了集体经营性建设用地使用权制度是落实和贯彻中央精神的具体体现。参见陈锡文、赵阳、陈剑波、罗丹《中国农村制度变迁60年》，人民出版社2009年版，第80—87页。

以下几方面。首先，能够确保集体经营性建设用地使用权的设立与土地总体利用规划以及城乡规划形成有效的衔接，确保集体经营性建设用地使用权的设置符合土地总体利用规划以及城乡规划的要求。其次，能够有效确保集体经营性建设用地使用权的设立具备法定的公示性，确保交易安全。就集体经营性建设用地使用权的设立方式而言，集体经营性建设用地使用权可以通过出让、出租方式设立。最后，能够最大限度地保障集体经济组织及其成员的合法权益，防止少数人违背农民集体的意志滥用权力，设置集体经营性建设用地使用权。集体经营性建设用地使用权可以以出让、出租等方式设立，以上述方式设立的集体经营性建设用地使用权，集体土地所有权人与集体经营性建设用地使用权人应当签订书面合同，合同内容主要包括土地界址、面积、建设动工期限等内容。集体经营性建设用地使用权可以以转让、互换、出租、赠与或抵押等方式流转。集体经营性建设用地使用权流转的相关规则参照国有建设用地使用权的相关规则。法律赋予集体经营性建设用地使用权以流转权能，最大限度地保证了集体经营性建设用地的优化配置，避免集体经营性建设用地资源的闲置和浪费。集体经营性建设用地使用权制度的确立在一定程度上借鉴了国有建设用地使用权制度的内容，实质上是土地国有化制度经验（国有建设用地使用权制度）在集体土地上的推广。由此可见，土地国有化的经验对于集体土地所有制的发展和完善会起到一定的支持作用。

三是进一步调整土地规划体系。随着我国经济社会的不断进步和发展，土地资源的稀缺性日益凸显，土地利用日趋复杂。土地的规划在确保土地有效利用过程中发挥着越来越重要的作用。合理利用土地成为我国土地管理的一项基本原则（2019 年修订的《土地管理法》第 3 条）。实现土地的合理利用成为我国土地规划制定和实施的重要目标。1986 年《土地管理法》实施之前，我国土地规划管理实施的是"谁利用，谁规划，谁管理"的基本原则，这一原则的潜在弊端是导致我国土地利用规划较为混乱，由于土地规划实施的主体数量较多，进而使得各个土地规划之间难以协调。① 1986 年《土地管理法》改变了这一土地规划模式，

---

① 参见李俊《中国土地治理的规划权体系构建》，《云南社会科学》2020 年第 2 期。

确立了"统一分级限额审批制"。1998年修订后的《土地管理法》确立了土地用途管制制度。这一制度的确立事实上与土地规划两者并立。土地规划成为土地用途管制的基础，土地用途管制成为落实土地规划的重要手段。① 土地用途管制和土地规划规范的主要内容集中在《土地管理法》《城乡规划法》两部法律之中。这一立法模式使得我国国土空间规划形成二元制模式：一是土地规划制度，二是空间规划制度。前者的相关内容由《土地管理法》予以规定；后者的内容由《城乡规划法》予以规定。这种二元制的立法模式存在的固有弊端是两者的规范内容极易发生重叠和冲突，一方面导致立法资源的浪费，另一方面使得两种规划权力的行使难以有效地协调。

为了克服这一立法模式固有的弊端，打造新型的国土规划法律体系，2019年中共中央、国务院发布了《关于建立国土空间规划体系并监督实施的若干意见》。这一政策性文件为我国国土空间规划体系的建立指明了方向。依据这一政策精神，我国土地规划和空间规划二元制的立法模式应当予以改进，改进的总体思路为将土地规划与空间规划整合为统一的国土空间规划，精简规划体系，提升规划效率。为了进一步落实中央政策精神，完善土地规划制度使其适应新时期我国国土空间规划体系的建立亦成为《土地管理法》修订的重点。具体而言，《土地管理法》修订过程中，国土空间规划体系与我国既有的土地规划体系之间的关系如何协调是值得关注的问题。2019年修订的《土地管理法》对此予以了回应，并对国土空间规划体系的法律地位予以明确。2019年修订的《土地管理法》第18条首先明确了国家有权建立国土空间规划体系，并对制定国土空间规划应当坚持的原则予以了明确。同时，该规定明确了国土空间规划是各类土地开发、利用、保护以及建设活动的基本依据。也就是说，各类土地的开发、利用、保护以及建设活动必须遵守国土空间规划。已经编制国土空间规划的，不再编制土地利用总体规划和城乡规划。这一规定确立了国土空间规划优先原则，即某一地区已经纳入国土空间规划范围，土地的开发利用依照国土空间规划执行即可，无须再次编制土地利用总体规划和城乡规划，进而有效避免规划的重复编制。但值得注意

---

① 参见李俊《中国土地治理的规划权体系构建》，《云南社会科学》2020年第2期。

的是，在国土空间规划批准前，已经批准的土地利用总体规划和城乡规划继续执行。① 可以说，以国土空间规划以及土地用途管制为核心的现代土地管理制度得以确立。这一制度为国有土地资源的节约以及有序、可持续利用奠定了重要基础，是有效贯彻土地国有化的重要举措。

在农村地区，中国共产党推行土地改革，彻底否定农村地区的封建与半封建的土地所有制，建立农民土地所有制。中国共产党在新中国成立初期之所以选择建立农民土地所有制，是由当时的社会历史条件以及农民的现实需求所决定。在新中国成立前期，毛泽东主席在七届二中全会的报告中明确指出，废除封建与半封建的土地所有制的任务已经基本完成。但是我们不能忽略的是，在今后相当长的一段时期内，我国的农业和手工业仍然将处于一种相对分散化、个体性的落后的生产形态，同古代近似。谁要是忽视或轻视了这一点，谁就要犯"左"倾机会主义的错误。② 这样一种经济社会历史条件无法直接建立具有完全社会主义性质的土地公有制，即实现土地国有化。中国共产党决定在农村地区不宜建立具有完全社会主义性质的土地公有制，而是应当首先建立农民土地所有制，满足农民的现实要求，恢复并发展农业生产力。在此基础之上，通过农业合作的方式，逐步实现农民土地所有制向社会主义土地公有制的过渡，最终完成农业的社会主义改造。

1949年9月，中国人民政治协商会议第一次全体会议通过了具有临时宪法性质的《中国人民政治协商会议共同纲领》（以下简称《共同纲领》）。《共同纲领》对于新中国确立怎样的土地所有制进行初步的规划和构想。《共同纲领》第3条明确提出，废除封建半封建土地所有制，建立农民土地所有制。建立农民土地所有制是过渡时期确立我国农村土地所有制的总体目标。在此基础上，《共同纲领》第27条明确指出建立农民土地所有制的总体思路及具体方法。总体思路为发动群众，实施土地改革。具体方法为成立农民协会统一接管通过没收方式取得的土地，将这些土地平均分配给无地、少地的农民。这一规定表达了两层含义：一是

---

① 参见甘藏春《土地正义——从传统土地法到现代土地法》，第329页。
② 《农业集体化重要文件汇编》（1949—1957），中共中央党校出版社1981年版，第1—2页。

农民土地所有制的实质在于让农民取得土地所有权,农民成为土地的主人,实现耕者有其田;二是明确建立农民土地所有制的方法为发动群众,步骤为建立农民团体,清除土地恶霸、减租减息和分配土地,最终实现农民的土地所有制。对于农业生产合作化,《共同纲领》第29条、第34条明确指出在农村地区开展劳动互助和农业生产合作,在自愿互利基础上,推动农业生产集体化。《共同纲领》为农民土地所有制的建立以及农业合作化生产指明了方向。农民土地所有制的确立以土地改革为必要手段,农业生产合作化需要以相关政策的制定、推行为必要条件。

就土地改革而言,1950年6月28日,中央人民政府委员会第八次会议通过了《中华人民共和国土地改革法》(以下简称《土地改革法》)。《土地改革法》第1条再次强调了废除封建半封建的土地所有制,建立农民土地所有制的改革目标。该法第10条规定,所有征收和没收的土地,除收归国家所有外,均由农民协会统一接收管理并予以分配。农民协会成为当时农村土地的主要管理者。在《共同纲领》《土地改革法》的指引下,从1950年到1953年,经过三年的不懈努力,中国共产党在全国范围内(除个别少数民族地区外)推行的土地改革基本完成。土地改革的完成标志着农民土地所有制在全国范围内基本确立。一方面,获得土地的农民其生产积极性大幅提高;另一方面,从事农业生产的农民不再向地主缴纳地租,有更多资本可以投入农业生产。农业生产力随之大幅提高。[1]

就农业合作化政策的制定、推行而言,1951年9月20日至30日,中共中央召开了全国第一次农业互助合作会议,会议经过研究讨论制定了《中共中央关于农业生产互助合作的决议(草案)》。该决议(草案)明确指出,推行农业生产合作化的目的在于克服农业生产中的困难,提高农业生产水平。[2] 这种农业合作化依然应当建立在个体经济之上,也就是说,这种农业合作化仍然需要以农民土地所有制为前提,并不否定农民土地所有制的合理性。但是这一合作化并非社会主义农业合作化的最终形态,其发展前途为集体化和社会主义化,即走上农业生产集体化的

---

[1] 参见陶艳梅《建国初期土地改革述论》,《中国农史》2011年第1期。
[2] 参见高飞《集体土地所有权主体制度研究》,法律出版社2012年版,第58页。

道路。从当时的历史现实状况出发，农业合作化主要有三种表现形式。一是简单的互助劳动，这种农业合作化具有临时性和季节性，是一种初级的农业合作化的表现形式。二是长期的互助组，与第一种合作化相比，是一种比较高级的形式。在一部分地区，这种长期的互助组内部已经制定了生产计划，将劳动互助和提高生产技术相结合，有了某些技术分工。有的互助组逐步设置了一部分公有农具和牲畜，积累了小量的公有财产。三是以土地入股为特点的农业生产合作社。农民在自愿的基础上以自有土地作为股份，加入土地合作社。这一农业生产合作化的形式除具备长期互助组的优势和特点之外，还具有便于农地统一规划经营、有利于调剂劳动力或半劳动力充分发挥分工的优势。在当时，参加到临时互助组和长期互助组的农民在华北地区已经达到60%，在东北地区已经达到80%。参加土地合作社的农民数量不多，土地合作社的数量亦极为有限。

为了进一步推进农业合作化发展，在这一规范性文件中，党中央明确了以下政策：一是对于农业合作化开展较为薄弱的地区，有组织有领导地大力发展临时互助组。二是在有初步形成互助运动基础的地区，有领导地逐步推广长期互助组这种农业合作形式。三是在群众有比较丰富的互助经验同时有比较坚强的领导骨干地区，有领导、有重点地发展土地合作社这种农业生产合作形式。在推进农业合作化过程中，既要反对强迫命令又要反对放任自流。

《共同纲领》《土地改革法》在否定封建半封建土地所有制的基础上，强调建立农民土地所有制。但是这一农民土地所有制是一种具有一定组织性的农民所有制。这一组织性体现在以农民协会为主体，进行农村土地的接收和向农民重新分配。农民协会是在中国共产党领导下成立的由特定地区农民参与的自治组织，这一组织事实上具备了农民集体的性质。因此，《土地改革法》第10条赋予农民协会管理、分配土地的权力作为封建半封建土地所有制向农民土地所有制过渡的必要条件。除此以外，农业合作制在农民土地所有制基础上得以顺利开展，亦为土地所有制的确立创造了必要条件。

农民土地所有制是农民以具有自然性质的家庭为单位占有小块土地从事农业生产的一种土地所有制，这种土地所有制仍然属于生产资料私有制的范畴，具有天然的局限性，即与生产的社会化以及先进的农业生产技术应用具有天然的抵触。① 农民土地所有制并不是社会主义国家应当选择的土地所有制的类型。土地公有制才是社会主义中国未来应当确立的土地所有制类型。因此，土地改革在新解放区开展的同时，在中国共产党领导下，农业合作化工作同时开展。在总结农业生产互助合作实践经验的基础上，1953年2月25日，中共中央发布《中国共产党中央委员会关于农业生产互助合作的决议》。这一决议在保留《中共中央关于农业生产互助合作的决议（草案）》的主体内容的基础上，对部分内容做出修改。这一规范性文件的颁布，标志着农业生产互助合作化发展进入新的阶段。正如恩格斯在《法德农民问题》中指出的那样：" 我们对于小农的任务，首先是把他们的私人生产和私人占有变为合作社的生产和占有。"② 这一新阶段具体表现为农业生产合作化的形式由临时性、长期生产合作组、农业生产合作社三种形式并存发展到全国范围内普遍建立农业生产合作社的阶段。据统计，从1953年冬至1954年春，全国范围内的农业生产合作社由14000多个发展为90000多个，参加农户达到170多万户，完成原定计划（35000多个社）的两倍半以上。合作社带动了互助组的发展，组织起来的农户在总农户中所占的比例较1953年约增长10%。③ 仅仅半年时间，全国范围内的农业生产合作社的数量增长约为6倍，农业生产合作社成为农业生产合作化的主要组织形式，成为带动农业生产互助组发展的重要力量。这种农业生产合作社具有初级社的性质，即农民加入生产合作社后并不丧失生产资料的所有权。

1954年，新中国第一部《宪法》颁布实施。该法第8条再次确认了农民土地所有制的合法性。1956年3月17日，全国人民代表大会常务委员会通过了《农业生产合作社示范章程》，以生产合作社为主要表现形式的农业生产合作化的正当性得到了党中央的肯定。在这一规范性文件中，初级生产合作的性质、土地入股是否应当允许获得报酬两项问题得到解决。依据该规范性文件第17条第1款的规定，农业合作社的建立并不意味着农民丧失土地所有权，农民仅仅以农地入股，合作社取得的是农地

---

① 参见《资本论》第3卷，第912页。
② 《马克思恩格斯选集》第4卷，第370页。
③ 参见《农业集体化重要文件汇编》（1949—1957），第247页。

的使用权。农业生产合作社的目标是实现农业的规模化经营，这种规模化经营并不是以合作社取得农民土地所有权的方式实现的。土地这种重要的生产资料还没有成为农业生产合作社的公共财产。依据该规范性文件第 18 条的规定，农业生产合作社依据入股土地的数量和质量，从收入中向社员支付一定的报酬。社员依据土地所有权可以获得一定收益，这种收益获得的依据为生产资料的垄断权力。可见，农业生产初级社中，社员的报酬分配采取了按劳分配和按生产资料分配的双重标准。但是随着农业生产合作化的迅速开展，初级农业生产合作社的农业合作化模式已经难以满足现实需求。据统计，截至 1956 年 5 月，全国加入农业合作社的农户，已经达到 11013 多万户，占全国总农户的 91.2%。其中，加入高级合作社的农户，已经达到 7472 万余户，占总农户的 61.9%，初级社 3542 多万户，占总农户的 29.3%。在全国范围内，以农民土地所有制为基础的小农经济基本上不复存在。①

因此，1956 年 6 月 30 日，第一届全国人民代表大会第三次会议通过了《高级农业生产合作社示范章程》。这一章程是在对高级生产合作社实践样态进行深刻总结的基础上形成的规范性文件。就土地的归属和利用而言，入社社员的个人所有的农地将成为高级农业合作社的公共财产，社员参加合作社集体劳动，按照劳动的多少获得相应的劳动报酬。社员在一定范围内可以保留一定的自留地。与初级农业合作社相比，高级农业合作社社员获得报酬的标准已经由劳动、生产资料（主要为土地、大牲口以及具有较高价值的农业生产工具）二元制标准转变为按劳分配的一元化标准。高级合作社作为农地所有者，其统一进行农业生产的自主性更强，农业生产的统一性和可规划性更高。高级农业合作社在全国范围的确立标志着农业社会主义改造的完成，集体土地所有制在全国范围内得以最终确立。中国共产党之所以选择在农村地区建立集体土地所有制，其中的重要原因在于集体土地所有制是建立在农民土地所有制基础之上的土地所有制。农民土地所有制是小的土地所有制的表现形式，这种现实的土地所有制状况不适合于推行土地国有化，而这种土地所有制

---

① 参见《农业集体化重要文件汇编》（1949—1957），第 554 页。

的现实状况更适合于建立集体土地所有制。① 与土地国有化相比，农民对于这种土地所有制更容易接受。

1956年农业社会主义改造完成后，高级农业合作社在全国范围内确立。全国许多地方整村、整乡的农民在没有建立合作化组织（高级合作社、初级合作社、互助组）的情况下，就成立人民公社，② 史称"人民公社化运动"。人民公社是比高级合作社公有制程度更高的农业合作化组织，人民公社自然成为集体土地的所有权主体。由于人民公社建立得过于迅速，多数地区在公社化运动过程中忽略了农业生产客观条件的制约，违背农民自愿原则，强制或变相强制农民加入公社。公社化运动由此产生较大的负面效应，农民收入和农产品的产量明显下降。以小麦、大豆、高粱、谷子四种农产品的亩产量为例，1955年，四种农产品的亩产量分别为57.5公斤、53公斤、85公斤以及75公斤，到了1957年，四种农产品的亩产量分别为57公斤、52.5公斤、77公斤以及68公斤。与1955年的亩产量相比较，四种农产品的亩产量分别减少了0.5公斤、0.5公斤、8公斤以及17公斤；用于农业生产的大牲畜、役畜的数量亦明显下降。1955年全国共有可用于农业生产的大牲畜数量为8775万头，役畜数量为5571万头。到了1957年，全国共有大牲畜8323万头，役畜5368万头。与1955年相比，大牲畜、役畜的数量分别减少452万头、103万头。在农民收入方面，1956年全国范围出现了农户减少收入现象。其中，贫农减收户数占贫农总户数的26.53%，新贫下中农减收户数占新贫下中农总户数的23.01%，老贫下中农减收户数占老贫下中农总户数的31.13%，新上中农减收户数占新上中农总户数的28.02%，老上中农减收户数占老上中农总户数的33.20%，其他劳动人民减收户数占其他劳动人民总户数的31.07%。③ 农村土地集体所有制被简单地误认为"越大越好""越公越好"。在这一错误理念的支配下，"一大二公"的农业生产经营模式严重超越了农村生产力发展的现实状况，违背了经济发展的客观规律。此

---

① 参见王竹苗《马克思恩格斯论欧洲四国土地制度的社会主义改造及其启示》，《理论月刊》2013年第3期。
② 参见陈海秋《改革开放前中国农村土地制度的演变》，《宁夏社会科学》2002年第5期。
③ 数据来源于王琢、许滨《中国农村土地产权制度论》，经济管理出版社1996年版，第99—100页。

外，马克思在《巴枯宁〈国家制度和无政府状态〉一书摘要》中明确指出，土地集体化的实现应当依靠农民自觉意志，而不能采取强制剥夺农民土地的方式。① 恩格斯在《法德农民问题》中亦明确指出，对于小农改造，实现生产资料由私人占有向集体占有的过渡，不能使用暴力而是应当通过示范和为此提供社会帮助的方式加以实现。② 然而，在高级合作社以及人民公社建立过程中，农村土地集体化的进程过于冒进，一些地方不顾当地的实际情况和人民的合理诉求，以"一刀切"的方式推进农村土地集体化，强迫农民入社的现象极为普遍。这一做法最终导致农民的生产积极性严重受挫。③ 高级合作社、人民公社虽然在全国农村地区普遍建立，但是失去生产资料的入社农民在农业生产过程中，往往"出工不出力"，在缺乏相应的考核和劳动监督机制的情况下，农业生产的绩效由于生产者缺乏必要的积极性而难以提高。高级合作社、人民公社不仅没有发挥克服土地私有制弊端、推动农业社会化生产、提高农业生产力的应有作用，反而使得农业生产发展受到严重阻碍。这一历史教训充分说明，集体土地所有制的实现，本质上是一种土地制度的安排，是生产关系的表现。而解决生产关系问题的关键，还是要强调保护农民的生产积极性。④ 即从农民根本利益出发，尊重农民意愿。失去土地的农民，其切身利益受到损害，其生产积极性难以调动。而1975年制定的宪法最终确认了人民公社作为土地所有者的集体土地所有制的合法性。⑤

从1958年的"大跃进"到"文化大革命"结束，受到极左思想的影响，马克思主义公有制理论被僵化地理解和应用，集体土地所有制并没有发挥其应有的优势，集体土地所有制的发展面临极大的困境。集体土地所有制摆脱困境有效可行的办法便是改革，只有改革才能挽救集体土地所有制，使其回归正确的发展轨道。

---

① 参见《马克思恩格斯选集》第3卷，第338页。
② 参见《马克思恩格斯选集》第4卷，第370页。
③ 参见董景山《我国农村土地制度60年：回顾、启示与展望——以政策与法律制度变迁为视角》，《江西社会科学》2009年第8期。
④ 参见刘芳《邓小平与农村土地制度的改革》，《毛泽东思想研究》2006年第4期。
⑤ 具体论述参见杨天波、江国华《宪法中土地制度的历史变迁（1949—2010）——基于宪法文本的分析》，《时代法学》2011年第1期。

1978年，党的十一届三中全会使中国走上了改革开放的发展道路。改革开放的序幕首先在农地经营模式领域拉起。安徽省凤阳县小岗村率先尝试了由农户承包集体土地的新的集体土地经营模式，即"联产承包责任制"，取得了巨大的成功。随后，小岗村的经验得到了中央认可并在全国范围内推广。经过4年的实践探索，以"包产到户"为主要形式的集体土地经营模式在我国农村地区普遍建立。1982年，中共中央发布《全国农村工作会议纪要》明确强调，在坚持走社会主义农业集体化道路、土地等主要生产资料实行公有制的前提下，要落实农业生产责任。这种生产责任的落实表现为多种形式，主要包括小段包工定额计酬，专业承包联产计酬，联产到劳，包产到户、到组，包干到户、到组。各种责任制的性质都属于群众认可的、具有社会主义性质的生产责任制。

　　在当时，包干到户成为一种较为普遍的农业生产责任的落实方式。这种农业生产责任制不能简单地理解为"土地还家""分田单干"。在集体土地所有制制度下，农户与公社仍然保持了紧密的联系。公社对土地的利用和管理享有绝对的权力，其发挥了统一组织生产、保障公社成员基本生活、执行国家农业生产任务的作用。公社与社员之间建立的是承包关系。其中，集体土地的承包是落实这种责任制的主要表现形式。以承包作为落实生产责任表现形式的集体经济与个体的、以私有制为基础的小农经济有着本质区别。农村土地集体所有、允许农户承包作为一种新的农地经营模式得以初步建立。这种新的农地经营模式的建立，并非改变了集体土地所有制本身，而是改变了集体土地所有制的实现方式，即由原来僵化的、单一的、由公社统一经营转变为由公社成员以户为单位的分散经营与公社统一经营相结合的实现方式。1983年，中共中央发布的《当前农村经济政策的若干问题》（1983年中央一号文件）再次肯定了联产承包责任制的优越性，并突出强调了长期坚持这一土地经营模式的必要性。除此以外，该文件进一步提出对农村土地所有权主体——人民公社的改造，以适应新的土地经营模式创立的现实需求。在改革开放之前建立的人民公社实行的是"政社合一"的建构思路。人民公社不仅承担了组织农业生产、分配农业收入等经济职能，还承担着一定行政职能。公社职能的过度负荷使其难以专注于集体土地的管理和农业生产的组织。这一现实状况决定了，公社的改造势在必行。在该规范性文件中，中央提出实施政社分离。实施政社分离后的集体土地在以地域划分为标准的基础上，归合作经济组织管理、经营。这种合作经济组织具有多种表现形式（农业合作社、经济联合社等）。这种合作经济组织的建立以农民群众自愿组织为原则，不做统一形式的要求。原公社已经形成经济实体的，应当予以保留。没有条件建立农业合作经济组织的地区，可以不设置这一组织。可见，针对公社改造政策的执行，中央采取了较为宽松的态度，各个地方根据实际情况执行，不予以强制统一。

联产承包责任制的推行，使得集体土地所有制的实现方式适应了当时社会生产力的需要，极大地激发了农户的生产积极性。1982年，我国粮食总产量为3.5亿吨，而到了1984年，我国粮食总产量达到了4亿吨。仅仅用了两年时间，我国粮食产量增长了0.5亿吨，增长幅度达到14.29%。[1] 可以说，改革开放之后，以家庭联产承包责任制为主体、统分结合新的集体土地经营模式的确立使得集体土地所有制重新焕发了青春。这一农地制度改革将先进的土地占有制形式跟公有制与土地经营最符合实际的模式——家庭经营相结合，[2] 集体土地所有制的优越性得以再一次释放。这种土地经营模式最终被《农村土地承包法》《物权法》所确认，即对集体成员获得承包地并对这一土地占有、使用、收益、处分的权利予以法律保护。

在农业生产过程中，农地能够给生产者带来物质收益，因而作为农业生产资料的土地亦具备特定的财产属性，而流通性是财产的一项基本属性。财产之所以要具备流通性，原因在于以下两方面。一是财产价值衡量标准的必然要求。占有者在使用财产过程中，财产占有者此时享有的是财产的使用价值。这种使用价值具有相当大的主观性，因为不同的使用者在使用同一财产过程中其认定财产使用价值的标准会有所不同。例如，一个面包对于一个饥肠辘辘的乞丐来说其使用价值是十分巨大的，但对于一个衣食无忧的富翁来说，其使用价值就大打折扣。在不同人的眼里，财产的使用价值不尽相同。因此，财产的使用价值不能作为衡量

---

[1] 数据来源于王琢、许滨《中国农村土地产权制度论》，第163页。
[2] 参见李岳云、冯继康《新中国农地政策的历史嬗变及逻辑启示》，《南京农业大学学报》（社会科学版）2004年第1期。

财产价值的客观标准。与之相反，当财产进入流通市场，财产在这一交易领域会形成相对固定的市场价格，这一价格的形成遵从了一定的市场规律，而并非以特定的某一人或某一群体的意志所决定。市场价格是财产价值的客观反映，是一件东西的价值的公共判断。[1] 由此断定，只有进入流通领域的财产，其自身价值才能够准确地反映出来，财产需要通过流通方式获得衡量自身价值的客观标准。二是实现资源优化配置的必然要求。财产的使用能够为占有人带来利益，人人希望拥有财产，因而人们通过各种方式努力试图获得更多财产，进而享受其带来的物质利益。财产的有限性与人们不断增长的需求之间形成供需矛盾，财产的稀缺性由此形成。财产作为一种稀缺的社会资源，避免资源浪费，使其发挥最大效用更能符合人类社会价值的基本诉求。然而在现实中，财产的配置并不总是能够达到平衡状态。有的财产占有者希望放弃财产，而无财产占有者则希望获得一定的财产。此时，财产流通机制能够有效地解决这一问题。通过自愿而平等的市场交易，财产实现融通。以市场为资源配置的手段，能够真正实现财产在社会生活中的优化配置。

农村地区土地的集体所有表现为以村内农民集体、村农民集体以及乡镇农民集体为土地所有权主体。农民集体这一组织与国家相同，具有一定抽象性，其所有权行使需要依靠特定的组织。集体土地所有权行使的组织在法律上为集体经济组织，其代表特定的农村集体行使集体土地所有权，即其对于农村土地予以现实的经营管理。集体经济组织对于集体所有的土地可以自主经营亦可以承包的方式发包给农户，由农户对于特定的农村土地进行使用、收益。但就目前而言，农村土地利用的主要方式为集体经济组织将土地发包给农户，即家庭经营是集体土地的主要利用方式。但随着我国经济社会的不断发展，城镇化的速度骤然加快。农村人口向城镇流动的趋势较为明显。农村地区多数青壮年农民进城务工，从事农业生产的劳动力的数量逐年减少，这给农业生产带来了以下三方面影响。

一是土地承包主体与土地经营主体发生事实上的分离。改革开放初期实施的家庭联产承包责任制中，土地承包主体与土地经营主体同为农

---

[1] 参见［德］康德《法的形而上学原理——权利的科学》，沈叔平译，第110页。

户。农户获得承包地后自主耕种土地并获得收益。随着农村劳动力向城市城镇转移，离开农村地区的农民将承包经营的土地交给留守人员耕种。农地的承包主体为进城务工的农民，而农地的实际耕种人并非土地的承包主体。家庭联产承包责任制内部的土地承包经营关系悄然发生变化。

二是农村劳动力向城市地区转移，使得农村地区从事农业生产的劳动力数量锐减，多数耕地由农村留守人员耕种。这些从事农业生产的人员无论从农业生产经验、体力储备等方面均处于弱势地位，其从事农业生产只能达到维持基本生存的效果，无法承担起推广先进农业生产技术、实现农业现代化的重任。

三是由留守人员耕种的承包地，仍然处于碎片化的状态，难以产生规模效益。既有的家庭联产承包体制下，农户承包集体土地并从事农业生产，一家一户分的承包地的数量有限，在集体土地之上独立、小规模的农业生产模式得以确立。留守人员耕种进城务工人员承包地，这种农业生产经营模式事实上是以户为单位承包经营土地模式的延续。这种农业生产经营模式在改革开放初期发挥了激发农业生产者积极性、提高农业生产效率的作用，但是在工业化城镇化发展的新时期，这一农地生产经营模式已经难以适应社会发展的现实需求，以推进农业生产规模化经营方式促进农业生产力的提高。而农地的非流通性严重阻碍了农地规模化经营的形成。由此可见，新时期既有家庭联产承包责任制作为集体土地所有制的实现方式面临新的挑战，以土地流转促进和带动农地的规模化经营势在必行。保障土地使用权及其流转成为农村土地制度改革的重点。①

2014年1月，中共中央、国务院发布了《关于全面深化农村改革加快推进农业现代化的若干意见》，该意见明确提出农地"三权分置"改革。2016年10月，中共中央办公厅、国务院办公厅印发《关于完善农村土地所有权承包权经营权分置办法的意见》，这一规范性文件对于农地三权分置改革的目标、措施做出了明确部署。这一改革是在坚持集体土地所有制、既有家庭联产承包责任制为主体、统分结合的集体土地经营模

---

① 参见韩国顺《马克思土地产权理论对中国农村土地所有制改革的启示》，《河南社会科学》2010年第5期。

式的基础上，将土地承包经营权分置为土地承包权、土地经营权，进而形成集体土地所有权、土地承包权与土地经营权的"三权分置"农地权利体系。①

农地三权分置是马克思主义土地产权理论在新时期我国土地改革过程中的一次创新性应用。② 在这一农地权利体系中，土地经营权具有较强的灵活性，该权利的受让主体不限于集体成员，农业生产经营企业、本集体以外的农户、种粮大户等主体亦可以成为该权利主体。如此一来，进城务工的农民可以将土地经营权流转给他人，在不失去农地的情况下（享有土地承包权）获得租金。土地承包主体与土地经营主体相分离的事实得到改革的支持和确认。同时，土地经营权可以通过市场交易由农业生产企业、种粮大户等专业化的农业生产经营主体取得。专业化的农业生产主体，往往掌握先进的农业生产技术，拥有较为雄厚的资金实力，进而可以依凭其资金实力、应用先进的农业生产技术实现科学种田，土地资源由此得到优化配置，农业生产力因而得到进一步提高，农地碎片化经营的弊端得以克服，农地规模化经营的推行有了政策依据。正如马克思所言，不推行农地的规模化经营，先进的农业生产技术将无法得以应用。③ 农地规模化经营是应用先进农业生产技术的前提条件。农地"三权分置"改革能够加速农地流转，促进农地规模化经营的形成，农地碎片化的问题由此得以解决，农业生产效率由此得以提高。2018 年 12 月，修订后的《农村土地承包法》将"三权分置"纳入法律规制的范围。以"三权分置"为实现方式的集体土地所有制将在促进农地规模化经营方面发挥重要作用，集体土地所有制进入了新的发展阶段。

从中国土地改革发展的历程来看，土地国有化理论在中国的革命和社会主义建设过程中获得新的发展。土地作为一种最为重要的生产资料，应当纳入公有制的范畴。土地国有化成为土地公有制实现的一种重要方

---

① 有关农地三权分置的理论争议以及制度建构问题，参见蔡立东、姜楠《承包权与经营权分置的法构造》，《法学研究》2015 年第 3 期；蔡立东、姜楠《农地三权分置的法实现》，《中国社会科学》2017 年第 5 期。

② 参见刘若江《马克思土地产权理论对我国农村土地流转的启示——以三权分离的视角》，《西北大学学报》（哲学社会科学版）2015 年第 2 期。

③ 参见《马克思恩格斯选集》第 3 卷，第 176 页。

式。如此一来，土地国有化理论成为生产资料公有制理论的重要组成部分。依据我国经济社会发展的实际，土地公有制的实现不仅仅局限于土地国有化，其实现的方式还包括土地的集体所有制。两种土地所有制构成了我国土地公有制。两种土地所有制存在并不是孤立的，而是通过具体的制度设置实现了不同土地所有制下的土地资源的转换。例如，集体土地通过土地征收制度可以转化为国有土地（《土地管理法》第45条）。国有建设用地存在挖掘、塌陷等损坏的情形，土地使用人应当负责对该土地进行复垦，复垦土地应当首先用于农业耕种，没有条件进行复垦的，土地使用人应当缴纳土地复垦费用（《土地管理法》第43条）。国有建设用地经过复垦后转变为用于农业用途的土地，这也意味着国有土地在满足特定条件之下可以转变为集体土地。国有土地所有制与集体土地所有制具有内在联系，两者统一于中国特色土地公有制。

可以说，中国的土地国有化是在其自身经济社会发展现实背景下形成的，具有自身独有的特征。这一特征表现为集体土地所有制，为确保和巩固土地国有化发挥了重要作用，同时集体土地所有制的存在为土地国有化的实现提供了重要的土地资源储备，国家通过对集体土地所有权主体在政治上的领导以及通过经济手段对集体土地所有制的影响，使得集体土地所有制与土地国有化之间建立了必然联系，将两者割裂开来的做法不符合中国实际。

因此，结合马克思在《论土地国有化》中对于土地国有化思想的阐述，中国的土地国有化应当做如下理解，即其既包括完成形态的土地国有化——城市土地归国家所有，又包括未完成形态的土地国有化——农村土地归集体所有这一向土地国有化过渡阶段的所有制形态。两者是土地公有制的实现方式，但集体土地所有制作为向土地国有化过渡阶段的所有制形态将长期存在。集体土地所有制并不等于土地国有化，但是不能够否认其与土地国有化的关联性及其在土地国有化过程中所发挥的重要作用。在中国语境下，对土地国有化的理解和分析并不能脱离对集体土地所有制的理解和分析，两者具有辩证统一关系。

三 《论土地国有化》对发展 21 世纪
马克思主义的理论意义

党对土地国有化的理论创新应用经历了革命初期的预备确立，到新中国成立后的初步实践以及改革开放前的曲折探索，再到改革开放之后的创新发展四个重要阶段。土地国有化的发展历程，亦是中国共产党人应用马克思主义理论指导中国实践的历程。以马克思主义土地国有化理论为指导，从中国的实际出发，两者结合作为中国土地制度建设的两项基本原则，造就了中国这一世界上最为先进的土地制度。[1] 土地国有化形成和发展的历史表明，土地国有化符合中国国情。进入 21 世纪，我国以土地国有化思想为指导，总结历史经验，实现了土地国有化理论的中国化。

（一）土地国有化的实践理论

《论土地国有化》这部著作是马克思完全站在无产阶级立场、运用马克思主义方法解决土地问题的典范。由此表明，只有站在无产阶级立场上，用马克思主义的观点、方法去处理土地改革中的一切问题，才能取得预期的效果。[2] 但是马克思主义观点与方法的应用必须与中国实践相结合才能发挥其应有作用。新中国成立初期，中国共产党审时度势，正确地分析了当时我国经济、社会发展现实状况，明确了社会主义过渡时期总路线，在城市地区推进土地国有化，而在农村地区确立了废除封建土地所有制、建立农民土地所有制的方针。事实证明，中国共产党的这一决断完全符合中国经济社会发展的实际，顺应了时代的需求，是完全正确的。在社会主义改造时期，城市地区土地国有化基本确立，但是农村地区究竟是否应当实施土地国有化是值得思考的问题。

社会主义中国的农村土地所有制的建立面临新的抉择：按照马克思

---

[1] 参见贺雪峰、桂华、夏柱智《地权的逻辑 Ⅲ——为什么说中国土地制度是全世界最先进的》，中国政法大学出版社 2018 年版，第 255—281 页。

[2] 参见杜敬《中国土地改革研究中的几个问题》，《中国社会科学》1992 年第 1 期。

《论土地国有化》的经典论述，社会主义社会应当实现土地的国有化。在当时的广大农村地区，农民土地所有制已经确立，将农民土地所有制改造为土地国有制不符合当时中国的实际状况：一是新中国成立前的中国农村地区封建半封建的土地所有制仍然占据主导地位，农民受到地主阶级的剥削和压迫以及传统观念的影响，对获得属于自身的农地具有较为强烈的愿望。实现"耕者有其田"是中国共产党对中国农民的政治承诺。[①] 正如恩格斯在《法德农民问题》中曾经预言的那样，农民具有这一特点，即他们愿意倾听社会主义宣传的声音，但是拥有自己的小块土地的固有观念又会使其对社会主义宣传的土地公有制产生相当的敌对情绪。[②] 因此，违背农民获得土地的愿望，盲目推进农村土地国有化极易激发农民的抵触情绪，不利于党在农村地区工作的开展。农村地区土地公有制的实现需要另辟蹊径。依据恩格斯在《法德农民问题》中的经典论述，个体的小农生产和占有可以在适当条件下转变为公社统一生产和占有。土地作为最重要的农业生产资料归公社统一占有，也是一种土地公有制实现的方式。由于农业公社是由农民个体组成，这种土地公有制的实现方式一方面保证了农民对土地占有和控制的自主权利；另一方面顺应生产社会化的需求，实现了土地的统一集中管理。可以说，农村土地集体化是符合我国国情的土地公有制实现方式。在农村地区确立集体土地所有制、不盲目推行土地国有化，是中国共产党将马克思土地国有化理论与中国实际相结合的经典范例。这一经典范例的形成正是站在无产阶级立场、运用马克思主义方法解决土地问题的积极效应。

（二）土地国有化的人民主体理论

土地国有化的实现，集中表现为作为生产资料的土地的共同占有，进而使劳动者真正能够成为土地的主人。土地国有化的实现有效打破了私有制下土地所有者对土地的垄断以及对利用土地进行生产的普通劳动

---

① 早在1925年，中国共产党就提出了较为明确的土地纲领，没收大地主、军阀、官僚以及寺庙的土地分给贫苦农民，"耕者有其田"成为革命所要实现的目标之一。参见高海燕《20世纪中国土地制度百年变迁的历史考察》，《浙江大学学报》（人文社会科学版）2007年第5期。

② 参见《马克思恩格斯选集》第4卷，第359页。

者的剥削,使得劳动者能够完全占有和支配自身的劳动成果。由此可见,保障和维护最广大劳动者的根本利益是土地国有化的内在价值目标。在建设有中国特色社会主义新时期,这一价值目标具象为保障广大人民群众对国有土地的现实利用,满足人民群众对土地的现实需求。实现土地的国家所有与个人的现实利用的统一,两者统一的关键在于如何处理好公与私的问题。

在马克思看来,从历史唯物主义角度出发,资本主义生产关系支配下的资本主义占有方式是在摧毁分散的小的私有制基础上形成的,这是对私有制的第一次否定。但是资本主义生产方式是自然过程,其必然符合自然过程的规律,即由适应和促进社会生产力的发展到阻碍、破坏生产力的发展,进而如同其对抗并瓦解小的、分散的私有制一样,终将被历史所淘汰。这是对私有制的否定的否定。这意味着资本主义私有制的时代将终结,代替这种私有制的所有制并非重新建立这种私有制,而是以协作和以对土地以及生产资料的共同占有为基础的,新的个人所有制的建立。①

改革开放伊始,中国共产党正是认识到了生产力发展与作为生产关系的土地国有化之间的辩证关系,对土地国有化的实现方式做出重新调整,建立以国有土地所有权与国有土地使用权相分离的土地利用模式。这种土地利用模式是以坚持国家享有土地的所有权为基础,允许个人、组织或特定单位作为土地使用权人自主使用土地,享有对该土地的经营管理自主权并以制度方式确认其享有和行使权利的正当性。这一土地经营管理模式的建立遵循了马克思的上述观点,在坚持土地的国家所有制基础上建立了以个人、组织以及特定单位享有土地使用权的个人所有制。这种土地所有制并非单纯的、重复建立土地私有制,而是在坚持土地公有制之上重新建立的个人所有制,使得土地国有化适应了社会生产力的发展,国有土地的利用效率大幅提高,人民对于土地现实利用的需求得到有效满足,土地国有化中的人民主体地位得以确立。

---

① 参见《资本论》第 1 卷,第 874 页。

（三）土地国有化的国家所有权理论

在法律制度层面，落实土地国有化的最为重要的手段即建立土地的国家所有权。土地所有权是建立土地公有制的根基，土地所有权是所有权制度中的具体类型。所有权制度能否真实反映和体现社会公有制事关土地公有制能否得到确认和巩固。在我国《物权法》出台前，如何确立所有权制度，是一个值得深入思考且需谨慎做出决断的问题。理论界对此产生争议，一种观点认为，我国《物权法》对于所有权的规定，应当遵循传统大陆法系国家的做法，采取一体化处理方式，不以所有权主体为标准对其进行类型化区分。唯有如此，国家所有权、集体所有权以及私人所有权才能处于平等地位，所有权制度才能真正进入法律制度运行的轨道，摆脱意识形态的影响，有效遏制对私人所有权漠视和随意侵害的观念。[1] 另一种观点认为，与传统的大陆法系不同，我国《物权法》应当以主体为标准将所有权划分为国家所有权、集体所有权与私人所有权。这一所有权的立法模式符合中国实际，彰显中国特色。[2] 获得这一问题的有效答案，关键在于如何看待别人，如何认识自己。

从如何看待别人角度出发，我国的民事立法一直学习和借鉴大陆法系民法。在传统的大陆法系国家，所有权具有一定的抽象性，它宣示了权利人对于特定的有体物享有全面的使用与支配的权利。[3] 这一权利概念的型构基于现实、具体的民事主体（主要为伦理上的自然人）对于特定物利用和支配这一主体与客体关系的理性抽象。[4] 在市民社会，现实、具

---

[1] 参见孙宪忠《再论我国物权法中的"一体承认、平等保护"原则》，《法商研究》2014年第2期。

[2] 参见王利明主编《中国物权法草案建议稿及说明》，中国法制出版社2001年版，第256页。

[3] 参见［德］鲍尔、施蒂尔纳《德国物权法》（上册），张双根译，法律出版社2004年版，第515页。

[4] 例如，《德国民法典》第1条规定了民法上的人的概念，对这一基本概念的理解应当从伦理学上的人的概念理解，这一概念反映了法律所认可的伦理人格主义。参见［德］卡尔·拉伦茨《德国民法通论》（上册），王晓晔等译，法律出版社2003年版，第45—46页。

体的民事主体（主要为伦理上的自然人）是主角，[①] 这一特征忠实地反映了民法的市民法原初属性。因此，传统意义上的民法的所有权指向现实、具体的民事主体（主要为伦理上的自然人）对特定有体物的利用和支配。这一所有权主要是基于现实、具体的民事主体（主要为伦理上的自然人）所有秩序而建立的，因而亦被认定为基于私有制而建立的所有权。[②]

近代以来，生产力的发展促使人与人之间的交往日趋紧密，基于密切交往而形成的各种关系的复杂性亦随之增加。人与人交往的密切性使得团体化成为人参与社会生产生活的重要形式，对此予以规范、界定，进而解决各种关系主体形成的纠纷成为法律全面介入人类生活的重要理由。但保守主义倾向使得民法意义上的所有权无法彻底舍弃其固有的传统，但同时还要努力适应现实变化，因而民法上的所有权在保留传统意义的同时，亦需要发生一定的改变。这一改变表现为，所有权的主体不再局限于传统市民社会中的现实、具体的民事主体（主要为伦理上的自然人）而是扩大到各类具有团体属性的主体之上（国家、具有公共职能的公法人以及各种社会团体等）。所有权主体类型的扩张是传统大陆法系所公认的法律发展现实。由于其为不争的事实，立法者甚至认为对于这样一种公认的法律常识没有必要在高度技术化的民法典中予以声明。因此，传统大陆法系的民法并没有将所有权主体范围的扩张予以回应，理由在于任何所有权主体均需要遵循民法设置的所有权的规则，没有必要对其进行进一步的区分，民法对于这些主体的所有权予以一体保护。这一做法是为了保持民法典在形式上的稳定以及对维持固有传统的崇尚。事实上，以所有权主体为分类标准，传统大陆法系国家民法上的所有权亦可以划分为若干类型的所有权。因此，遵循传统大陆法系国家民法对于所有权的立法模式与以所有权主体为标准确定所有权类型的立法模式

[①] 所谓"市民社会"是指那些源出于保护个人自由的思考以及反对政治专制的近代自由主义政治思想、源出于对市场经济的弘扬以及对国家干预活动的应对的近代自由主义经济思想的基础上逐渐产生的相对于国家以外的实体社会。依据这一定义，伦理的个人（法律上的自然人）在市民社会中处于主导地位。参见邓正来《市民社会理论的研究》，中国政法大学出版社2002年版，第138页。

[②] 例如，《法国民法典》的编纂者认为，所有权是私人天赋权利，法人等团体不是所有权的适格主体。所有权的私有制色彩较为浓厚。参见尹田《法国物权法》，法律出版社2009年版，第126页。

之间并不存在必然冲突，只是立法者对于所有权认识的角度不同而已。

从如何认识自己的角度出发，所有权主体、所有权的内容以及所有权的客体是构成所有权的三要素。民事立法对于所有权规定需要明确上述内容，但是各国民事法律对于所有权的规定在三要素架构下却存在差异。导致这种差异的因素十分复杂，制度传统、文化等因素都能够促使这一差异的产生。各国民法上的所有权制度存在差异是必然的且符合人类社会发展的规律。我国民法上的所有权制度并不必须与传统的大陆法系国家民法上的所有权的立法模式保持一致，任何人都不能否定这一点。因此，我国民法的所有权以所有权主体为标准划分为国家所有权、集体所有权以及私人所有权并不能以我国所有权这一立法模式与前者存在差异而否定其合理性，关键要看这一立法模式是否符合我国实际，是否能够发挥其应有功能。

首先，自新中国成立以来，经过社会主义改造，我国的社会主义制度逐步确立。公有制为主体、多种所有制并存是现阶段我国所有制的基本特征。所有制决定所有权，所有权是所有制在法律制度上的表现。我国的公有制表现为国家所有与集体所有，多种所有制并存意味着除了公有制外，在特定领域存在的私有制经济亦是社会主义市场经济的重要组成部分。因此，民法对于国家所有权、集体所有权以及私人所有权的确认符合我国经济社会发展的现实状况，是对我国社会主义市场经济的有效反映，[①] 这一做法符合我国的国情。

其次，以所有权主体为标准对所有权予以分类的立法模式遵循了物权法运行的基本规则，汲取了传统大陆法系国家民法所有权立法的有效经验，极力避免不同所有权种类之间地位的差异，能够有效纠正对私人所有权的漠视与任意侵害的不良观念。此外，《物权法》对于所有权的内容予以统一规定，并没有对其加以区分（《物权法》第39条）。这意味着国家所有权、集体所有权以及私人所有权在权利效力方面具有同质性，国家所有权、集体所有权与私人所有权相比，并不处于优势地位。为了防止歧视私人所有权，对漠视私人所有权、任意侵害私人所有权的不良观念的纠偏，《物权法》强调了各类所有权受到法律平等保护（《物权

[①] 参见王利明主编《中国物权法草案建议稿及说明》，第255页。

法》第 4 条），国家所有权、集体所有权与私人所有权的法律地位平等。我国民法对于国家所有权、集体所有权以及私人所有权的平等保护予以了充分重视。我国民法在对于所有权平等保护的理念与传统大陆法系国家并无差异。担心以所有权主体为标准对于所有权予以类型划分进而引发私人所有权遭受歧视并难以受到平等保护的担心亦无必要。这一理念与传统大陆法系民法对于各类所有权予以平等保护的理念相一致。虽然《物权法》以所有权主体为标准对所有权进行了类型化的区分，但是并不意味着国家所有权、集体所有权的法律地位高于私人所有权，形成对于私人所有权的歧视。《物权法》对于国家所有权、集体所有权的强调并不意味着对于私人所有权的歧视和漠视，两者没有必然的因果关系。

再次，在社会主义中国，民法的功能不仅仅局限于调整市民社会生活的功能，而是具有了维护社会主义秩序、贯彻社会主义价值观念的政治意义上的功能。同样，近代以来，传统大陆法系国家民法的社会化以及国家意志以公法介入作为手段对于民法规范内容以及价值理念的影响，实质上亦悄然赋予了民法维护民族国家政治社会秩序、贯彻其认可的价值观念的政治意义上的功能。[①] 现代社会的民法不能回避意识形态对其深刻的影响。因此，在这一意义上，我国民法对于维护社会主义秩序、贯彻社会主义价值观念的政治意义上的功能的宣示与传统大陆法系国家民法维护民族国家政治社会秩序、贯彻其认可的价值观念的政治意义上的功能方面没有本质区别。只是基于社会制度存在差异，我国《物权法》对于国家所有权、集体所有权的重要地位予以强调，而传统大陆法系国家民法对于私人所有权重要性予以强调。两种差异没有孰优孰劣之分。

最后，国家所有权、集体所有权以及私人所有权的类型划分内含了具有中国背景的立法指向和意义。以所有权不同主体类型为标准对所有权进行区分在于强调在民法领域国家如同私人一样，具有所有权主体资格，而不是强调国家、集体的所有权优越于私人所有权。原因在于，如前所述，大陆法系传统民法中所有权的主体主要为现实、具体的民事主

[①] 国家积极介入经济活动以及维持国民的文化生活的幅度不断增加，这是民法所面临的社会发展的现实。因此，国家意志对于民法典规范内容以及规范的执行的作用愈显强大。参见[日] 星野英一《现代民法基本问题》，李诚予、岳林译，上海三联书店 2015 年版，第 400 页。

体（主要为伦理上的自然人），国家等公法人被视为一种特殊的所有权主体，其作为所有权主体的资格往往受到法律的限制。① 事实上，在民法领域，国家等公法人与现实、具体的民事主体（主要为伦理上的自然人）并不具有平等地位，现实、具体的民事主体（主要为伦理上的自然人）的所有权主体地位优于国家等公法人。然而，我国实行社会主义制度，国家成为特定物质资源的主体具有必然性，国家所有权的存在具有普遍性。因此，我国民法需要对于国家所有权予以明确规定，与传统的大陆法系国家民法不同，国家作为所有权主体的地位不应当受到严格限制，而是应当赋予其与现实、具体的民事主体（主要为伦理上的自然人）以相同的所有权主体地位，进而需要对国家的所有权主体地位予以强调。就集体所有权而言，集体所有权是新中国成立以来逐步形成的具有中国特色的所有权。集体所有权亦普遍存在，民法对于集体所有权的确认与明确规定对于落实集体所有权具有重要而现实的意义。此外，在《物权法》确认集体所有权为法定所有权之前，集体资产流失以及集体财产权利受到公共权力侵害的现象较为严重，② 集体财产急需法律予以明确保护。因此，《物权法》对于集体所有权予以明确规定，对于集体财产的保护确立了明确的法律依据，进而具有重要而现实的意义。

对于私人所有权予以明确规定的目的在于明确法律对私人所有权的保护。民法是权利法，是对权利的确认与保护的法律。民法保护权利的范围自然包括私人权利，甚至可以说民法的主要功能在于保护私人的权利，这是民法的本质要求。同时，在我国民法中，对于私人所有权的强调具有特殊意义。一是在新中国成立后一段时期受到极左思想的影响，私人权利在国家政治体制中遭到严重践踏，对私人权利的漠视和侵犯达到了较为严重的程度。改革开放后，法律作为调控国家政治经济生活的

---

① 罗马法上，公有物（例如，露天剧场、河流）为罗马共同体所有，任何私人和团体对于这些物不享有所有权，这些物的所有权归属共同体所有。对共同体拥有物做出明确规定的同时，实质上意味着共同体的所有权主体资格亦被固化。罗马共同体作为所有权主体的资格变相受到限制。这类所有权类似于国家所有权。近代以来，继承罗马法传统的大陆法系国家在其民法典中规定公有物归国家所有。例如，《智利共和国民法典》第589—605条对于国有财产予以了明确规定，这些国有财产之上的所有权便是国家所有权。参见黄风《罗马法》，中国人民大学出版社2009年版，第121页；徐涤宇译《智利共和国民法典》，第96—98页。

② 参见高飞《集体土地所有权主体制度研究》，第86—93页。

正当手段的理念逐渐恢复，对私人权利的保护和尊重的重要性才逐渐被予以重视。总结历史经验，防止历史悲剧重现，我国民法突出强调对于私人所有权的确认与保护极具必要性。二是在社会主义公有制占主导地位的国家体制之下，对于国家利益、集体利益的强调容易诱使漠视、歧视私人权利思维的蔓延。民法强调对私人所有权的确认和保护具有重要而现实的意义。2020年颁布实施的《民法典》继承了《物权法》对于所有权以所有权主体为标准划分为国家所有权、集体所有权以及私人所有权的立法模式是正确的抉择。

国家所有权、集体所有权以及私人所有权的立法模式确认了国家土地所有权、集体土地所有权为法定的所有权类型，巩固了土地公有制的法律地位，为维护土地公有制奠定了良好的制度基础，由此形成的国家土地所有权理论是对马克思土地国有化理论的进一步发展和深化。

参考文献

一 著作

（一）马克思主义经典文献

《马克思恩格斯选集》第1—4卷，人民出版社2012年版。
《资本论》第1—3卷，人民出版社2018年版。
《剩余价值理论》第1—3册，人民出版社1975年版。
《马克思恩格斯文集》第1卷，人民出版社2009年版。
《马克思恩格斯文集》第3卷，人民出版社2009年版。
《马克思恩格斯文集》第8卷，人民出版社2009年版。
《马克思恩格斯全集》第3卷，人民出版社1960年版。
《马克思恩格斯全集》第4卷，人民出版社1958年版。
《马克思恩格斯全集》第9卷，人民出版社1961年版。
《马克思恩格斯全集》第11卷，人民出版社1995年版。
《马克思恩格斯全集》第12卷，人民出版社1998年版。
《马克思恩格斯全集》第16卷，人民出版社2007年版。
《马克思恩格斯全集》第18卷，人民出版社2016年版。
《马克思恩格斯全集》第19卷，人民出版社1963年版。
《马克思恩格斯全集》第25卷，人民出版社2001年版。
《马克思恩格斯全集》第28卷，人民出版社2003年版。
《马克思恩格斯全集》第22卷，人民出版社2016年版。
《马克思恩格斯全集》第29卷，人民出版社2020年版。
《马克思恩格斯全集》第42卷，人民出版社1979年版。

《列宁选集》第1卷,人民出版社2012年版。
《列宁选集》第3卷,人民出版社2012年版。
《列宁选集》第4卷,人民出版社2012年版。

(二) 中文专著

[美] 雷利·巴洛维:《土地资源经济学——不动产经济学》,谷树忠等译,北京农业大学出版社1989年版。

[美] 迈克尔·D.贝勒斯:《法律的原则——一个规范的分析》,张文显等译,中国大百科全书出版社1996年版。

陈锡文、赵阳、陈剑波、罗丹:《中国农村制度变迁60年》,人民出版社2009年版。

陈征:《社会主义城市地租研究》,海峡出版发行集团、福建人民出版社2017年版。

崔吉子译:《韩国最新民法典》,北京大学出版社2010年版。

[法] 泰·德萨米:《公有法典》,黄建华、姜亚洲译,商务印书馆1982年版。

邓正来:《市民社会理论的研究》,中国政法大学出版社2002年版。

杜景林、卢谌:《德国民法典评注——总则·债法·物权》,法律出版社2011年版。

费安玲、丁枚、张宓译:《意大利民法典》,中国政法大学出版社2004年版。

[日] 冈村司:《民法与社会主义》,刘仁航、张铭慈译,中国政法大学出版社2003年版。

甘藏春:《土地正义——从传统土地法到现代土地法》,商务印书馆2021年版。

高飞:《集体土地所有权主体制度研究》,法律出版社2012年版。

顾祝轩:《体系概念史——欧陆民法典编纂何以可能》,法律出版社2019年版。

何勤华、李秀清、陈颐主编:《新中国民法典草案总览》(上、下卷),法律出版社2002年版。

何勤华、魏琼主编:《西方民法史》,北京大学出版社2006年版。

贺雪峰、桂华、夏柱智:《地权的逻辑Ⅲ——为什么说中国土地制度是全世界最先进的》，中国政法大学出版社2018年版。

黄道秀译：《俄罗斯联邦民法典》，北京大学出版社2007年版。

黄风：《罗马法》，中国人民大学出版社2009年版。

［德］康德：《法的形而上学原理——权利的科学》，沈叔平译，商务印书馆1991年版。

［美］约翰·克里贝特、［美］科温·W.约翰逊、［美］罗杰·W.芬德利、［美］欧内斯特·E.史密斯：《财产法：案例与材料》（第7版），齐东祥、陈刚译，中国政法大学出版社2003年版。

［德］卡尔·拉伦茨：《德国民法通论》（上册），王晓晔等译，法律出版社2003年版。

［德］拉德布鲁赫：《法学导论》，米健译，商务印书馆2013年版。

［法］拉法格：《财产及其起源》，王子野译，生活·读书·新知三联书店1962年版。

［英］安德罗·林克雷特：《世界土地所有制变迁史》，启蒙编译所译，上海社会科学院出版社2016年版。

［英］洛克：《政府论》（下篇），叶启芳、瞿菊农译，商务印书馆1964年版。

［英］托马斯·罗伯特·马尔萨斯：《人口原理》，王惠惠译，陕西师范大学出版社2008年版。

李进之、王久华、李克宁、蒋丹宁：《美国财产法》，法律出版社1999年版。

梁慧星、陈华彬：《物权法》，法律出版社2010年版。

刘得宽：《民法诸问题与新展望》，中国政法大学出版社2002年版。

刘俊：《土地所有权国家独占研究》，法律出版社2008年版。

吕世伦、叶传星：《马克思恩格斯法律思想研究》，中国人民大学出版社2018年版。

［法］摩莱里：《自然法典》，黄建华、姜亚洲译，商务印书馆1982年版。

［英］梅因：《古代法》，沈景一译，商务印书馆1959年版。

［英］托马斯·莫尔：《乌托邦》，戴镏龄译，商务印书馆1982年版。

马克垚：《西欧封建经济形态研究》，商务印书馆2020年版。

［法］路易·若斯兰：《权利相对论》，王伯琦译，中国法制出版社2006

年版。

《农业集体化重要文件汇编》（1949—1957），中共中央党校出版社1981年版。

［美］罗斯科·庞德：《法哲学导论》，于柏华译，商务印书馆2019年版。

［意］彼德罗·彭梵得：《罗马法教科书》，黄风译，中国政法大学出版社2005年版。

潘灯、马琴译：《西班牙民法典》，中国政法大学出版社2013年版。

彭五堂：《马克思主义产权理论研究》，上海财经大学出版社2008年版。

秦明周：《美国的土地利用与管制》，科学出版社2004年版。

渠涛译：《最新日本民法典》，法律出版社2006年版。

［德］鲍尔、施蒂尔纳：《德国物权法》（上册），张双根译，法律出版社2004年版。

［法］施亨利：《十八九世纪欧洲土地制度史纲》，郭汉鸣编译，上海社会科学院出版社2016年版。

［苏］B. T. 斯米尔诺夫等：《苏联民法》，黄良平、丁文琪译，中国人民大学出版社1987年版。

［英］彼得·斯坦、［英］约翰·香德：《西方社会的法律价值》，王献平译，中国法制出版社2004年版。

［法］托克维尔：《旧制度与大革命》，于振海译，中国友谊出版公司2013年版。

［美］迈克尔·E. 泰格：《法律与资本主义兴起》，纪琨译，上海辞书出版社2014年版。

唐晓晴、黄锦俊、邓志强等译：《葡萄牙民法典》，北京大学出版社2009年版。

［德］曼弗雷德·沃尔夫：《物权法》，吴越、李大雪译，法律出版社2002年版。

王利明主编：《中国物权法草案建议稿及说明》，中国法制出版社2001年版。

王卫国：《中国土地权利研究》，中国政法大学出版社1997年版。

王琢、许滨：《中国农村土地产权制度论》，经济管理出版社1996年版。

武建奇：《马克思的产权思想》，中国社会科学出版社2008年版。

［日］星野英一：《现代民法基本问题》，李诚予、岳林译，上海三联书店 2015年版。

徐涤宇译：《智利民法典》，北京大学出版社2014年版。

［苏］B. B. 叶罗费耶夫、［苏］H. и. 克拉斯诺夫、［苏］H. A. 瑟罗多耶夫合编：《苏联土地法》，梁启明译，中国人民大学出版社1987年版。

杨惠：《土地用途管制法律制度研究》，法律出版社2010年版。

尹田：《法国物权法》，法律出版社2009年版。

俞江：《近代中国民法学中的私权理论》，北京大学出版社2003年版。

詹王镇：《马克思主义土地产权理论及其在中国的实践研究》，合肥工业大学出版社2015年版。

赵效民主编：《中国土地改革史（1921—1949）》，人民出版社1980年版。

二 论文

白雪秋、周钧：《〈资本论〉一卷的私有制批判及其当代启示》，《学术界》2017年第11期。

蔡立东、姜楠：《承包权与经营权分置的法构造》，《法学研究》2015年第3期。

蔡立东、姜楠：《农地三权分置的法实现》，《中国社会科学》2017年第5期。

陈海秋：《改革开放前中国农村土地制度的演变》，《宁夏社会科学》2002年第5期。

陈霄、梅哲、鲍家伟：《中国城镇土地资本化路径创新——基于社会主义经济转型发展的视角》，《社会主义研究》2011年第3期。

陈晓枫：《马克思土地产权理论探析》，《思想理论教育导刊》2018年第2期。

陈学法：《土地批租理论与我国土地管理制度变革》，《马克思主义研究》2011年第2期。

邸敏学、郭栋：《毛泽东邓小平农村土地制度思想的启迪》，《山西大学学报》（哲学社会科学版）2017年第2期。

董景山：《我国农村土地制度60年：回顾、启示与展望——以政策与法律制度变迁为视角》，《江西社会科学》2009年第8期。

杜敬：《中国土地改革研究中的几个问题》，《中国社会科学》1992年第1期。

房绍坤、张玉东：《与改革开放同行的中国民法》，《山东大学学报》（哲学社会科学版）2018年第2期。

高海燕：《20世纪中国土地制度百年变迁的历史考察》，《浙江大学学报》（人文社会科学版）2007年第5期。

葛扬：《马克思土地资本化理论的现代分析》，《南京社会科学》2007年第3期。

耿卓：《〈土地管理法〉修正的宏观审视与微观设计——以〈土地管理法（修正案草案）〉（第二次征求意见稿）为分析对象》，《社会科学》2018年第8期。

郭亮：《从理想到现实："涨价归公"的实践与困境》，《社会学研究》2021年第3期。

韩国顺：《马克思土地产权理论对中国农村土地所有制改革的启示》，《河南社会科学》2010年第5期。

何东、清庆瑞、黄文真：《中国新民主主义革命中的土地所有权问题》，《教学与研究》1982年第6期。

洪名勇：《论马克思的土地产权理论》，《经济学家》1998年第1期。

洪名勇：《中国农地产权制度变迁：一个马克思的分析模型》，《经济学家》2017年第7期。

胡贤鑫、胡舒扬：《略论马克思的土地所有权理论》，《江汉论坛》2014年第8期。

黄俊辉：《中国农村集体土地法律制度变迁与完善图景》，《江西社会科学》2021年第9期。

黄祖辉、汪晖：《非公共利益性质的征地行为与土地发展权补偿》，《经济研究》2002年第5期。

姜楠：《集体建设用地使用权制度的困局与突破》，《法治研究》2021年第5期。

姜楠：《集体土地所有权主体明晰化的法实现》，《求是学刊》2020年第3期。

姜楠：《农村集体建设用地改革的法制路径》，《人民论坛》2020年第

15 期。

姜楠：《英美法系土地发展权制度的经验与启示》，《法治现代化研究》2020 年第 4 期。

焦洪宝、王同起：《〈1844 年经济学哲学手稿〉的土地产权思想》，《科学社会主义》2016 年第 1 期。

金栋昌、王宏波、李天姿：《城镇化进程中土地出让金的属性回归与坚守——基于马克思主义地租理论的系统思考》，《社会主义研究》2016 年第 2 期。

李俊：《中国土地治理的规划权体系构建》，《云南社会科学》2020 年第 2 期。

李永杰、靳书君：《马克思主义所有制术语的汉译与概念生成——以〈共产党宣言〉汉译为线索》，《北京行政学院学报》2018 年第 1 期。

李岳云、冯继康：《新中国农地政策的历史嬗变及逻辑启示》，《南京农业大学学报》（社会科学版）2004 年第 1 期。

梁姝娜、金兆怀：《论所有制范式的产权理论——马克思主义产权理论研究》，《经济纵横》2006 年第 4 期。

梁秩森、刘少波：《逐步实现全部土地国有化是建设有中国特色的社会主义的重大战略措施》，《改革》1987 年第 3 期。

刘从德、向夏莹：《列宁时期苏俄土地纲领的演变》，《学术论坛》2013 年第 1 期。

刘芳：《邓小平与农村土地制度的改革》，《毛泽东思想研究》2006 年第 4 期。

刘若江：《马克思土地产权理论对我国农村土地流转的启示——以三权分离的视角》，《西北大学学报》（哲学社会科学版）2015 年第 2 期。

刘守英、程果：《集体所有制的理论来源与实践演进》，《中国农村观察》2021 年第 5 期。

刘云生：《集体土地所有权身份歧向与价值悖离》，《社会科学研究》2007 年第 2 期。

柳经纬：《我国民事立法的回顾与展望》，《厦门大学法律评论》2003 年第 2 期。

马迅、魏鹏娟：《从马克思地租理论看新时期国有土地出让制度的完善》，

《当代世界与社会主义》2010年第1期。

欧定福：《土地商品化还是土地国有化》，《中国土地科学》1988年第3期。

秦晖：《土地改革＝民主革命？集体化＝社会主义？——马克思主义农民理论的演变与发展》，《学术界》2002年第6期。

邵彦敏、李双：《论马克思东方社会土地制度理论》，《当代经济研究》2010年第2期。

邵彦敏：《马克思土地产权理论的逻辑内涵及当代价值》，《马克思主义与现实》2006年第3期。

石莹、赵昊鲁：《从马克思主义土地所有权分离理论看中国农村土地产权之争——对土地"公有"还是"私有"的经济史分析》，《经济评论》2007年第2期。

宋旭明：《我国农村集体土地所有权制度之积弊及其改革》，《江西社会科学》2009年第5期。

孙东富：《马克思恩格斯的"三权"理论与我国土地的所有制形式》，《经济科学》1985年第4期。

孙乐强：《农民土地问题与中国道路选择的历史逻辑——透视中国共产党百年奋斗历程的一个重要维度》，《中国社会科学》2021年第6期。

孙连成：《马克思恩格斯论土地问题——学习札记》，《江西社会科学》1984年第5期。

孙宪忠：《国有土地使用权财产法论》，中国社会科学出版社1993年版。

孙宪忠：《再论我国物权法中的"一体承认、平等保护"原则》，《法商研究》2014年第2期。

陶林：《中国共产党关于农村土地制度变迁的历史演进与启示》，《兰州学刊》2008年第9期。

陶艳梅：《建国初期土地改革述论》，《中国农史》2011年第1期。

屠帆、卫龙宝、张佳：《易地代保和土地开发权转移比较》，《中国土地科学》2008年第2期。

王斌、高莉娟：《〈德意志意识形态〉中资本主义私有制社会的解构理路》，《学术探索》2017年第10期。

王克稳：《〈土地管理法〉〈城市房地产管理法〉修改与经营性建设用集

体土地征收制度改革》,《苏州大学学报》(法学版)2019年第4期。

王利明:《回顾与展望:中国民法立法四十年》,《法学》2018年第6期。

王利明:《民法典的中国特色、实践特色、时代特色》,《法治现代化研究》2020年第4期。

王维洛:《1982年一场无声无息的土地"革命"——中国的私有土地是如何国有化的》(上),《国土资源》2014年第10期。

王竹苗:《马克思恩格斯论欧洲四国土地制度的社会主义改造及其启示》,《理论月刊》2013年第3期。

王竹苗:《马克思土地国有化思想及其启示》,《经济问题》2017年第1期。

韦镇坤、尹兴、董金明:《我国城市土地产权实现中存在的问题和对策研究》,《马克思主义研究》2015年第9期。

谢地:《马克思、恩格斯土地与住宅思想的现代解读——兼及中国土地与住宅问题反思》,《经济学家》2012年第10期。

许建文、赵洋、王刚毅:《论马克思恩格斯的资本主义和社会主义农业思想》,《马克思主义研究》2010年第8期。

薛汉伟:《土地国有化、农业集体化、全面国有化——四论马克思恩格斯的国有制理论与现实》,《北京大学学报》(哲学社会科学版)2002年第5期。

颜运秋、王泽辉:《国有化:中国农村集体土地所有权制度变革之路》,《湘潭大学学报》(哲学社会科学版)2005年第2期。

杨俊峰:《我国城市土地国有制的演进与由来》,《甘肃行政学院学报》2011年第1期。

杨立新:《从民法通则到民法总则:中国当代民法的历史性跨越》,《中国社会科学》2018年第2期。

杨梦露:《马克思土地产权理论的当代启示》,《人民论坛》2016年第29期。

杨谦、刘玉霞:《列宁土地思想及其当代价值》,《马克思主义理论学科研究》2017年第4期。

杨天波、江国华:《宪法中土地制度的历史变迁(1949—2010)——基于宪法文本的分析》,《时代法学》2011年第1期。

于俊文：《马克思的地租理论与我国土地使用制度改革》，《东北师大学报》（哲学社会科学版）1991年第2期。

于洋：《马克思主义地租理论视域下的新时期土地承包经营权入股政策研究》，《东北大学学报》（社会科学版）2015年第3期。

臧俊梅、王万茂：《从土地权利变迁谈我国农地发展权的归属》，《国土资源》2006年第6期。

张斌：《马克思、恩格斯关于社会主义农业的基本构想》，《西南民族大学学报》（人文社会科学版）2010年第9期。

张生：《〈大清民律草案〉披遗》，《法学研究》2004年第3期。

张先贵：《〈土地管理法〉修改的理论争鸣与现实选择——兼论中国土地管理制度的走向》，《北方法学》2015年第5期。

郑淋议、钱文荣、洪名勇、朱嘉晔：《中国为什么要坚持土地集体所有制——基于产权与治权的分析》，《经济学家》2020年第5期。

郑兴明：《马克思主义土地理论中国化：逻辑进路与当代实践》，《探索》2015年第4期。

周治平：《马克思地租理论与城市土地问题》，《暨南学报》（哲学社会科学版）1988年第3期。